여행의 재발견,
구석구석 마을여행

여행의 재발견, 구석구석 마을여행

초판 1쇄 발행 2010년 7월 20일
초판 2쇄 발행 2010년 8월 16일

지은이 김수남 **펴낸이** 이지은 **펴낸곳** 팜파스
책임편집 용진영 **교정교열** 윤은주 **디자인** 강희연 **마케팅** 정우룡 · 황기철
인쇄 (주)미광원색사

출판등록 2002년 12월 30일 제10-2536호
주소 서울시 마포구 서교동 404-26 팜파스빌딩 2층
대표전화 02-335-3681 **팩스** 02-335-3743
홈페이지 www.pampasbook.com | blog.naver.com/pampasbook
이메일 pampas@pampasbook.com

값 15,000원
ISBN 978-89-93195-49-1 13980

ⓒ 김수남, 2010

- 이 책의 일부 내용을 인용하거나 발췌하려면 반드시 저작권자의 동의를 얻어야 합니다.
- 잘못된 책은 바꿔 드립니다.

여행의 재발견,
구석구석 마을여행

글·사진 김수남

팜파스

저 자 의 말

마을,
이야기가 시작되는 곳

나는 섬마을 소년이었다. 푸른 다도해, 아주 작은 점만큼이나 작은 섬마을, 봄이면 뒷산 지천에 핀 진달래 꽃잎을 한 아름 따다 점방에서 과자랑 바꿔 먹고, 여름이면 갱변에 나가 물놀이로 더위를 잊었다. 가을이면 어설픈 작대기 낚싯대로 문절이를 낚아 올렸다. 겨울엔 어른들을 따라 앞 바다의 김발까지 나가 어쩌다 걸려든 쓰레기들을 거둬 장난감 삼아 놀기도 했다. 섬마을 소년에게 바다는 놀이터였고, 배움터였다.

그러나 거기까지였다. 도시에 나와 살면서부터 더 이상 내겐 마을이 없었다. 도시에는 지천으로 핀 진달래도, 깨끗고 놀 만한 갱변도 없었다. 낯선 이웃들과 오로지 숫자로 통용되는 아파트 단지만 있을 뿐이다.

그런 척박한 땅에서 살다가 다시 마을을 만나게 된 것은 순전히 직업 때문이었다. '관광'이라는 울타리를 맴돌다가 농어촌체험마을을 알리는 일을 맡게 된 것은 지금 생각해도 큰 행운이다. 고향은 아니지만 고향만큼이나 정감 있는 마을의 매력에 푹 빠져 버렸고 나름대로 보람을 느끼기도 했다. 돌이켜보면 참으로 고마운 일이다. 그런 기회를 준, 인연이 되었던 마을들이 하나같이 고맙다.

사람들이 저마다 생김새가 다르고 개성이 다 다르듯이 마을도 제각기 독특한 모습을 지니고 있다. 차가 바다로 가고 배가 땅 위로 다니는 충남 서천의 월하성마을, 신앙심을 바탕으로 유기농 공동체 생활을 꾸려가는 전남 장흥의 신덕마을, 찐빵이 먹여 살리다시피 하는 강원도 횡성의 안흥 1리, 별이 내려와 바다에 박힌 듯 아름다운 절경을 자랑하는 전북 군산의 장자리, 귀농 귀촌을 희망하는 도시인들이 두세 달 정도 머무르면서 농촌을 체험하며 적응기간을 가질 수 있는 전북 진안의 가막마을, 줄다리기 한 판에 1만 명의 선수가 참여하고 20만 명이 구경하는 충남 당진근의 기지시. 기지시는 '리(里)'급 마을이면서도 '군(郡)'보다 높은 '시(市)'자를 달고 있으니 하극상이 따로 없다. 이름만 놓고 보면 더 재미있는 마을도 많다. 경남 거창엔 무시무시

한 '유령마을'이 있고 알쏭달쏭한 '거기'도 있다. 충남 금산에 '목소리테마파크'가 있다고 하여 잔뜩 호기심을 가지고 달려갔으나 나를 기다린 건 맥 빠지게도 '목소리'란 동네의 청소년 수련시설이었다.

사정이 이러하니 마을 이름 짓기도 보통일이 아닐 것이다. 마을 지형이 용의 머리를 닮았다는 용두리(용두동)는 전국에 28곳이나 된다. 인구 3만을 갓 넘긴 충남 청양군만 해도 용두리가 두 곳이나 돼 주민들조차 헷갈리기 일쑤다.

다양한 색깔의 마을들을 만나고 나니 마을이 가진 무한한 가능성이 눈에 들어오기 시작했다. 마을을 다시 보게 된 것이다. 사람들의 만남이 시작되는 곳이 마을이요, 사람 사는 이야기가 피어나는 곳도 마을이다. 특히, 마을에 이야기가 있다는 건 굉장한 매력이다. 땅과 물, 나무와 바위, 온갖 자연물이 주인공으로 등장하는 이야기는 할아버지의 아버지와 할아버지, 그리고 아버지에게 이어져왔다. 그리고 이야기가 하나 둘 더해지거나 빠지기도 하면서 아들, 손자에게까지 전해진다. 스토리텔링의 시원(始原)이다.

마을을 만나면 만날수록 마을 속으로 뛰어들고 싶은 마음이 늘어만 간다. 마을을 잃고 사는 도시인으로서 늘 꿈꾸어왔던 바람을 이제는 이루고 싶다. 느릿느릿 살고 싶다. 흙도 밟고 하늘도 쳐다보면서 자연의 가르침을 하나둘 배워가며 소박한 삶을 누리고 싶다. 어쩌면, 이 책이 귀농귀촌의 첫 단추가 될지도 모른다.

마지막으로, 언제나 힘이 되어 주고 함께 꿈을 꾸는 동지이자 나의 첫 독자인 아내 변지윤과, 여러 가지로 부족한 졸고를 세상에 내놓을 수 있도록 도와준 용진영 님, 오혜영 님 그리고 아낌없이 이야기보따리를 풀어준 이 책의 주인공, 여러 마을 주민들에게 감사 인사를 전한다. 모두의 바람처럼, 멀리 있는 마을들이 좀더 우리 곁으로 가까이 다가오는 데 작은 보탬이 되었으면 좋겠다.

인천 굴포천 가에서
김수남

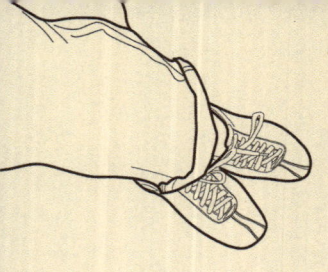

저자의 말
마을, 이야기가 시작되는 곳

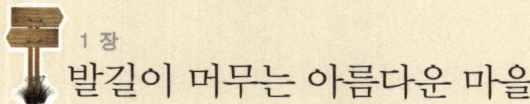

1장
발길이 머무는 아름다운 마을

시간이 천천히 흐르는 마을, 청산도 당리 • 16
— 전라남도 완도군 청산면 당리

놓치면 아까운 주변 여행지: 여서도·신지도 | 보길도 | 해신 세트장 | 장좌리 청해진 유적지

발 아래 펼쳐지는 숨 막히는 비경, 군산 장자리 마을 • 32
— 전라북도 군산시 옥도면 장자도리

놓치면 아까운 주변 여행지: 금강 철새조망대 | 새만금 방조제 | 진포해양테마공원·군산항

황홀한 양귀비의 거부할 수 없는 유혹, 후리사마을 • 44
— 강원도 원주시 판부면 서곡리 후리사마을

놓치면 아까운 주변 여행지: 구룡사 | 박경리 문학공원 | 명주사 고판화박물관 | 황둔 찐빵마을 | 메나골 목화마을

봄이 오는 남녘바다 유채가 파도치다, 남해 두모마을 • 56
— 경상남도 남해군 상주면 양아리 두모마을

놓치면 아까운 주변 여행지: 장평소류지 | 다랭이마을 | 용문사 | 상주 은모래 비치 | 창선대교와 죽방렴

산촌의 평화에 마음도 넉넉, 칠갑산 산꽃마을 • 66
— 충청남도 청양군 대치면 광금리
농치면 아까운 주변 여행지: 칠갑산 · 장곡사 · 장승공원 | 지천구곡 | 고운식물원
| 다락골 줄무덤 | 용꿈꾸는마을

하늘이 준 땅, 울릉도 나리 • 76
— 경상북도 울릉군 북면 나리 1리
농치면 아까운 주변 여행지: 태하동 | 저동항 | 행남등대 해안산책로 | 독도

산촌, 강촌, 농촌, 욕심도 많네, 대청호 두메마을 • 92
— 대전시 대덕구 이현동
농치면 아까운 주변 여행지: 대청댐 · 대청댐물문화관 | 장동산림욕장
| 문의 문화재단지 · 청남대

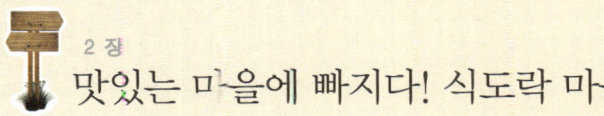
2장
맛있는 마을에 빠지다! 식도락 마을

누룩 내 정겨운 술 익는 마을, 금정산성 마을 • 106
— 부산시 금정구 금성동
농치면 아까운 주변 여행지: 동래온천 | 범어사

황금빛 곶감이 달듯하게 익어가는 만추, 상주곶감마을 • 118
— 경상북도 상주시 남장동
농치면 아까운 주변 여행지: 경천대 | 전 사벌왕릉 · 전 고령가야왕릉
| 효자 정재수 기념관 | 초산동 민요마을 | 장각폭포

차례 | 9

옛날 방식 그대로 빚어낸 할머니의 손맛, 안흥찐빵마을 • 132
- 강원도 횡성군 안흥면 안흥1리
놓치면 아까운 주변 여행지: 강원참숯·경원참숯 | 장송모 도자연구원 | 우리별 천문대
| 횡성 밤두둑마을 | 풍수원성당

백설과 겨울바람이 빚어낸 황태의 깊은 맛, 용대리 황태마을 • 146
- 강원도 인제군 북면 용대3리
놓치면 아까운 주변 여행지: 알프스 리조트 | 백담사 | 소양호 빙어 낚시터

겨울 갯벌에서 캐낸 쫄깃한 맛, 순천만 꼬막마을 • 156
- 전라남도 보성군 벌교읍 장암리 대롱마을
놓치면 아까운 주변 여행지: 보성차밭 | 순천만 자연생태공원 | 정웅민 예적지

한국인의 힘! 장수발효식품의 대명사, 순창 고추장마을 • 168
- 전라북도 순창군 순창읍 백산리 순창고추장전통민속마을
놓치면 아까운 주변 여행지: 안정마을·만일사 | 회문산 자연휴양림 | 강천산 | 장덕사
| 김세종 생가

손맛이 남아 있는 옛 과자를 찾아서, 사천 한과마을 • 180
- 강원도 강릉시 사천면 노동리, 석교리
놓치면 아까운 주변 여행지: 하슬라아트월드 | 강릉단오제와 학마을 | 정동진·통일공원
| 허균과 허난설헌의 생가터·선교장 | 오죽헌

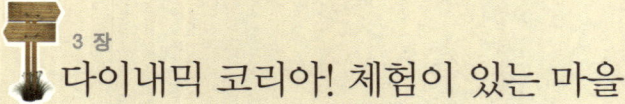
3장 다이내믹 코리아! 체험이 있는 마을

조개밭 갯벌과 소금밭 염전이 있는 어촌체험, 만돌마을 • 192
- 전라북도 고창군 심원면 만돌리
놓치면 아까운 주변 여행지: 선운산·선운사 | 고창읍성과 고창판소리박물관
| 학원관광농원 | 고인돌·고창고인돌박물관

아기자기한 신명이 있는 새재 과것길, 조령산 체험마을 • 202
― 충청북도 괴산군 연풍면 원풍리

놓치면 아까운 주변 여행지 : 연풍성지 | 화양계곡

탈탈탈 시골택시와 찰방찰방 물놀이, 보릿고개마을 • 214
― 경기도 양평군 용문면 연수리

놓치면 아까운 주변 여행지 : 민물고기 생태학습관 | 용문산 · 용문사 은행나무 | 세미원

입맛, 손맛이 즐거운 오징어 체험, 장사동어촌체험마을 • 224
― 강원도 속초시 장사동

놓치면 아까운 주변 여행지 : 대포항 | 영랑호 · 화랑도 체험관광단지 | 청초호 아바이마을

두루미와 독수리가 있는 탐조여행, 민통선 철새마을 • 234
― 강원도 철원군 동송읍 양지리

놓치면 아까운 주변 여행지 : 월정역 외 안보 관광지 | 고석정 국민 관광지
| 한탄강과 직탕폭포

산촌에서 즐기는 다이내믹 레포츠 세상, 계룡산레포츠체험마을 • 246
― 충청남도 계룡시 엄사면 도곡리

놓치면 아까운 주변 여행지 : 개태사 | 계룡산

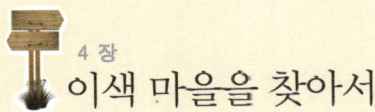

4장
이색 마을을 찾아서

대한민국의 끝 그리고 시작, 한반도 최남단 마을 • 258
― 제주도 서귀포시 대정읍 마라리

놓치면 아까운 주변 여행지 : 마라도 잠수함 | 제주 올레길 | 산방산 · 용머리해안 | 가파도
| 제주농업생태원

바다로 가는 차, 땅 위로 가는 배, 서천 월하성마을 •268
– 충청남도 서천군 서면 월호리
놓치면 아까운 주변 여행지: 마량포구 · 동백정 | 홍원항 · 서천 해양박물관
| 금강하구 · 서천 조류생태전시관 | 춘장대 해수욕장
| 신성리 갈대밭

전 주민의 17%가 천문지도사, 하늘별마을 •280
– 전라북도 남원시 산동면 대상리
놓치면 아까운 주변 여행지: 광한루원 · 춘향테마파크 | 지리산 둘레길 | 국악의 성지

푸른 학이 사는 무릉도원, 지리산 청학동 •290
– 경상남도 하동군 청암면 묵계리 청학동
놓치면 아까운 주변 여행지: 삼성궁 | 평사리 최참판댁 | 화개장터 · 쌍계사
| 악양대봉감 정보화마을 | 하동송림

두루두루 복을 나누어 주는 솜씨마을, 복조리마을 •302
– 경기도 안성시 죽산면 칠장리 신대마을
놓치면 아까운 주변 여행지: 칠장사 | 남사당전수관 | 태평무전수관

육지 속에 감춰진 섬마을, 회룡포마을 •312
– 경상북도 예천군 용궁면 대은 2리 회룡포마을
놓치면 아까운 주변 여행지: 삼강주막 | 용문사 | 초간정 · 금당실마을
| 진호국제양궁장

귀농귀촌 미리 연습으로 살아볼까, 가막마을 •322
– 전라북도 진안군 진안읍 가막리
놓치면 아까운 주변 여행지: 마이산 | 운일암 · 반일암 | 용담호 · 용담댐 물문화관

5장 향기가 있는 전통문화마을

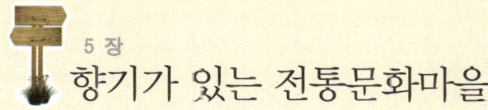

이천년 맥을 이어받은 삼베길쌈 솜씨, 안동포마을 • 334
- 경상북도 안동시 임하면 금소리

놓치면 아까운 주변 여행지 : 하회마을 | 봉정사 | 병산서원 · 도산서원 | 이천동석불

개도 짖을 땐 진도아리랑으로 짖는다네, 소포마을 • 346
- 전라남도 진도군 지산면 소포리

놓치면 아까운 주변 여행지 : 진도향토문화회관의 토요민속여행 | 신비의 바닷길 | 관매도

뱃기 들고 달리는 붕기풍어제의 신명, 황도 • 358
- 충청남도 태안군 안면읍 황도리

놓치면 아까운 주변 여행지 : 서산 창리 영신제 · 풍어제 | 천수만 철새 탐조지 | 안면암과 조기널섬 부교 | 몽산포 해수욕장

항아리에 숨결을 불어넣다, 외고산 옹기마을 • 370
- 울산시 울주군 온양읍 고산리

놓치면 아까운 주변 여행지 : 간절곶 | 천전리 각석 | 대왕암

옛 파시를 그리는 흥겨운 띠뱃놀이, 위도 더리마을 • 380
- 전라북도 부안군 위도면 대리

놓치면 아까운 주변 여행지 : 격포항 · 채석강 | 모항 해수욕장 | 내소사 | 부안영상테마파크 | 원숭이학교

300년 된 요리책 손으로 떠나는 식도락 여행, 두들마을 • 392
- 경상북도 영양군 석보면 원리 2리

놓치면 아까운 주변 여행지 : 주실마을 | 봉감모전오층석탑 | 서석지

차례 | 13

1장
발길이 머무는
아름다운 마을

시간이 천천히 흐르는 마을, **청산도 당리**
발 아래 펼쳐지는 숨 막히는 비경, **군산 장자리 마을**
황홀한 양귀비의 거부할 수 없는 유혹, **후리사마을**
봄이 오는 남녘바다 유채가 파도치다, **남해 두모마을**
산촌의 평화에 마음도 넉넉, **칠갑산 산꽃 마을**
하늘이 준 땅, **울릉도 나리**
산촌, 강촌, 농촌, 욕심도 많네, **대청호 두메마을**

시간이 천천히 흐르는 마을,
청산도 당리

전라남도 완도군 청산면 당리

　청산도는 아리따운 처녀 같은 섬이다. 노랗게 물든 들녘과 매혹적인 유채 향은 화사하게 차려입은 처녀의 아찔한 분내, 쉼 없이 재잘거리는 잔물결의 몽돌해변은 처녀가 조근조근 들려주는 정다운 이야기요, 부드러운 산세와 굽이굽이 휘감아 돌아가는 산자락의 다랭이논은 처녀의 고혹적인 자태 그대로다. 시간이 멈춘 듯한 수수한 마을 안길 또한 영락없이 처녀의 수줍은 속내를 닮았다. 농염하진 않지만 풋풋해서 더 매혹적인 처녀 같은 섬, 청산도다.

　현기증 나는 시간의 쳇바퀴로부터 뛰쳐나와 시간이 느리게 흐르는 섬, 청산도로 달려갔다. 청산도에서는 물과 바람마저도 느릿하게 흐른다. 청산도의 들꽃들은 영원한 삶이라도 사는 듯 유연자적, 밭 갈고 고기 잡으며 자연에 순응하며 삶을 이어 온 청산도 주민들 역시 그 꽃과 그 물과 그 바람처럼 느릿느릿 살고 있었다.

1장 발길이 머무는 아름다운 마을 ｜17

나비야 청산 가자

청산도를 안내하는 사람들이 곧잘 쓰는 말 중에 "속 모르면 청산으로 시집가지 마라"란 말이 있다. '청산'이란 원래 오지 산골을 뜻하는 말이다. 그 청산이 오지나 다름없는 청산도와 만나는 바람에 자연스레 고유명사 노릇을 하고 있다. 완도여객터미널에서 뱃길로 약 19㎞ 떨어진 청산도. 묵직한 여객선이 12노트의 속도로 사오십 분은 달려가야 발을 디딜 수 있다. 하지만 청산도를 향하는 관광객들에게 이 시간은 설렘과 흥분으로 가득 찬 순간이다.

청산도는 사계절이 다 개성 있고 매력적이지만 그 중에서도 단연코 봄이 으뜸이다. 노란 유채 때문이라고만 하기에는 못내 아쉬운 특별한 끌림이 봄날의 청산도에 있다. 도무지 속내를 알 수 없는 봄처녀처럼.

여객선에는 청산도를 홍보하는 커다란 현수막이 걸려 있다. '나비야 청산가자.' 잠시라도 세속을 떠나고 싶어하는 도시인들에게 이보다 더 유혹적인 문구가 있을까. 가자! 가서 청산도의 나비가 되자.

영화 같은 봄날을 만나다

청산도는 이웃한 작은 섬들과 함께 완도군 청산면을 이룬다. 이웃한 작은 섬들은 대모도, 소모도, 여서도, 장도와 아홉 개의 무인도인데, 청산도보다는 훨씬 작은 섬들이다.

현재 청산도는 인구가 2,600명 정도에 불과하다. 번듯한 '기관'이라고 해봐야 농협과 지소 형태의 수협, 우체국 정도다. 학교는 중학교 한 곳, 초등학

당리에서 카메라로 노리던 유채밭

교 한 곳이 전부다. 중학교를 졸업하면 상급학교로 진학하기 위해 완도읍이나 순천, 장흥, 목포 등지로 유학을 떠난다. 보통 혼자 가지만 부모가 같이 따라가는 경우도 있다. 문제는 이렇게 섬을 나간 사람들이 다시 돌아오지 않는다는 것이다. 인구가 줄어들 수밖에 없는 이유다.

    청산도의 관문인 도청항에 여객선이 닿자 여행객들이 우르르 밀려나온다. 배에 싣고 온 차로 이동을 하거나 현지 버스를 이용하기도 하지만 대개는 배낭을 둘러메고 터벅터벅 걷는다. 청산도에서도 가장 경관이 좋고, 영화 〈서편제〉와 드라마 〈봄의 왈츠〉 촬영장이 있는 '당리'가 걸어서 갈 만큼 가까운 거리인데다가 최근 들어 '슬로길'이라고 하여 청산도 구석구석 걷기 여행이 큰 인기를 끌고 있기 때문이다.

    당리는 청산도에서도 관광객들의 발길이 가장 많이 닿는 중심 여행지다. 〈서편제〉 속 돌담길이 있고 〈봄의 왈츠〉 속 동화 같은 건물이 남아 있으며 사방으로 탁 트인 풍경이 후련하다. 게다가 눈길 닿는 곳마다 보리밭과 유채밭이 펼쳐져 있다. 비탈진 산자락을 가득 채운 노랗고 파란 풍경은 청산도에서도 가장 아름다운 풍경으로 손꼽힌다.

    마을 당집과 〈봄의 왈츠〉 세트장 사이의 짧은 돌담길 구간은 이미 많은 여행객들에게 소문난 당리의 대표 풍경이다. 활처럼 휘어진 도락리 해변과 경사면의 유채밭 풍경은 뭍에서 온 여행자들의 눈을 노랗게 물들이고, 남도의 아름다운 자연을 품은 유채의 진한 향기는 마음까지 향기롭게 한다. 멀리 도청항의 등대 앞을 조용히 오고가는 여객선과 어선의 움직임 역시 가슴 속 한켠에 잔잔한 울림을 심어 놓는다. 4월에서 5월까지 남녘 땅 곳곳이 유채로 가득하지만 어느 곳이 청산도 당리의 유채에 비할까! 규모로는 당리를 능가

관광객들에게 인기가 높은 당리의 돌담길

하는 곳이 많겠지만 아름다움으로 능가하는 곳은 찾기 어려울 것이다. 돌담길 따라 심어 놓은 보리밭도 정겹다. 유채와 보리밭이 있는 풍경 중에서는 단연코 으뜸이다.

당리의 길은 문화재로 지정된 어느 마을의 돌담처럼 잘생기지도 않고 화려하지도 않은, 시멘트가 군데군데 섞인 그냥 수수한 돌담길이다. 시간이 멈춘 듯, 오래된 풍경들이 골목 곳곳에 숨어 있다. 담장 너머로는 소박한 당리 사람들 사는 모습이 보이고 어쩌다 골목에서 마주한 주민들은 수줍은 듯 따뜻한 인사를 건넨다. 골목과 담장, 오래된 축사와 살림집들, 그 사이사이를 메운 마늘밭과 보리밭……. 흑백 사진 같은 풍경 속을 아련한 감흥에 젖어 걷다 보면 마음까지 평화로워진다.

"우리 마을이 모두 72호, 72가구여. 인자, 그 중 빈 가우가 일곱 가우. (육지로) 왔다 갔다 한 거시기까지 일곱 가우여. 백 한 삼십 맹 살지. 혼자 사는 사람이 남자 오 명, 여자 이십오 명 해서 삼십 가우여. 65세 이상이 남자는 삼십 명, 여자는 사십오 명이네. 젊은이가 없제. 맨 노인들뿐이여. 지일 적은 사람이 오십 다섯(살)! 한 오 년 있으면 농사도 못 져. 누가 질 것이요!"

최병천(69) 이장의 한숨에서 다른 시골마을들이 대개 그렇듯이 당리 역시 고령화문제로 앞날을 걱정하고 있음을 느낄 수 있다. 그래도 어쨌거나 관광객들이 많이 찾아와주니 마을에 활력이 생겨 보기에는 좋다.

"관광객들이 이렇게 많이 오는데 마을에 도움이 좀 되나요?"

"도움 되는 거 뭐 있대. 없제!"

그 많은 관광객들이 돈도 좀 쓰고 갔으면 좋으련만 현실은 그렇지가 않다고 한다. 일단 돈 쓸 곳이 없다. 뒤늦게나마 마을에서는 친환경 쌀로 빚은 막걸리를 상품화하기 시작했다. 노인회에서 빚고 부녀회에서 판다. 주민들이 경관 조성용으로 심은 유채는 수확하여 기름을 짜기도 하지만 그 양이 많지 않다. 아름다운 마을로 가꾸어 관광객들을 즐겁게 해주니 마땅히 합당한 소득이 생겨 주민들에게도 이익이 돌아갔으면 좋으련만.

슬로시티? '걸어간다' 그 뜻이여!

마을개발의 모든 초점은 슬로시티(slow-city)에 맞춰져 있다. 이장님에게 슬로시티의 의미를 물었다. 기대했던 것보다 더 명쾌한 현답이 돌아왔다.
"'건다', '걸어간다' 그 뜻이여."
맞다. 슬로시티는 걷는 것이다. 천천히 걷는 것이다. 천천히 걸으면서 아름다운 자연을 돌아보고 문화를 생각하고 참다운 삶의 의미를 생각할 수 있는 마을, 또는 그런 운동이다. 달리거나 차를 타면 많은 것들을 놓치고 지나간다. 생각할 틈조차 없다. 갈수록 더 빨리 갈 방법을 연구하기 마련이고 나중에 가서는 왜 달리는지 이유조차 모르며 그저 그 빠름 속에 휩쓸리기 마련이다. 도시의 삶이 그렇지 않은가.
요즘 청산도에서는 '슬로시티 청산도위원회'가 중심이 되어 크고 작은 여러 사업을 벌이고 있다. 당리 〈봄의 왈츠〉 세트장 옆에서 진행되는 조개껍질 공예 체험 프로그램도 '슬로시티 청산도위원회'에서 펼치는 사업이다. 조개껍질이나 전복껍질에 손수 그림을 그려 기념품으로 가져갈 수도 있고 예쁜 공예품을 구입할 수도 있다. 청산도 곳곳의 명소에 보물을 숨겨 놓고, 이를 찾는 관광객들에겐 작은 선물을 주기도 한다. 하지만 무엇보다 공을 들인 것은 걷기여행 코스인 '슬로길'을 닦은 것이다. 이를 바탕으로 '청산도 슬로우 걷기축제'도 개최했다. 안팎으로 슬로길에 거는 기대가 크다.

"옛날에 논밭으로 가던 길, 풀 베러 가던 길, 관리 안 해서 없어졌던 길들을 다시 만들자는 의견이 나왔습니다. 일부는 자연 그대로, 또 일부는 없어진 길을 복원했지요. 그래서 3개 코스를 열었습니다."

지리해수욕장에서 만난 슬로시티 청산도위원회 김송기 사무장은 참 어렵게, 고생 많이 해가며 만든 길이라며 슬로길을 소개했다. 3개 코스는 모두 청산도의 남쪽 해안을 따라 펼쳐져 있다. 1코스(6.8㎞)는 도청항과 당리를 중심으로, 2코스(7.5㎞)는 범바위를 중심으로, 3코스(6.5㎞)는 청산도 최고봉인 매봉산(384.5m)과 상서마을 옛 담장을 중심으로 하고 있다. 코스별 소요시간은 각각 3시간 내외. 천천히 걸으면서 청산도의 자연과 문화, 그 '맛'을 보며 걷는 길이다. 제주도 올레길을 참고로 했지만 올레길과는 분명한 차이가 있다고 한다.

"올레길은 이국적인 길이죠. 제주도가 원래 이국적 풍경이 많지 않습니까? 그에 비해 청산도의 슬로길은 우리 정서에 맞는 길입니다. 청산도의 바람과 돌과 꽃, 풀은 우리에게 낯익은 풍경들입니다. 고향에서 많이 봤던 소박한 풍경들이 농로를 따라, 해변을 따라, 호젓한 산길을 따라 이어져 있습니다. 관광객들이 그러던데요. 제주도 올레길보다 정감이 있어서 좋다고!"

시간에 쫓긴 관광객들은 당리를 중심으로 1코스만 보고 가는데, 2코스나 3코스도 좋다. 범바위를 비롯하여 놓치기 아까운 명소들이 곳곳에 있으니, 천천히 쉬엄쉬엄 걸으며 그 맛을 느끼는 게 슬로길의 포인트라고 김 사무장

1. 청산도 구석구석을 느린 걸음으로 느낄 수 있는 슬로길
2. 전복 껍데기에 그림을 그려 넣는 체험 프로그램을 무료로 즐길 수 있다.

은 말한다. 위원회에서는 체험관광시설을 확충하여 다양한 체험프로그램을 개발하고 관광기반 시설을 충분히 갖출 예정이다.

청산도에 들어가면 먼저 청산도 지도를 구하는 게 순서다. 지도는 완도 여객터미널은 물론이고 도청항 곳곳에서도 쉽게 구할 수 있다. 청산도는 영화 속 배경 외에도 볼거리가 많은데 지도에 보기좋게 정리가 잘 되어 있다. 특히, 청산도 특유의 묘제인 초분과 오래된 고인돌, 불상이 새겨진 하마비 등의 문화유산이 남아 있고 계단식논, 구들장논, 상서마을 옛 담장과 같은 억척스러운 삶의 모습을 엿볼 수 있는 볼거리도 있다. 지리해수욕장, 신흥해수욕장, 진산리 갯돌밭(몽돌밭) 등은 여름에 인기를 끄는 해수욕장이고, 곳곳의 갯바위는 모두 천혜의 낚시터이다. 청산도 최고봉인 매봉산과 범바위도 꼭 들러볼 명소다. 특히 범바위는 김 사무장이 적극 추천하는 명소로, 절경도 절경이지만 전설과 이야깃거리가 남아 있는 곳이다. 범바위 앞바다는 나침반이 말을 듣지 않는 '한국의 버뮤다삼각지'로 알려져 있어 신비함마저 느껴진다.

청산도에서 보낸 봄날의 1박 2일, 피곤한 줄 모르고 걸어다녔다. 화려한 봄빛에 눈이 내내 호사를 누렸고 마음속까지 봄바람이 불었다. 환속하고 싶지 않은 청산(靑山)이다. 살어리 살어리랏다. 청산에 살어리랏다!

놓치면 아까운 주변 여행지

여서도 · 신지도

여서도는 청산도에서도 더 남쪽에 있는 작은 섬이다. 평화롭고 고즈넉한 섬마을의 풍경을 간직하고 있어 순수한 풍경을 찾는 여행자에게 제격이다.

신지도는 완도읍과 신지대교로 이어져 육지화 되었다. 대표명소인 신지도 해수욕장은 모래 울음소리가 십리 밖까지 들린다고 하여 울모래등 또는 명사십리 해수욕장이라고 불린다. 길이가 4km에 달하는데 경사가 완만하고 모래가 깨끗하여 가족 단위 해수욕장으로 적당하다. 성수기에는 완도군청에서 임시 휴게시설을 운영하기도 한다. 문의: 신지도 명사십리 해수욕장 관리사무소 061-550-6923.

보길도

청산도와 함께 완도군의 대표적인 섬. 고산 윤선도 유배지로 유명하다. 고산이 직접 조성한 부용동 정원과 산자락에 위치한 한 칸짜리 정자인 동천석실 등의 유적지가 있다. 보길도의 아름다운 자연은 고산으로 하여금 〈어부사시사〉와 같은 걸작을 낳게 했다. 우암 송시열이 제주도 유배 중에 글을 남긴 '글씬바위'와 예송리 갯돌 해변 등도 유명하다. 예송리는 해변도 좋지만 울창한 상록수림과 일출이 멋지다. 문의: 다도해해상국립공원 보길분소 061-

554-6474, 보길 면사무소 061-550-5611.

해신 세트장

2005년에 방영했던 TV 드라마 〈해신〉은 큰 인기를 끌었다. 그 열기에 힘입어 완도에 있는 세트장에도 많은 관광객들이 몰려들었다. 드라마의 감동을 기억하는 여행자라면 이색 여행지로서 찾아볼 만하다. 군외면 불목리에는 신라방 세트장이, 완도읍 대신리 해변에는 청해포구 세트장이 있다. 문의: 신라방 세트장 061-550-5745, 청해포구 세트장 061-555-4500.

장좌리·청해진유적지

완도읍 장좌리 앞에 위치한 장도는 장보고가 828년에 설치한 청해진이 있었던 곳으로 알려져 있다. 그는 이곳에 본거지를 두고 중국과 일본을 잇는 국제무역을 펼쳐 후세로부터 '바다의 왕'이라는 호칭을 얻었다. 마을 입구에는 장보고기념관이 있어 그의 활약과 당시 상황을 더듬어볼 수 있다. 인근 죽청리에는 높이 31.7m에 달하는 거대한 동상도 세워졌다. 물이 빠져야 건너갈 수 있었던 장도에는 최근 다리가 놓여 언제라도 자유롭게 건너다닐 수 있게 되었다. 매년 정월 대보름에는 장좌리 당제가 열린다. 문의: 장보고기념관 061-550-6933.

1. 도청항   2. 청산도 여객선, 청산농협에서 운영한다.   3. 존좌리 당제 모습   4. 여서도에는 미역이 많이 난다.

어류시시사를 잉태시킨 보길도 앞바다

🌼 추천일정

첫째날 완도 진입 → 완도 관광(정도리 구계등, 장보고기념관, 장도, 해신 촬영 세트장 등) → 청산도 입도 (오후 배) → 청산도 북쪽 관광(차량 이용/지리 해수욕장, 진산리 해변, 구들장 논 등) → 청산도 숙박

둘째날 당리(서편제 배경지) → 슬로길 걷기(청산도 남쪽) → 읍리(고인돌, 하마비) → 완도항

봄, 여름 성수기 주말에는 완도에서 청산도 가는 배표 구하기가 쉽지 않다. 원하는 시각보다 일찍 도착해서 표를 사는 것이 좋다. 도청항에 도착하면 마을버스들이 기다리고 있다. 청산도를 순회하는 버스는 크게 세 종류다. 섬의 서북쪽은 주민 수가 많지 않아 12인승 소형승합차가 다닌다. 남쪽은 일반적인 농어촌버스가 운행된다. 그 밖에 관광명소만 순회하는 셔틀버스가 따로 있다. 문의: 슬로시티 사무장 김송기 011-624-5035, 다도해국립공원 청산분소 061-552-3386.

 찾아가는 길

자가용
서울 — 서해안고속도로 — 목포 — 강진 — 남창 — 완도 — 완도여객터미널 또는 서울 — 호남고속도로 — 광산 나들목 — 13번 국도 — 나주 — 해남 — 완도

대중교통
- 서울고속버스터미널(완도행 1일 4회 운행) — 완도터미널 — 도보로 여객터미널 이동(서울에선 제법 먼 거리지만 완도버스터미널과 연안여객터미널이 그리 멀지 않기 때문에 대중교통을 이용하는 것이 편하다.)
- 완도까지 직행이 없는 타 지역은 광주로 이동 후, 광주에서 완도행으로 환승.
- 완도여객터미널에서 청산도까지는 청산농협에서 여객선을 운항함. 50분 소요. 뱃길은 변수가 많으니 사전 문의 필수. 문의: 청산농협 061-552-9388, 완도여객터미널 061-552-0116.

🏨 추천업소

편의시설은 면소재지인 도청항에 몰려있다. 칠성모텔(061-552-8507), 로적산장(061-555-5210). 슬로시티 사무장도 지리해수욕장에서 민박사업을 한다. 한바다민박(061-554-5035).

발 아래 펼쳐지는 숨 막히는 비경,

군산 장자리 마을

전라북도 군산시 옥도면 장자도리

　뱃전에 서서 서해를 바라보며 시원한 바닷바람을 맞았다. 온몸에 짜릿한 청량감이 전해졌다. 탁 트인 바다, 두 눈이 모처럼 호사를 누린다. 그동안 탁 막힌 도시 속에서 겨우 한 치 앞단 내다보고 살지 않았던가. 몸은 뱃전에 있지만 마음은 갈매기라도 된 듯 하늘을 날아간다.

　왼쪽으로는 풍력발전기가 등장했다가 서서히 퇴장한다. 오른쪽에는 크고 작은 고깃배들이 군산항으로 들어가는 모습이 보인다. 바람과 바다와 하늘 사이에서 문득 '명(命)'이란 화두를 떠올렸다.

　우주 삼라만상에는 모두 시작과 끝이 있다. 우렁차게 울어제끼며 태어난 아기도 늙고 병들어지면 흙으로 돌아간다. 사람이 만든 길도 시작과 끝이 있으니 새로 닦이기도 하고 묻히기도 한다. 섬인들 그 운명을 피할 수 없다. 섬의 시작은 별의 탄생만큼이나 장엄하고 거룩하지만 그 끝은 참으로 허망하기 그지없다. 인간의 필요에 따라 바다를 메우거나 섬까지 다리라도 놓는 날에는 섬은 섬으로서 운명을 마치는 수밖에 없다.

신나는 체험이 있는 섬마을

군산에서 뱃길로 한 시간 남짓. 하늘의 별들이 내려와 바다에 통째로 박힌 듯 아름다운 절경을 자랑하는 고군산군도. 고군산군도를 풀어 보면 '고(古) + 군산(群山) + 군도(群島)'가 된다. '고군산'은 옛날 군산이요, '군도'는 별처럼 무리지어 있는 섬들을 이르는 말이다. 고군산군도는 사람이 사는 16개 섬을 비롯하여 모두 63개의 크고 작은 섬으로 이루어져 있다. 하지만 아름다운 고군산군도라고해서 개발의 손길을 피할 순 없었다. 신시도, 무녀도, 선유도는 고군산군도에서도 이름난 섬들인데, 그 중 신시도는 새만금방조제의 건설로 인해 이미 육지가 되었다. 섬으로서 사망 선고를 받은 것이다. 어디 그뿐인가. 선유도까지 다리를 놓을 계획이라고 하니 이미 연도교로 연결되어 있는 선유도, 무녀도, 장자도는 섬으로서 시한부 삶을 살고 있는 셈이다.

배가 장자도에 닿았다. 장자도는 선유도와 작은 다리로 이어져 있어 쉽게 오고갈 수 있다. 선유도가 해수욕장이 유명하다고 하면 장자도

는 다양한 체험거리도 유명하다. 바다낚시는 기본이요, 해삼이나 고둥, 낙지 따위를 맨손으로 잡을 수 있는 갯벌체험, 그물을 양쪽에서 끌어당겨 물고기를 잡는 후릿그물 체험 등이 가능하다. 여름에는 바나나보트 타기, 카누 타기 등의 수상 레포츠도 즐길 수 있다.

장자도에는 다른 섬에서는 찾아볼 수 없는 '수상 체험관'도 있다. 말 그대로 마을 앞 바다에 떠 있는 낚시 체험장이다. 마을 어촌계에서 공동으로 운영하는 시설로, 보호난간과 화장실까지 갖추고 있어서 바다낚시를 즐길 수 있다. 우럭, 놀래미, 도다리같이 몸값 비싼 활어들을 손수 잡아 즉석에서 회를 떠 먹는 맛은 느껴보지 않은 사람은 절대 알 수 없다.

어느 해인가는 사리 따를 맞추어 장자도를 찾았다. '야간 갯벌체험'을 하러 손전등 하나 들고 물이 빠진 갯벌을 뒤지고 다니는데, 여기저기에 해삼이 널려 있는 게 아닌가. 자갈이 있는 물웅덩이 근처에 죽은 듯 엎드려 있는 해삼을 발견했을 때, 또 그 해삼을 주워 올렸을 때의 쾌감은 지금도 잊을 수가 없다. '잡는다'와 '줍는다'는 엄연히 다른 표현이라는 것을 그때 알았다. 어떤

이는 키조개를 한 양동이 캐 오는가 하면 어떤 이는 소라를, 또 어떤 재주 좋은 이는 낙지를 여러 마리 잡아 왔다. 해삼은 일행들이 실컷 먹고도 남아 동네 식당에 주고 왔다. 잊을 수 없는 어촌 추억이다.

슬픈 전설의 할매바위

갯벌체험이나 낚시도 재밌지만 장자도의 진면목은 역시 '대장봉'에 올라가봐야 알 수 있다. 대장봉은 20~30분 정도면 오를 수 있는, 높이 141m의 작은 바위산이다. 중간에 밧줄을 잡고 올라가야 하는 곳도 있지만 대체로 남녀노소 큰 무리 없이 올라갈 수 있는 무난한 산이다. 정상에서 내려다보는 고군산군도의 절경이 진정 압권이다.

정상의 너럭바위에 털썩 주저앉아 땀방울을 식히며 발아래를 내려다보았다. 아, 어느 시인이 고군산군도를 바다 위에 뜬 별무리라고 했던가! 발 아래에는 장자도가 내려다보이고 왼쪽으로는 선유도와 무녀도가 나란히 누워 있다. 오른쪽에는 관리도가 병풍처럼 버티고 있으니, 예부터 장자도를 두고 '천혜의 피항지'라 불렸던 이유를 비로소 알 것 같다. 사방이 섬들로 막혀 있으니 제아무리 거친 비바람이나 파도인들 어디 근접이나

슬픈 전설이 전해지는 할매바위

하겠는가! 마을 앞 등대와 수상 체험관 사이로 관광객들을 실은 작은 배가 오가고 섬과 섬을 이어주는 다리 밑으로는 고깃배가 분주히 움직인다. 섬 전체에 몇 대 안되는 자동차들의 움직임까지 한눈에 보인다.

대장봉 오르는 길에는 우뚝 솟은 기암이 하나 있다. 슬픈 전설이 깃든 할매바위다. 옛날 어느 선비가 과거에 뜻을 두고 한양으로 떠났단다. 금방 올 줄 알았던 지아비는 한 해 두 해가 되어도 돌아오지 않았고 아내는 아이를 등에 업은 채 날이면 날마다 동구 밖까지 나가서 하염없이 남편을 기다렸다. 그러던 어느 날, 꿈에도 그리던 남편이 돌아왔다. 뛸 듯한 반가움도 잠시, 남편 옆에 웬 여인이 다정한 모습으로 따라오고 있는 것이 아닌가! 기다리는 동안 백발이 된 아내는 그 모습을 보고 놀라 등에 업은 아이와 함께 그 자리에서 굳어버려 돌이 되었다고 한다. 다시 쳐다보니 영락없는 아기 업은 여인의 모습이다. 할매바위는 영험하기로 소문이 나서 지금도 진급을 앞둔 이나 큰일을 도모하는 이들이 찾아와서 기도를 올린다고 한다.

정상의 감동까지 왕복 1시간이면 충분하지만 죽어도 산에는 못 오른다는 사람들이 간혹 있다. 그런 사람들이라면 자전거 하이킹이 어떨까? 장자도에서 자전거를 빌리면 이웃한 선유도와 무녀도까지도 돌아볼 수 있다. 자전거를 타고 섬 일주를 하다가 장자도와 선유도를 잇는 다리 근처에서 서해 낙조를 지켜보며 하루를 마감해 보자. 섬으로서 살아갈 날이 얼마 남지 않았다는 생각 때문일까. 아찔한 슬픔으로 주위를 벌겋게 물들이며 떨어지는 낙조는 혼자 보기엔 아까울 정도로 황홀하고 감동적이다.

장자도와 선유도를 잇는 다리에서는 아찔하도록 아름다운 낙조를 만날 수 있다.

놓치면 아까운 주변 여행지

금강 철새조망대

금강 하구는 대표적인 철새도래지다. 해마다 늦가을에서 초겨울이 되면 수십만 마리의 가창오리 떼를 비롯하여 오리류, 기러기류, 고니류 같은 다양한 철새들이 금강하구를 찾아온다. 발달된 갯벌과 갈대 군락이 철새들에게 다양한 먹잇감을 제공할 뿐 아니라 쉼터 역할을 해주기 때문이다. 철새를 제대로 보고 싶으면 군산시에서 세운 금강 철새조망대를 찾아가보자. 금강 철새조망대는 11층 높이의 거대한 전망대를 비롯하여 가창오리 실물 모형을 한 철새 신체탐험관으로 유명하다. 간단한 규모의 조류공원과 부화체험관도 갖추고 있으며 박제 표본전시관에서는 다양한 조류, 어류와 포유동물 등을 볼 수 있다. 시즌 때에는 탐조투어 버스를 운행하기도 한다. 문의: 063-453-7213.

새만금 방조제

말도 많고 탈도 많던 새만금 방조제는 전라북도 군산, 김제, 부안의 앞바다를 메워 만든 33km의 방조제다. 새만금 방조제의 건설로 청정 갯벌과 바다를 포기하고 28,300ha의 땅과 11,800ha의 호수를 얻었다.

1991년부터 시작된 사업으로 현재 방조제 공사는 끝났지만 내부 개발 등을 거쳐 2020년에 최종 완공될 예정이다. 신시도 배수갑문의 한국농어촌공사 전망대를 찾아가면 새만금 방조제 전체를 살펴볼 수 있다.

진포 해양테마공원 · 군산항

진포 해양테마공원은 일제시대 조선은행 건물 뒤편 내항에 있다. 이곳은 고려 말기 최무선 장군이 화포를 이용하여 왜적을 격퇴시킨 진프대첩의 현장으로, 이를 기념하고자 육해공군의 여러 퇴역장비들을 모아서 전시한 야외 박물관을 겸한 공원이다. 특히 병영 생활을 간접적으로나마 체험해 볼 수 있는 4,200톤급 전함이 큰 인기를 끌고 있다.

군산항에는 옛날 일제시대 건물들이 많이 남아 있어서 마치 시간이 멈춘 듯한 느낌을 준다. 카메라를 들고 가볍게 산책하기 좋다. 문의: 진포 해양테마공원 063-445-4472.

🌼 추천일정

첫째날 점심식사 → 군산 외항 → 장자도 관광·체험 → 숙박

둘째날 장자도 대장봉 등반 → 군산 외항 → 금강 하구(철새조망대)

장자도만 둘러보는 데에는 대장봉 등산까지 합하여 2시간 늣짓. 선유도까지 둘러보거나 갯벌 체험이나 낚시 체험을 해볼 계획이라면 하루, 이틀 더 묵는 게 좋다. 군산 외항에서 장자도행 배를 타거나 선유도행 배를 타고 가서 장자도로 이동해도 된다. 어촌체험 문의: 김종주 어촌계장 010-4611-0653, 윤주형 사무장 010-4652-4944.

 찾아가는 길

자가용
해안고속도로 군산 나들목 진출 – 군산 외항 여객터미널 – 장자도행 여객선 – 장자도
장자도행 여객선에는 차를 실을 수 없다.

대중교통
강남고속버스터미널(센트럴)에서 군산까지 수시로 시외버스가 다닌다. 동서울버스터미널에서도 몇 차례 운행된다. 시외버스터미널에서 군산연안여객터미널까지는 시내버스(7번)가 1시간에 1대꼴로 있다. 보통 군산연안여객터미널에서 장자도까지는 하루 2회, 선유도까지는 4회 배가 운행되지만 계절에 따라, 관광객의 많고 적음에 따라 운행 간격이나 횟수가 바뀔 수 있기 때문에 사전에 확인하는 것이 좋다. 문의: 군산연안여객선터미널 063-472-2711.

🏝️ 추천업소

장자도 바닷가에 펜션형 민박이 많다. 바다풍경(063-466-2322), 바다하우스(017-612-0654), 블루하우스(011-4611-0653), 화이트하우스(010-4652-4944), 추억만들기(063-463-7300), 섬마을풍경(011-9439-9585). 식당은 화이트식당(010-4652-4944)이 있고, 민박을 할 경우 민박집에서 차려주기도 한다.

황홀한 양귀비의 거부할 수 없는 유혹,

후리사 마을

강원도 원주시 판부면 서곡리 후리사마을

중국 당나라의 현종(712~756)에게는 양옥환(楊玉環)이라는 귀비가 있었다. 원래는 아들의 비였는데 어찌나 미인이었던지 아비가 빼앗고 말았다. 양귀비에게 정신이 팔린 현종은 나랏일을 제대로 살피지 않았고 급기야 반란이 일어나 나라가 흔들리기에 이르렀다. 중국 최고 미녀였다는 양귀비. 하지만 그를 사랑한 것은 현종만이 아니다. 후세 사람들도 그녀를 흠모하였으니 양귀비는 시와 희곡, 그림 같은 예술 속 주인공으로 영원한 삶을 누렸다.

양귀비는 꽃으로도 살아남았다. 양귀비꽃은 당현종의 귀비처럼 아름답다하여 얻은 이름이다. 일부 품종에 마약성분이 있어서 민간에서는 재배가 금지되고 있는데 최근 들어 마약성분이 없는 '꽃양귀비'가 원예용, 경관 조성용으로 각광을 받고 있다.

강원도 원주의 한 농촌마을에서 꽃양귀비 축제를 한다고 하여 호기심을 안고 차를 몰았다. 원주시 판부면 서곡 4리의 후리사마을이다.

꽃이 있는 풍경

과연! 화려하기로는 양귀비꽃이 으뜸인 듯싶다. 백운산 아래 산골마을의 비탈진 산자락을 가득 메운 꽃양귀비는 형형색색 화려한 융단을 깐 듯 눈이 부시다. 군락도 화려하거니와 하나하나의 자태도 매혹적이다. 양귀비가 살아 돌아와 가녀린 허리를 비틀 듯, 바람에 따라 한들한들 춤추는 양귀비꽃의 자태에 구경하는 이의 눈이 멀어버릴 지경이다.

우리의 수수한 들꽃과 달리 너무 화려한 모양새가 우리 정서에는 어울리지 않나 했는데 가까이 들여다보니 그게 아니다. 얇은 꽃잎은 우리 전통의 한지(韓紙) 모습 그대로이다. 마치 곱게 물들인 한지로 고이 접어 만든 조화(造花) 같다. 조화(造花)가 맞다면 조물주의 조화(造化)이려니.

■ 꽃잎이 한지를 닮았다.

언덕을 올라서니 하얀 천막이 보인다. 양귀비꽃으로 여러 체험을 할 수 있는 곳이다. 양귀비 꽃잎을 활용한 압화체험, 염색 티셔츠 만들기, 부채 만들기 같은 체험거리에 관광객들이 몰려 있다. 다른 양귀비 꽃잎을 넣어 꾸민 부채가 마음에 들어서 꼬마 여행객 뒤로 줄을 섰다.

　올해로 세 번째라는 용수골 꽃양귀비축제는 충분치 못한 홍보에도 알음알음 많은 사람들이 찾아왔다. 살랑살랑 양산을 흔들며 올라오는 중년부인부터 유모차를 밀고 올라오는 젊은 부부와 다정한 모습의 연인들까지. 모두 카메라나 핸드폰을 들고 양귀비꽃의 아름다운 자태를 담느라 분주하다.

　'후리사마을'은 후티절마을이라고도 하는데, 옛날 마을에 있던 절 이름에서 유래되었다. 절 흔적이라곤 깨진 기왓장 하나 찾아볼 수 없지만, 양귀비가 꽃으로 살아났듯이 절 이름도 부락 이름이 되어 지금껏 살아남았다.

양귀비 꽃잎으로 부채 만들기 체험

어린 아기도 꽃을 알아본다.

'후리절'은 물론이고 '서곡리'라는 이름도 후리사를 창건한 신라시대 고승 서곡대사에서 유래한 것이며 '탑거리', '된절터' 등의 불교식 지명이 마을 곳곳에 지금껏 남아 있는 것을 보면 불교와 각별한 인연이 있는 듯 하다. 또한 신미양요 때에는 이승훈 신부가 이곳에서 활동했다고 한다. 그래서인지 마을 가까이 백 년 넘은 천주교 공소가 여럿 있다. 마을에 있는 공소도 지금의 자리를 110년 동안 지켜왔다. 그런데 공소 이름이 재미있다. '후리사 공소'다. 절 이름을 딴 천주교 공소라니, 참으로 겸허한 이름이다. 이색적인 이름이 아니더라도 후리사 공소는 충분히 시선을 끌 만하다. 하얀 담장 너머 운치 있는 종탑과 오래된 건물이 어우러진 풍경이 한 폭의 그림 같다.

꽃바람을 몰고 온 남자

평범한 농촌 마을에서 어쩌다 꽃양귀비를 심게 되었을까 궁금했는데, 주민들이 '김 대령'을 만나보란다. 처음 아이디어를 내고 축제를 연 주인공이란다.

주민들에게 '김 대령'으로 통하는 이는 2005년 마을에 귀농하여 정착한 '풍차꽃농장'의 김용길 대표이다. 예비역 대령인 그를 두고 '김 대령'이라 부르고 있지만 그에겐 호칭이 여럿 있다. 성공한 귀농인이자, 개인전까지 열 만큼 실력을 인정받는 화가이기도 하다.

커다란 하얀색 풍차가 돌고 있는 언덕 위 집에서 김 대령을 만났다. 군 생활을 오래하다 보면 아무래도 세상을 보는 시각이 좁아지고 그래서 퇴임

한 군인들이 사회에 적응하기 쉽지 않다는 것이 세상의 속설 아닌가. 그런데 어떻게 이런 축제를 기획할 수 있었는지 궁금했다.

"이 동네만이라도 잘살 수 있는 방법이 없을까 모색하다가 꽃을 생각하게 되었어요. 본능적으로 끌리는 꽃, 가슴이 메마른 사람도 즐길 수 있는 꽃을 생각하다보니 양귀비꽃이 떠올랐습니다."

김용길 화가의 전시실   김용길 화가

현실적으로 귀농의 가장 큰 장벽은 지역 주민들과의 화합 문제인데, 지역 주민들과 공존을 모색했다는 것이 성공비결 아닐까. 2010년부터는 축제를 주민들이 직접 진행할 수 있도록 넘겨주고 뒤에서 도움만 줄 계획이란다. 대화를 나누다보니 주민들이 그를 '대령'이라고 부르는 이유를 알 것 같았다. 장소만 바뀌었을 뿐 그는 아직도 군인 정신으로 살아가고 있었다.

"꽃을 보면 마음이 평화로워지고 갈등이 줄어들게 되죠. 갈등이 없어지면 전쟁도 없어지겠지요."

진정 평화를 사랑할 줄 아는 군인, '김 대령'은 세상을 멋있게 사는 방법을 아는 남자다.

나무가 있는 풍경

후리사마을은 이곳에서는 '용수골'로 더 유명하다. 김정윤(53) 씨는 용수골의 유래에 대해 다음과 같이 소개했다.

용수골 계곡에서 물놀이하는 아이들

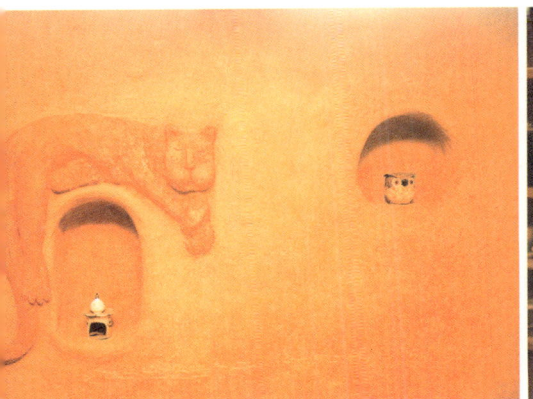
카페 나무의 황토벽

카페 나무의 주인장 손서연 씨.
다양한 문화행사를 열고 있어 단골 손님들이 많다.

"백운산 자락에 용소가 둘 있습니다. 큰 용소, 작은 용소. 그 용소가 얼마나 깊은지 돼지더리를 명주실에 매달아 담그면 그것이 제천 의림지에서 떠올랐다고 할 정도지요. 그 용소에서 용수골이라는 이름이 유래되었다고도 하고. 또 옛날 백운산 자락에 모여 살던 화전민들이 숯을 구워 팔았다고 하여 용숯골로 부르다가 용수골이 되었다고 이야기하는 어르신들도 있습니다."

마을로 들어온 외부인들이 가장 먼저 대하게 되는 건 용수골을 지키는 소나무들이다. 모두 스물한 그루, 수령이 150년에 키가 13m, 둘레가 2m에 이른다. 노송과 정자, 백운산에서 흐르는 깨끗한 물이 어울린 경치는 한눈에 보아도 이방인들을 압도하기에 충분하다.

정자 앞에 이색적인 현수막이 하나 걸려 있다. '나무'란 이름의 카페에서 '저자와의 대화' 이벤트를 한다는 내용이다. 나무? 궁금증을 가지고 마을 안 길로 접어드니 오른쪽으로 '나무'라는 간판을 단 황톳빛 건물이 보인다.

나그네를 웃는 얼굴로 맞이한 카페 주인장은 2007년에 귀촌했다는 손서연(35) 씨. 앳된 얼굴의 그녀는 다큐 감독인 남편과 함께 이곳에 내려와 직접 황토집을 짓고 카페를 운영하고 있다.

저자와의 대화는 물론이고 음악감상회, 인디밴드 공연, 오래된 '어르신 나무'를 찾아 떠나는 나무순례단, 물물교환 파티 등이 대표 프로그램이다. 모두 카페 손님과 지인들, 지인을 통해 인연을 맺은 사람들이 스텝으로 참여해 행사를 연단다.

깊은 산자락에 있으면서도 이런 문화행사가 가능한 것은 카페가 원주의 신흥 아파트단지인 단구동이나 명륜동에서 10분이면 올 수 있는 거리에 있기 때문이다.

집이 아담하면서도 느낌이 좋다고 하자 뜻밖의 대답이 돌아왔다. 볏짚으로 지은 집이라고 한다. 손 사장이 내미는 앨범을 보니 3년 전 집 지을 때의 모습이 그대로 담겨 있다. 단단하게 묶은 짚단을 쌓아 올려서 안팎의 벽을 황토로 마감하는 '스트로베일(strawbale) 공법'의 집이다. 평범함을 거부하는 개성 있는 삶의 단면들이 카페 건물은 물론이고 팔고 있는 커피와 풀어놓는 이야기 보따리에 가득가득 담겨 있었다.

양귀비꽃 부채를 살랑살랑 흔들며 카페를 빠져나왔다. 예쁜 부채 하나가 발걸음을 가볍게 하고 여행의 피로까지 풀어주는 듯싶다. 계곡가 식당에서 '양귀비 꽃비빔밥'으로 요기를 하고 길을 나서니 여름 하늘의 뭉게구름 한 조각이 하얀 한지로 만든 꽃양귀비인 양 바람에 너울거린다.

놓치면 아까운 주변 여행지

구룡사

신라 문무왕 6년(666)에 의상에 의해서 창건된, 천년을 훌쩍 넘긴 고찰이다. 9마리의 용이 살고 있는 연못을 메워서 절을 만들었다고 하여 원래는 '구룡사(九龍寺)'라고 하였으나 이후, 조선시대에 들어 절 입구의 거북 모양의 바위 때문에 '구룡사(龜龍寺)'로 고쳐 부르게 되었다. 문의: 033-732-4800.

박경리 문학공원

박경리 선생의 대하소설 《토지》는 26년에 걸쳐 집필된 5부 21권 분량의 대작이다. 그 중 제4부와 제5부는 1980년에 선생이 원주에 살던 시절 지은 것이다. 박경리 문학공원은 선생이 살았던 옛집을 중심으로 조성된 3,000여 평의 작은 공원이다. 규모는 작지만 선생의 자취와 소설 《토지》의 분위기를 느끼기엔 부족함이 없다. 인근 매지리에는 토지문화관이 있다. 문의: 033-762-6843.

명주사 고판화박물관

신림면 황둔리에 있는 명주사의 전각은 너와집 형태의 지붕을 한 수수한 건물로 묵직한 기와지붕에 즉식을 갖춘 공포, 화려한 단청으로 치장한 일반

1. 구룡사 2. 명주사 고판화박물관
3. 메나골 목화마을의 목화따기 체험

사찰과 다른 독특한 모습이다. 명주사 안에 있는 고판화박물관에는 우리나라와 중국을 비롯하여 일본, 티벳 등의 옛 판화 자료 3,500여 점이 소장되어 있다. 탁본체험도 할 수 있다. 문의: 033-761-7885.

황둔 찐빵마을

황둔리, 송계리의 찐빵은 전통 찐빵 외에 단호박, 쑥, 흑미, 고구마, 백련초, 야채 등의 다양한 재료로 맛을 낸다. 재료에 따라 색깔도 울긋불긋 다양하다. 문의: 황둔송계 정보화마을 033-766-3492.

메나골 목화마을

문막읍 건등리 명봉산 자락의 메나골은 목화마을로 불린다. 9월말에서 10월초 목화축제를 열기도 한다. 목화솜 채취, 씨애를 이용하여 씨 분리하기, 목화솜 쿠션 만들기 같은 체험을 할 수 있다. 문의: 033-735-1308.

🌼 추천일정

원주 진입 → 용수골 → 꽃양귀비 축제 감상 → 점심식사 → 백운산 자연휴양림

마을에 백운산 자연휴양림이 있어 숙박지로 활용하거나 가볍게 트레킹하며 삼림욕하기에 좋다. 문의: 김정윤 반장 033-763-8137, 풍차꽃농장 김용길 033-761-9328.

찾아가는 길

자가용

영동고속도로 - 만종 분기점 - 중앙고속도로 - 남원주 나들목 - 서곡 삼거리 - 용수골(백운산 자연휴양림 방향)

대중교통

원주터미널에서 내려 택시를 타면 약 8,000~9,000원 나오는 거리다. 마을은 두 시간에 한 대 꼴로 운행하는 32번 버스의 종점이기도 한데, 터미널에서 가려면 중앙시장에서 갈아타야 한다.

🌴 추천업소

▶ 100% 메밀로 만든 서곡막국수(033-763-8137)와 문막의 섬강에서 잡은 민물고기로 조리를 하는 민물매운탕 뚜구리네(033-735-6667), 민박을 겸하고 있는 용수골가든(033-763-5689), 계곡가의 솔잎식당(033-762-4807) 등이 마을 초입에 몰려 있다. 꽃양귀비축제 중에는 서곡막국수에서 양귀비꽃막국수를, 솔잎식당에서는 양귀비꽃비빔밥을 맛볼 수 있다.

▶ 숙소는 용수골가든(033-763-5689)을 비롯해 마을 안에 백운계곡펜션/민박(033-762-4968), 산울림민박(033-762-4186) 풍차꽃농장(033-761-9328, http://poppyfarm.co.kr) 등이 있으며 10분 거리의 원주 시내에 모텔이 여럿 있다. 마을 안에는 백운산 자연휴양림(033-766-1063)이 있어서 삼림욕과 계곡을 함께 즐길 수 있다.

봄이 오는 남녘바다 유채가 파도치다,

남해
두모마을

경상남도 남해군 상주면 양아리 두모마을

아들! 바다가 보이는 남해의 해안도로에 잠시 차를 멈추고 네게 엽서를 쓴다. 여기는 남해안에서도 남해, 죽방렴과 이충무공의 유적지, 아름다운 해수욕장들로 유명한 경상남도 남해군이란다.

여기서 봄을 만났단다. 참으로 향기로운, 화려하기가 이를 데 없는 봄이구나. 쪽빛 바다는 넉넉한 미소로 어부들을 기다리고 있고, 물이 오른 나지막한 산과 봄빛 들녘 역시 부지런한 농부들을 기다리고 있는 듯하다.

하루 종일 공부방에 틀어박혀 책과 씨름할 너를 생각하니 괜스레 미안한 마음이 든다. 하지만 이 화려한 봄날이 어디서 온 것이냐? 춥고 긴 겨울이 있었기 때문에 봄이 온 것 아니더냐. 겨울이 길고 혹독할수록 봄은 화려하고 아름답단다. 아버지는 멋진 향과 빛깔을 지닌 봄꽃을 피우기 위해 혹독한 계절을 보내고 있는 네가 대견하고 자랑스럽다.

내년에는 우리 함께 여행을 하자꾸나! 다시금 찾아올 화려한 봄날을 꿈꾸어보자!

시간의 교차로에서 유채와 벚꽃이 만나다

남해의 해안도로엔 벚나무가 많다. 거목도 아니고 거창한 규모는 아니지만 어디서나 흔하게 볼 수 있다. 게으름 피우는 벚꽃 아래로 성급한 유채가 춤을 추며 올라오는 4월 중순의 남해. 보물섬이라는 별명이 붙을 만큼 아름다운 섬 남해에 봄꽃까지 더해지니 사방에 눈부신 경치들로 가득하다.

죽방렴이 보이는 창선대교를 얼마나 지났을까. 바다를 왼편으로 끼고 굽이굽이 돌다보니 비탈진 산자락에 그 유명한 다랑이논이 보이기 시작한다. 상주해수욕장을 4㎞쯤 지났을 때였다. 왼편 길가의 벚꽃 가지 밑으로 펼쳐진 넓은 다랑이논이 온통 유채로 가득하지 않은가! 눈에 번쩍 불이 들어오는 듯, 온통 샛노란 물결이다. 푸른 마늘밭과 황톳빛 빈 밭이 어우러져 조각보처럼 아름다운 모습도 있다. 이곳이 바로 사진 마니아들 사이에 알음알음 알려진 '두모마을'이다.

두모마을은 남해군 상주면 양아리에 속한 네 개의 자연부락 중 한 곳이다. 백 채 가까운 집들이 있으나 빈집과 도시에서 어쩌다 한 번씩 오가는 사람들의 집을 제외한 순수 주민은 74가구, 131명으로 반농반어 부락이다. '두모'라는 이름은 '드므개'라는 옛 지명에서 나온 이름인데, 정장백(47) 이장은 마을 이름의 유래와 관련하여 다음과 같은 전설을 들려주었다.

"옛날, 한 도인이 마을 이름으로 콩 '두(豆)', 털 '모(毛)'를 쓰면 마을이 발전할 것이라고 하였답니다. 실제로 우리 마을은 작두콩 모양으로 생겼습니다. 옛날엔 콩 농사도 많이 했다고 하는데 지금은 마늘을 많이 합니다."

옛날 이름인 드므개는 '드무'와 바다를 뜻하는 '개'가 합해진 말인데, 드

두모마을의 유채밭

므는 화재 예방을 위해 처마 밑에 놓았던 물 담긴 둥그런 항아리 이름이다. 지금도 궁궐에 가면 드므를 볼 수 있다. 화마가 드므 속 물에 비친 자신의 모습에 놀라 도망가기 때문에 불이 나지 않는다고 믿었다. 하지만 무슨 소용이랴. 황홀한 유채밭 풍경에 이미 눈과 가슴엔 불이 붙어버린 걸!

두 얼굴의 두모마을

지중해 연안이 원산지인 2년생 풀. 제주도와 남부지방 그리고 일본, 중국에 분포하며 노란색의 원추꽃차례를 하고 있는 대표적인 녹비작물.

마을 위쪽 다랑이논에 심은 유채의 규모는 6ha. 예전 단위로 따지자면 18,000평이 조금 넘는 규모이지만 수십만 평의 유채밭보다 더 장관이다. 계단식 다랑이논을 메우고 있기 때문이다. 다랑이논 가득 피어 있는 유채꽃 물결은 마치 일렁이는 파도 같다. 노란 파도가 몰아치는 장관을 상상해 보라! 이 장관을 찍으려고 주말마다 전국에서 사진작가들이 몰려온다. 가을엔 메밀을 심어 메밀 물결도 볼 수 있다. 이장은 "가을에는 하이얀 함박눈처럼 장관을 이룬다"고 자랑이다.

머구리가 잡은 개불을 들어올려 보이는 두모마을 주민
작은 텃밭을 갈고 있는 주민
잠시 일손을 놓고 휴식을 취하는 아낙들

뭘 모르는 사람들은 유채밭만 뒤지다 돌아가기 마련이지만 사실, 마을 아래쪽 해변에 서서 마을을 둘러보아야 두모마을을 제대로 볼 수 있다.

북으로는 유채밭과 함께 금산이 한눈에 들어온다. 저 산에서 이성계는 왕이 되게 해달라고 간절한 기도를 올렸고, 왕이 된 뒤 보은의 마음으로 산 전체에 비단을 입혔으니 그로부터 '금산(錦山)'이 되었다. 이 산에서 내려오는 물이 얼마나 좋은지 주민들은 물 덕분에 노인들이 장수를 한다고 믿고 있다.

남으로는 앵강만의 아름다운 바다와 서포 김만중의 유배지인 노도가 눈에 꽉 차게 들어온다. 노도는 두모마을과 같은 양아리에 속한다. 열두 가구나 사는 유인도지만 정기 항로가 없어 관광객이 들어가려면 편도 10,000원 정도의 뱃삯을 내고 배를 빌려야 한다.

동쪽과 서쪽의 산비탈에는 온통 돌담으로 가득한 집과 길이 보인다. 일일이 개간하여 집을 짓고, 길을 내고, 밭을 일구었으니 얼마나 고생이 많았을까.

마을 포구에 열댓 척의 배가 쉬고 있다. 배 주인들은 가까운 바다에 나가 문어나 잡어를 잡아 직거래로 팔거나 낚싯꾼들을 태운다. 부부가 함께 문어잡이를 하는 배기순 씨는 한 번 관광 왔던 사람들이 계속 주문을 하는데 공급이 딸릴 정도라고 한다. 어떤 젊은 주민이 개불을 한 대야 가득 담아 내리기에 어떻게 잡았는가 물었더니 머구리(잠수부)가 잡은 것이라고 한다. 바다는 풍요롭다. 그만큼 위험하기 때문이리라.

마을 앞 해변엔 아이들과 놀기에 딱 좋은 손바닥만 한 모래사장이 있다. 썰물 때면 모래사장 아래쪽으로 모래갯벌이 모습을 드러내는데 마을에서 운영하는 체험관광 프로그램의 무대가 되는 곳이다. 특히 인기가 있는 것은 개매기(개막이) 체험'이다. 움푹 들어간 해변에 그물을 깔아 놓았다가 물이 다 찼을 때 위로 올려놓으면 썰물 때 물을 따라 빠져나가던 고기들이 전부 그물에 걸린다. 그러면 그것을 맨손으로 잡아 건져올리는 체험이다. 마을에선 매년 유채가 절정을 이루는 사월의 한 날을 정해 '유채꽃 개개기 축제'를 연다.

남해 두모마을은 모든 게 봄이요, 평화다. 그 흥취에 젖어 나오기가 싫어 작은 포구 부둣가에 드러누웠더니 봄 햇살마저 일어나지 말라 붙잡는다.

놓치면 아까운 주변 여행지

장평 소류지

매년 4월이면 활짝 핀 튤립 꽃밭으로 장관을 이루는 곳이다. 울긋불긋 피어난 튤립이 저수지와 아름다운 조화를 이루니, 멀리서 카메라 장비를 짊어지고 찾아 오는 이들도 많다. 형형색색 튤립 뒤로는 유채꽃이 만발한다. 이동면의 초곡마을에 있다.

다랭이마을(가천마을)

남해군의 대표적인 농촌체험마을로 TV CF로도 소개된 스타마을이다. 설흘산과 응봉산에서 해안가로 뻗친 산비탈에 형성된 100여 개의 다랑이논이 유명한데 그 가치를 인정받아 국가지정 명승 제15호로 선정되었다.

용문사

남해에서 가장 크고 오래된 절이다. 임진왜란 때에는 이곳 승려들이 승병으로 참여하였으며 이로 인해 숙종 재위시절엔 '나라를 지킨 절'이란 뜻의 수국사(守國寺)로 지정을 받은 대표적인 호국사찰이다. 템플스테이 프로그램도 운영한다. 문의: 055-862-4425.

상주 은모래 비치(상주해수욕장)

남해의 대표적인 해수욕장. 은빛 고운 모래와 수령 100년 넘은 해송들로 울창하게 우거진 솔숲이 매력이다. 둥그런 해변과 그 뒤를 병풍처럼 막고 있는 금산, 밋밋하지 않게 앞을 가로 막은 섬들이 고요한 바다를 만들어 줘 마치 육지 호수같이 느껴진다. 문의: 상주해수욕장 번영회 055-863-3573.

창선대교와 죽방렴

죽방렴은 길이 10m 정도의 참나무들을 갯벌에 박고 대나무발로 이를 주렴처럼 연결해 놓은 원시 어업도구이다. 물이 흘러오는 방향을 따라 'V자'로 입을 벌리고 있어 고기가 들어오면 한쪽으로 몰리도록 되어 있다. 죽방렴으로 잡은 멸치는 육질 손상이 없고 신선도가 높아 매우 비싼 값으로 팔린다. 남해 창선대교에 올라가면 죽방렴을 자세히 관찰할 수 있다.

🌼 추천일정

첫째날 남해대교 진입 → 장평 소류지 → 용문사 → 다랭이마을 → 점심식사 → 두모마을 → 노도 → 상주해수욕장 → 저녁식사 및 숙박

둘째날 두모마을 농어촌 체험 → 점심식사 → 해오름예술촌 → 물건리방조어부림 → 창선대교 및 죽방렴 → 창선, 삼천포대교(야경 촬영)

남해는 1박2일이 짧을 정도로 볼거리가 많다. 대개는 창선 - 삼천포 대교로 들어가 섬을 일주한 후 남해대교로 나오거나 그 반대의 동선으로 움직인다. 남해는 농어촌체험마을이 15곳이나 있을 정도로 활성화되어 있으니 이를 연계하여 일정을 짜면 좋다. 문의: 055-862-5865, 010-8500-5863.

🚗 찾아가는 길

자가용
대전 고속도로 → 진주 분기점에서 남해고속도로 → 진교 나들목 진출 → 남해대교 → 상주, 미조 방면 → 두모마을(창선, 삼천포대교로 진입 시에는 남해고속도로 사천 나들목 진출)

대중교통
서울 남부터미널에서 남해터미널까지 시외버스가 1일 회 운행. 남해터미널에서 상주, 미조 방면 버스가 약 1시간 간격으로 운행한다. 두모고개 하차. 문의: 남해시외버스터미널 055-864-7101.

🛒 추천업소

- 마을엔 식당이 없고 펜션만 두 곳 있다. 해촌펜션(019-506-7848), 별빛바다펜션(010-3851-0799), 마을 이장에게 부탁하면 민박도 알선해 준다. 다랭이마을 주위에는 펜션이 여럿 있으며 서면에는 남해스포츠파크호텔(055-862-8811)이 있다.
- 마을에서 약 4km 떨어진 상주은모래비치에 식당이 여럿 있다. 맛집으로는 하나로횟집(055-862-2166), 바다횟집(055-363-5226), 고래횟집(055-862-2969) 등이 있다.

산촌의 평화에 마음도 넉넉,
칠갑산 산꽃마을
충청남도 청양군 대치면 광금리

낙후되었다는 말은 자연이 깨끗하다는 말의 또 다른 표현일지도 모른다. 충청도에서도 가장 개발이 더딘 지역으로 손꼽히는 청양은 그래서 가장 깨끗한 자연환경을 가진 곳이기도 하다. 공주와 예산, 부여, 보령에 둘러싸여 내륙 깊숙하게 들어간 모양새부터 세상과 동떨어진 느낌마저 드는 곳이 바로 청양이다.

청양에는 어머니 품처럼 푸근한 칠갑산이 있다. 해발 561m르 그다지 높지 않으나 산세와 계곡, 풍광이 좋아 충남의 알프스라는 별칭까지 얻었다. 칠갑산에서 발원한 지천은 굽이굽이 구곡을 감돌아 산간 마을을 촉촉이 적셔준다. 산과 물이 한데 어울린 그 조합이 화려하거나 튀지 않고 은은하고 수수해서 좋다. 참으로 아름답고 평화롭다. 이태백의 채석강과 소등파의 적벽강 모두가 이 땅에서 부활했고 소부와 허유의 기산영수(箕山潁水)도 남녘 어딘가 있다고 하나 이들은 모두 칠갑산과 지천을 만나지 못했기 때문에 벌어진 일이리라!

칠갑산 자락, 꽃마을이 있었네

청양은 전형적인 산간마을이다. 논과 밭에 비해 산지 임야의 비중이 높아 67%에 이른다. 그 중에서도 대치면은 군소재지로부터 동쪽으로 약 2.3km 떨어진 곳에 위치해 있으며 칠갑산도립공원을 끼고 있다. 청양군 안에서 인구 밀도가 가장 낮아 청양읍의 1/10 수준에 불과한 그야말로 산촌 중의 산촌이다. 대치면사무소 홈페이지에는 스스로를 '청양군의 중심부에 위치한 산간 오지면'이라고 소개하고 있을 정도다. '산간오지'라는 대치면 소재지에서 칠갑산으로 넘어가는 호젓한 길에 '광금리'라는 진짜 산골마을이 있다.

4월 중순에서 하순으로 넘어갈 무렵. 광금리를 찾아가기 위해 칠갑산으로 들어가는 645번 지방도로를 탔다. 조금 들어가니 길 양 옆으로 꽃이 만개한 벚나무들이 보이기 시작한다. 굽이굽이 이어진 산길은 아름답다 못해 유혹적이어서 자칫 정신을 잃으면 길 바깥으로 벗어날 것 같다. 잠시 차를 세우고 벚꽃이 만발한 산길 풍경을 가슴에 담았다. 바람이라도 불면 함박눈처럼 꽃비가 내리지만 상춘객들은 보이지 않는다. 간혹 등산객들을 태운 관광버스들만이 벚나무 가지를 건드리며 지나갈 뿐이다. 칠갑산은 명산으로 이름이 높지만 광금리의 벚꽃 길은 아는 사람이 많지 않다.

다른 곳의 벚꽃은 거의 지는 시기인데 여긴 아직 한창이다. 산골이라 온도가 낮아 꽃이 늦게 피기 때문이다. 꽃놀이를 놓친 도시사람들에겐 마지막 기회가 되는 벚꽃 명소이다.

"이 길이 '한국의 아름다운 길 100선'에 선정되기까지 했시유. 길이 좁아 차를 받칠 곳이 없긴 한디, 서울 여의도나 하동 같은 데, 벚꽃 좋다는 데보담

벚꽃이 만개한 광금리 앞길. '한국의 아름다운 길 100선'에 선정되기도 하였다.

도 낫슈. 낫진 않아도 적어도 뒤지진 않을 거라구 봐유!"

장광석(50) 이장은 이렇게 아름다운 길을 사람들이 많이 찾지 않는다며 아쉬워했다.

마을은 고갯길을 사이에 두고 '넘밭'과 '쇠밭'으로 나뉘어져 있다. 넘밭은 '넓은 밭'에서 나온 말이다. 그러니까, 넓은 밭에서 '광(廣)'이 나오고 쇠밭에서 '금(金)'이 나와 광금리라는 이름이 태어났다. 이런 산촌에는 살갑고 푸근한 옛날 이름이 훨씬 잘 어울리는데 안타까운 일이다. 하긴 이렇게 획일적인 한자식 지명으로 탈바꿈시켜 놓은 곳이 어디 광금리뿐이겠는가!

꽃은 주민들 마음속에 더 많대네

'산꽃마을'이라는 간판이 달린 마을 직영 야생화농장은 앙증맞은 꽃이 핀 작은 화분과 분재로 가득한 싱그러운 곳이었다. 농장 앞에는 큰 체험관이 있고 그 옆에는 연못이 있다.

마을체험관에는 '칠갑산 산꽃마을'이라는 커다란 간판이 세워져 있다. 요즘 농촌체험마을들은 대부분 홍보에 유리한 마케팅용 마을 이름을 따로 짓곤 한다. 광금리는 칠갑산 산꽃마을로 명찰을 단 것이다.

마을 들어오는 길의 벚꽃 때문에 그리 지은 것이냐 물었더니 아니란다. 칠갑산 자락이다보니 벚꽃 말고도 온갖 야생화도 많고 최근 조성한 연꽃 단지도 있지만, 마을 주민들이 워낙 꽃을 좋아해서 그런 이름을 지은 것이란다. 실제로 주민들 살림집 안마당에는 온갖 꽃들로 빼곡하다.

마을에 다른 볼거리가 또 있냐고 물었더니 장광석 이장은 쇠밭의 '물탕골'로 안내한다. 민가 뒷길로 이어진 작은 계곡이다. 계곡 위에는 움푹 들어간 작은 굴이 있고 굴 바닥에서 맑은 샘이 솟고 있었다. 크기는 작지만 병을 고치는 물로 알려져 믈탕골로 불린다고 한다. 장광석 이장은 나병까지 고친 귀한 물이라고 자랑이다. 옛날에는 비린 것을 먹은 사람은 3일 동안 얼씬도 하지 못하게 할 만큼 신성하게 여겼다고 한다.

물탕골 산자락을 따라 산책로도 만들어 놓았다. 그 산책로에도 '고산굴'이라는 이름의 굴이 있는데, '고'씨 성을 가진 사람이 나라 몰래 엽전을 만들어 숨겨둔 곳이라는 이야기가 전해진다. 일제시대에는 마을 주민들이 징병을 피해 몰래 숨어들기도 했다고 한다.

바야흐로 농촌관광의 시대다. 체험마을들은 도시에 근거지를 둔 기업이나 단체와의 자매결연도 활발하게 진행하는데, 광금리는 한국미술협회와 한국방송코미디언협회와 자매결연을 맺었다. 이를 두고 장광석 이장은 자랑스럽게 말한다.

"한국미술협회가 선택한 가장 아름다운 마을, 또 한국방송코미디언협회가 선택한 가장 재밌는 마을이 바로 우리 마을이유!"

병을 고치는 약수가 나오는 물탕골

1. 새로 조성한 마을연못   2. 단체행사 하기에 좋은 마을체험관

놓치면 아까운 주변 여행지

칠갑산 · 장곡사 · 장승공원

칠갑산은 해발 561m로 그리 높지 않은 순한 산이다. 그러나 숲이 울창하고 작고 아름다운 계곡들을 품고 있어 등산객들로부터 인기가 높다. 장곡사는 대웅전이 두 채라는 것이 특이하다. 코끼리 가죽으로 만들었다는 법고에도 눈길이 간다.

장곡사 입구에 있는 장승공원은 국내외 각지의 장승들을 한 자리에 모아 놓은 곳이다. 전통 장승에 창작 장승까지 더해져 전시 장승이 350점에 달한다. 우리나라에서 가장 크다는 장승도 한 쌍 세워져 있다.

지천구곡(까치내 · 물레방앗간 유원지)

칠갑산에서 발원한 계곡물이 작천, 지천을 거쳐 흐르면서 아름다운 경치를 만들고 가볍게 쉬어갈 수 있는 쉼터까지 빚어내 '지천구곡'이라는 말이 생겼다. 강폭은 넓으면서 수심이 깊지 않아 물놀이하기 좋다.

고운식물원

우리나라 토종인 미선나무를 비롯하여 약 6,200여 점의 식물자원을 보유하고 있다. 4월에서 5월이면 식물원을 가득 메운 고운 들꽃들이 볼 만한데, 해마다 4월이면 고운 야생화축제를 연다. 문의: 041-943-6245.

다락골 줄무덤

화성면 농암리 다락골(또는 다래골)은 우리나라 두 번째 신부인 최양업 신부가 태어난 곳이다. 최양업 신부의 후손들은 천주교 박해가 절정에 달하던 1866년(병인박해)에 인근 홍주감영에서 순교당한 신자들의 시신을 몰래 운구하여 이곳에 묻었다. 현재까지 확인된 무덤은 모두 37기에 이른다. 지금은 성지로 조성되어 미사도 볼 수 있다. 문의: 다락골 줄무덤 성지 041-943-8123.

용꿈꾸는마을

청양군에는 용두리가 두 곳 있는데 '용꿈 꾸는 마을'은 남양면 용두리로 녹색농촌체험마을로 지정된 곳이다. 산양 젖 짜기 체험, 산양유 요구르트 마시기, 산양유 비누 만들기 같은 프로그램이 인기 있다. 문의: 김윤호 위원장 010-4456-5111.

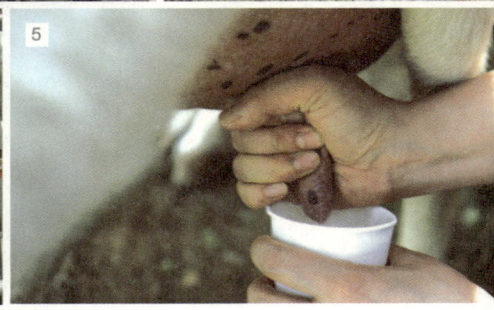

1. 칠갑산에서 발원한 지천구곡   2. 장승공원에 세워진 국내 최대의 장승   3. 장곡사
4/5. 산양 젖짜기 체험 프로그램을 운영하는 용꿈꾸는마을

🌼 추천일정

첫째날 청양 진입 → 광금리(관광 및 체험) → 장곡리(점심식사) → 칠갑산 장곡사, 장승공원 → 저녁식사 → 청양 천문대 천문체험 → 숙박

둘째날 까치내 유원지 → 고운 식물원 → 점심식사 → 용꿈 꾸는 마을 농촌체험

광금리에서 숙박은 가능하나 식사는 단체가 아니면 어렵다. 광금리 바로 옆 장곡리와 묶어 일정을 짜면 좋다. 장곡리는 칠갑산 장곡사지구가 포함되어 있어 숙박시설과 식당 등의 편의시설이 넉넉하다. 문의: 광금리 041-944-2007.

찾아가는 길

자가용
- 서해안고속도로 → 광천 나들목(또는 홍성 나들목) → 29번 국도 → 청양 → 칠갑산 장곡사 가는 길 → 광금리
- 경부고속도로 → 천안, 공주고속도로 → 정안 나들목 진출 → 공주 → 청양 → 칠갑산 자연휴양림 지나면 나오는 장곡사 가는 길 이정표에서 좌회전 → 광금리

대중교통
강남 센트럴터미널에서 청양까지 시외버스 하루 6회 운행. 약 2시간 10분 소요.
청양 버스터미널에서 지천리, 부여 방면 버스 이용(광금리까지 약 15분 소요, 1일 10회 운행)

추천업소

- 광금리에는 펜션만큼이나 시설이 좋은 산촌문화관(041-944-2170)이 있어 개인 및 단체 숙박이 가능하다. 5분 거리인 장곡사 입구에도 장곡리에서 직영하는 체험관이 있어 숙박이 가능하다. 그 밖의 숙소로는 청양군에서 직영하는 칠갑산 자연휴양림(041-943-4510)과 청양 유일의 호텔인 칠갑산살레(041-942-2000)가 있으며 읍내에는 깨끗한 모텔이 서너 곳 있다.
- 장곡사 입구의 맛있는집(041-943-5911)은 토속적인 상차림이 인상적인데, 산채정식과 산채비빔밥이 푸짐하고 맛이 있다. 청양 읍내 훈병원 앞의 다미(041-942-7500)는 분위기가 깔끔하고 돌솥밥이 맛있다. 백미식당(041-943-4092)은 천연 양념을 사용하여 요리한다.

하늘이 준 땅,
울릉도 나리

경상북도 울릉군 북면 나리 1리

　경상북도 포항시 항구동의 포항여객선터미널. 9시가 다가오자 터미널 앞으로 사람들이 모여든다. 9시 30분에 출발하는 울릉도행 여객선이 정상적으로 떠난다는 소식에 터미널 안이 분주해진다. 울릉도를 향한 겨울 뱃길이 오늘처럼 순탄한 건 드문 일이다. 어제만 해도 배가 뜨질 못했단다.

　이 배를 타기 위해 서울에서 새벽 4시에 출발하는 관광버스에 몸을 실었다. 부족한 잠을 보충하다가 간혹 눈이 떠지면 지인들과 울릉도 공항 건설과 비행기 취항 뉴스를 화제로 삼기도 했다. 머지않아 현실이 될 '비행기 타고 가는 울릉도'에 대한 의견은 분분했다. 비행기로 들어가는 그날이 되면 울릉도는 어떻게 변할까. 힘들게 들어가는 섬이었기에 더욱 신비롭게 느껴지는 건 아니었을까.

　겨우내 맹위를 떨치던 한파는 이제 기력이 쇠했는지 2월 중순의 동해안은, 바람이 시원스럽게 느껴질 정도로 푹하다. 복 받은 날이다. 성급한 가슴 속엔 이미 봄꽃이 만개했다.

신비의 섬에 다다르다

우주로 로켓을 쏘아 올리는 오늘날에도 만만찮은 뱃길인데 옛날에는 어땠을까. 조선 고종 때의 검찰사 이규원은 1882년에 왕명을 받아 울릉도를 검찰하고 그 일기를 남겼다.

> 27일 평해읍에서 10리쯤 떨어진 구산포(구산리)에서 바람을 기다리다가 29일 순풍을 만나 중추원도사(中樞院都事) 심의완(沈宜琬)과 군관 출신(軍官出身) 서상학(徐相鶴), 전수문장(前守門將) 고종팔(高宗八), 차비대령화원(差備待令畵員) 유연호(劉淵祜)와 사공, 격군 등 82명, 포수 20명을 세 척에 나누어 싣고 당일 오전 8시쯤에 배를 출발시켜 바다 가운데로 나갔는데, 바람은 불리하고 파도가 험하여 사방에 한 점의 산도 없는 대해 가운데서 키질하듯 배가 요동하여 향할 바를 모르다가 다행히 해질 무렵에 다시 남서풍을 만나 밤새도록 배를 몰아서 30일 오후 6시쯤에 섬 서쪽 가에 이르러 정박하였습니다.
>
> — 이규원, 《울릉도검찰계초본》 번역문, 울릉군지

당시 이규원이 배를 댄 곳은 소황토구미로 지금의 학포에 해당된다. 그는 울릉도 곳곳을 돌아보며 당시에 이미 울릉도에서 생산활동을 하고 있던 조선인들을 만났고 불법으로 벌목채취를 하던 일본인들도 심문하고 돌아갔다. 이규원의 검찰 보고에 따라 조선에서는 서둘러 울릉도 개척령을 반포하였고 이듬해부터 본격적인 이주정책을 펼쳤다.

지금의 울릉도는 어떨까. 울릉도 관광안내를 맡고 있는 25인승 승합차 기사의 말에 따르면 군 인구가 모두 9,800명이며 차량 등록 대수는 3,400대라고 한다. 울릉군수로 당선되려면 3,000표만 확보하면 무난하다는 이야기도 있다. 도동에는 울릉종합고등학교가 있는데, 울릉도에 있는 유일한 고등학교이자 최고의 교육기관이다. 다른 마을 학생이 울릉종고로 진학을 하려면 도동에 방을 얻어야 한다. 교통이 불편해서 다른 마을에서는 통학이 어렵기 때문이다. 그럴 바에는 육지로 내보내는 것이 낫다고 여기는 이가 많아서 고등교육기관에 대한 수요는 많지 않다. 반면 많은 것도 있다. 여행사는 크고 작은 것을 합하여 열댓 개나 된다.

겨울이면 울릉도가 텅 빈다는 사실도 재밌다. 겨울에는 울릉도를 찾는 관광객들이 거의 없어 많은 주민들이 육지에 있는 자식들을 만나러 간다. 섬이 동면에 들어가는 섬이다. 울릉도의 관문인 도동이나 최대 어항인 저동에서조차 '육지 출타'라고 써 붙인 상점들을 쉽게 찾아볼 수 있다.

울릉도를 두고 '3무 5다'의 섬이라고도 한다. 3무(無)는 공해, 도둑, 뱀이며 5다(多)는 바람, 물, 돌, 향나무, 미인이다.

"울릉도에 5대째 살고 있지만 아직 미인 콧배기도 못봤심다!"

3무 5다를 설명해 놓고 결정적인 한마디를 덧붙이는 관광버스 기사의 익살이 재밌다. 구불구불 급경사를 평지처럼 매끄럽게 달리는 노련한 버스 운전에 관광객들은 혀를 내두른다. 울릉도의 4륜 구동 택시들이 4개월마다 제동장치인 라이닝을 갈고, 5년만 타면 차를 바꿔야 할 만큼 울릉도 길은 험하다.

비단같이 아름다운 땅, 나리

그동안 여러 차례 울릉도를 다녀갔지만, 한 번도 이루지 못한 소박한 바람 하나가 있었다. 눈 덮인 나리분지에 갇혀서 세상을 잊고 며칠이고 지내는 것이다. 섬에 고립되어 보는 것이 섬 여행자들의 한결 같은 바람이라는데, 섬에서도 섬 같은 곳에 갇힌다니 이 얼마나 멋진 고립인가.

나리는 울릉도에서도 오지에 속한다. 울릉도의 관문인 도동이나 어업 전진기지인 저동, 개척 당시 군청이 있었던 태하동 등의 대표 마을에 비하면 마을의 규모도 작고 여러 가지 부족한 점이 많다. 그러나 옛날부터 울릉도에서 가장 살기 좋은 곳으로 꼽던 곳이기도 하다.

남쪽으로는 땅이 펼쳐져 있고, 나무가 하늘을 덮었으며, 바라보아도 끝이 없이 평탄한 지형에 길이가 10리를 넘고 너비는 8~9리쯤 되며, 중봉이 둘러싸고 첩첩이 서 있어서 엄연히 성곽을 이루니 한 사람이 관문을 지키면 만 명이라도 열지 못할 땅입니다……. 나리동은 산 위에 열린 들로서 10리쯤 평탄하게 펼쳐져 있고 흙이 비옥하여, 개간하면 1,000호는 살아갈 만한 땅입니다. 다만 물이 땅 속으로 흐르고 저장되는 물이 없어서, 이제 본 바로는 밭이 적당하고 논은 적당하지 않습니다.

이규원은 고종에게 나리동을 보고하면서 '하늘이 준 땅'으로 울릉도에서 유일하게 사람이 살 만한 땅이라고 하였다. 나리라는 이름은 마을에 섬말나리가 많아서 붙여진 이름으로 한문으로는 '나리(羅里)'라 쓴다. 비단같이 아름다운 마을이란 뜻이다.

  2010년 2월, 나리분지에 들어가기 위해 숙소로 잡은 추산마을의 한 펜션에서 홀로 하늘의 명을 기다리고 있었다. 보통 때 같으면 나리분지로 들어가는 버스를 타거나 주민들의 차를 얻어 타고 들어가면 되지만 겨우내 내린 눈으로 나리분지로 넘어가는 길이 온통 얼어붙었기 때문에 버스는 물론 섬 주민들의 차량도 엄두를 못 낼 상황이었다. 하지만 이대로 포기할 수는 없었다. 캄캄한 밤길을 걸어서라도 나리분지에 들어가기로 결론을 내렸다. 이때 아니면 언제 다시 나리분지의 눈 속에 묻혀 보겠는가!

나리꽃을 닮은 나리분지 사람들

나리촌. 김득호 김두순 부부.
김두순 씨는 눈이 귀한 곳 상도에서 시집 왔다.

  가방을 챙겨 나오는데 뜻하지 않았던 희소식이 들렸다. 마침 나리분지에 사는 주민이 성당에 왔다가 돌아가는 길에 나를 태워 가겠다는 연락이 왔단다. 천사처럼 나타난 그 주민은 나리분지에서 '나리촌'이라는 이름으로 민박집과 식당을 운영하는 김득호, 김두순 부부였다. 무거운 가방을 메고, 한 시간이 넘는 밤길을 걸어서라도 가겠다는 뜻이 하늘에 닿은 것일까.

  부부는 묵을 만한 민박집도 소개해 주고 나리분지에서 사는 이야기도 들려주었다. 나리분지 사람들의 차는 특별하다. 4륜 구동차라 할지라도 타이

1. 눈에 덮힌 투막집 앞을 지나가는 등산객들
2. 우산고로쇠나무의 고로쇠 수액이 얼어붙었다.

어에 스파크(못)를 박고(육지에서는 불법행위이지간 이곳에서는 어쩔 수 없는 조처라고 한다.) 거기에 또 체인을 감는다. 워낙 미끄러운 경사길이 많아 목숨을 걸고 운전을 한다 해도 엄살이 아니다. 위험한 길을 함께해 준 그 젊은 부부 덕분에 오랜 기간 가슴에 담아 두었던 소원 하나를 이룰 수 있었다.

"대한민국 어디 가도 이런 풍경 있겠어요? 안 본 사람은 이래 설명을 해 줘도 잘 몰라요. 달빛에 이래 눈 온 게 빛날 때는 정말 아름다워요. 나무 전체에 눈꽃 필 때도 예쁘고……."

20년 전, 소개로 지금의 남편을 만나 이곳으로 시집을 왔다는 경남 합천 출신의 김두순 씨는 입에 침이 마르게 나리 예찬론을 펼쳤다. 말은 그렇게 하지만 눈이 귀한 동네에서 낯선 설국으로 시집 와 얼마나 고생했을지 미루어 짐작이 간다. 그럼에도 아직까지 20년 전의 설렘을 가슴에 듣고 있으니 소녀같이 천진스런 아낙이다. 나리에서 '또순이 아줌마'로 통하는 그녀도 겨울이면 육지에서 공부를 하고 있는 아이들을 보러 나갔다 들어오곤 한다.

용출소와 성인봉 눈길 트레킹

민박집 할머니가 내 준 살림방은 따뜻했다. 하룻밤을 푹 자고 일어나자마자 문 밖으로 나왔다. 엊저녁에는 캄캄해서 제대로 볼 수 없었는데 역시나 사방이 하얗다. 겨우 집 앞에 쌓인 눈만 치워 놓았고 다른 곳들은 모두 무릎이 빠질 만큼 눈이 쌓였다.

버스 정거장 앞에도 눈이 수북하다. 다녀간 사람도 차도 없었음을 말해

준다. '장기 출타' 팻말을 붙여 놓은 건물 처마에는 고드름이 바닥까지 닿을 정도로 길게 맺혔다.

팻말이 없어도 장기 출타 중인 집을 구별하기란 어렵지 않다. 집 앞까지 눈이 수북하게 쌓여 드나들 수 없기 때문이다. 인적이 없으니 사람들의 발자국도 없고 산짐승이 없으니 짐승 발자국도 없다. 세상이 한 장의 새하얀 캔버스다. 그림책에서나 볼 법한 풍경이다. 발길은 눈을 치워 놓은 길보다 치우지 않은 곳으로 먼저 간다. '푹푹' 눈 속으로 빠져 들어가는 느낌과 소리를 한참이나 즐겼다. 그러다가 마침내 두툼해 보이는 눈 위에 큰 대자로 뒤돌아 눕고 말았다. 눈뭉치가 하늘로도 튀었는지 파란 하늘엔 흰 구름이 소리 없이 흐르고, 그 밑으로는 성인봉 산자락들이 병풍처럼 마을을 감싸고 있었다. 글자 그대로 '천지백(天地白)'이다. 몸은 세상과 고립되었을지언정 마음은 최고의 해방감을 만끽하니 이만한 자유가 또 어디 있을까.

나리분지에는 꼭 살펴보아야 할 명소가 몇 곳 있다. 옛 전통 주거형태인 너와집과 투막집들이 그 중 하나다. 이들은 부엌의 바닥이 낮고 '우데기'라는 독특한 외벽이 있다는 것이 특징이다.

또 하나는 나리 용출소이다. 송곳산 옆 암반에서 초당 220리터로 솟아나는 용출수는 울릉도에서도 매우 귀중한 수자원이다. 지금은 추산 수력발전소에서 활용하고 있지만 앞으로 군 차원에서 생수사업을 시작할 예정이라고 한다. 물맛이 제주 생수 못지않다며 울릉도민들의 자부심이 대단하다.

겨울 울릉도 여행에서 빼놓을 수 없는 일정은 '성인봉 눈길 트레킹'이다. 나리분지에서 시작하여 도동으로 내려오는 코스나 이의 역순이 가장 일반적이다. 어느 쪽이나 설국의 정취를 마음껏 느낄 수 있는 매력적인 산행이다.

겨울 산행이기 때문에 방한복은 물론 아이젠, 스패츠, 비상 식량 등을 제대로 갖추어서 올라야 하고 최소 6시간 이상 잡아야만 한다. 아무리 옛날만큼 눈이 안 온다고 해도 허리춤 이상은 기본이기 대문이다.

눈의 나라, 나리

현재 나리 1리의 주민 수는 16가구에 32명. 마을에 있는 공근부대의 관사에 거주하는 군인 가족을 뺀 수치다. 개척 당시의 나리는 가구 수 93호에 500여 명이 살았던 큰 마을이었다. 지금도 마을엔 전통가옥인 투막집과 너와집이 여럿 남아 있어서 옛 울릉도 사람들의 생활상을 살펴볼 수 있다. 나리에는 학교도 없고 도시에서는 그토록 흔한 슈퍼마켓도 없다. 돈 쓸 일이 많지 않아서일까, 현금인출기도 없다.

김태욱(51) 이장은 젊은 영농인으로 더덕농사와 고로쇠 수액 채취를 주 수입원으로 하고 있다. 울릉도의 고로쇠는 '우산고로쇠나무'에서 추출하는데 향이 진하고 산더덕 냄새가 나며 당도도 육지 것보다 훨씬 높아 인기가 좋다. 오죽하면 "지리산 고로쇠가 사돈하자고 해도 안 한다"는 말이 있을까.

농사가 끝나는 12월이 되면, 나리분지 주민들은 나무도 일러 쓸 땔감을 마련해 월동 준비를 한다. 그러다가 1월이 되면 육지로 나가서 자녀들과 함께 지낸다. 나리분지가 설국으로 변하면 관광객의 발길도 끊기고, 이 기간을 자연스레 휴식과 재충전의 기회로 삼는 것이다. 2월이 되면 고로쇠 수액 채취로 분주하고 4월초부터 본격적인 농사 준비에 들어간다. 나리분지의

나리 용출소. 송곳산 옆 암반에서 초당 220리터로 솟아난다.

농업은 60%가 더덕이고, 30%가 고비, 삼나물, 취나물, 부지깽이 같은 산나물이다.

　육지에선 멧돼지 때문에 농가의 피해가 크다는 뉴스가 심심찮게 나오는데, 김 이장이 전하는 울릉도의 자연 생태계는 전혀 다르다. 야생동물이라고 해봐야 사람들이 키우다 실수로 놓쳐 야생화된 흑염소가 고작이란다. 뱀도 없고 그 흔한 고라니 한 마리 없다. 토끼와 꿩(이 역시 15년 전만 해도 없었다고 한다.) 정도가 들짐승 대접을 받고 있다고 하니 밤길 무서울 리는 없겠다.

　"지금은 눈이 적게 오는 거예요. 옛날에는 참 많이 왔어요. 60년대만 해도 다 투막집, 너와집들이었는데 눈이 엄청 많이 와 집들이 안 보일 정도였어요. 하룻밤 자고 나면 눈이 하도 많이 와 문을 못 열었어요. 그래 해를 구경 못하니깐 날이 새도 날 새는 줄 모르고 그랬어요. 간신히 계단을 만들어

바깥에 나오면 이웃집들이 다 묻혀서 집이 어디 있는지도 모르고 했어요. 그러면 이제 굴뚝에서 나오는 연기를 보고 이래 집이 있다는 걸 알았어요."

옛날 나리의 모습이 궁금했는데 역시나 눈 이야기부터 나온다.

"다녀가시고 하는 덴 좋아도 도시 사람들 살라카면 몬 살아요." 했던 민박집 할머니의 이야기가 김 이장의 회고에 겹쳐진다.

그날 밤, 여행자는 모처럼 세상과 격리된 마을에서 그토록 원했던 고립을 마음껏 즐겼다.

놓치면 아까운 주변 여행지

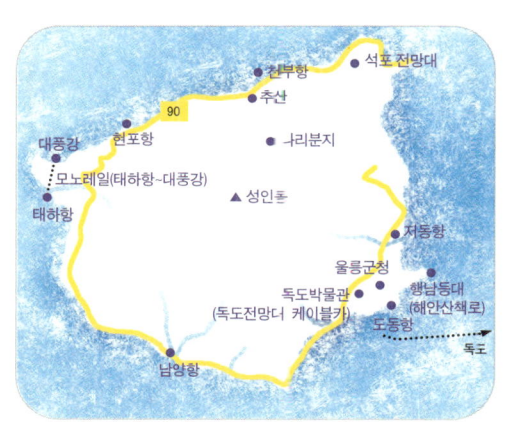

태하동(태하리)

검찰사 이규원이 처음 발을 디딘 곳이다. 태하리 산 196번지에는 당시 이규원 일행이 검찰의 증거로 암벽에 새겨 놓은 각석문이 남아 있다. 태하등대 가는 길은 호젓하면서도 아름다운 숲길의 정취를 느낄 수 있는데, 관광모노레일이 설치되어 누구나 편하게 즐길 수 있다. 태하등대 앞의 대풍감에는 전망대가 있어 해안의 비경을 쉽게 감상할 수 있도록 했다. 울릉도 오징어 중에서도 자연풍으로 건조한 태하동의 오징어는 최상품으로 친다.

저동항

울릉도의 어업전진기지이다. 이곳 오징어잡이 배의 어화(漁火)는 울릉 8경의 하나로 손꼽힌다. 새벽 어판장은 방파제 안을 오가는 어선들의 모습, 잡아온 오징어를 내려서 경매에 부치는 모습, 이를 다듬는 아낙들의 모습 등 가장 울릉도다운 모습들로 가득하다. 촛대바위 너머로 떠오르는 일출도 유명하다.

저동항 촛대바위 옆으로 해가 떠오른다.

행남등대 해안 산책로

울릉도의 관문 도동에서 저동까지 아름다운 해안 산책로가 이어져 있다. 이국적인 암벽과 짙푸른 바다 사이에 난 길을 걷다 보면 청정 울릉도의 자연에 푹 빠질 것이다. 특히, 해국과 털머위가 군락을 이루어 꽃이 피는 가을이면 시커먼 암벽과 호젓한 숲길이 화려하게 빛난다. 행남등대 전망대에서 바라보는 저동항의 풍경도 빼놓을 수 없는 포인트이다.

독도

울릉도 여행에서 독도를 빼놓을 수 없다. 섬 전체가 천연기념물 제336호로 지정된 독도는 동도와 서도로 나뉘어져 있으며 서도에는 어민 숙소가 1동 있고, 동도에는 해경이 주둔하고 있다. 매년 수많은 여행객들이 찾고 있지만 선착장만 둘러볼 뿐 그 이상 올라가볼 수는 없다. 울릉읍 도동에 독도박물관이 있어서 독도와 관련된 자료들을 전시하고 있으니 함께 둘러보면 좋다.

추천일정

첫째날 울릉도 입도 → 해안도로 관광(남양, 태하, 추산 등) → 추산 마을에서 숙박

둘째날 나리 분지 → 내수전 전망대 → 도동(또는 성인봉 눈길 트레킹) → 숙박

셋째날 저동 일출 → 해상관광 → 행남등대 해안 산책로 → 울릉도 출항(독도 출항이 이루어질 경우 독도 관광에 하루 투자한다.)

울릉도에선 현지 여행사의 순환관광 프로그램을 활용하는 게 좋다. 겨울에는 배가 제대로 운항하지 않는 경우가 많으므로 일정을 넉넉하게 잡아야 한다. 2박 3일 일정이 4박 5일이나 그 이상이 될 수도 있다. 겨울철 나리분지 여행의 베이스캠프는 추산마을이다. 현지 주민들과 여행사의 도움을 받는 것이 좋다.

찾아가는 길

대중교통

울릉도를 가는 배편은 현재 강원도 동해의 묵호여객터미널과 경북 포항의 포항여객선터미널 두 가지 방법이 있다. 올 가을에는 강릉에서도 신규 여객선이 취항할 예정이다.

▶ **묵호여객터미널** 플라워호, 한겨레호가 부정기적으로 출발한다. 2시간 30분~3시간 소요. 묵호항에서는 차를 가져갈 수 없다. 문의: 033-531-5891.

▶ **포항여객선터미널** 3시간 소요. 썬플라워호에는 차량을 15대까지 실을 수 있다. 울릉도 현지는 기름 값이 육지보다 20% 가량 비싸고 LPG 충전소는 없기 때문에 현지 여행사나 렌트카를 활용하는 게 좋다. 문의: 대아여객 054-242-5111.

울릉도 도동에서 나리분지까지 버스를 이용해서 들어갈 경우에는 직행이 없어 중간에 갈아타야한다. 천부(일 18회 운행)까지 간 후 천부에서 나리분지행(1일 9회 운행)으로 갈아탄다. 문의: 우산버스 054-791-8000.

추천업소

나리분지 안에는 나리촌 식당(054-791-6082), 산마을 식당(054-791-4643), 늘푸른 산장(054-791-8181), 야영장식당(054-791-0773)이 민박과 식당을 겸하고 있고 농산물 판매장으로 뿌리 깊은나무(054-791-6117)가 있다. 식당마다 호박 달인 물과 약초 씨를 넣어 만든 나리분지의 토속주 '씨껍데기술'을 만들어 팔고 있는데 집집마다 맛이 다르다.

- 울릉도의 맛집으로는 향우촌(도동, 약소불고기. 054-791-0696), 암소한마리식당(도동, 054-791-4898), 울릉약소숯불가든(도동, 약소불고기. 054-791-4050), 해운식당(도동, 홍합밥. 054-791-7789), 황제가든(저동, 새우물회밥. 054-791-0201), 경주식당(저동, 약소불고기. 054-791-3034) 등이 있다. 도동과 저동을 제외한 다른 지역은 식당이 많지 않다.
- 숙박으로는 대아여객에서 운영하는 대아리조트(054-791-8800)가 최대 규모를 자랑하는데 도동항에서 조금 떨어져 있다는 것이 단점이다. 도동에 성인봉모텔(054-791-2677), 울릉호텔(모텔급, 054-791-6611), 울릉비치호텔(모텔급, 054-791-2335) 등이 있으며 저동에 황제모텔, 경주모텔(054-791-0113) 등이 있다. 나리 2리의 추산일가(054-791-7788)는 황토와 나무로 지어 펜션 분위기가 난다. 나리분지 안에서는 가정집 민박을 이용해야 한다. 식당들도 민박을 겸하고 있지만 겨울에는 민박을 거의 운영하지 않는다.
- 현지 여행사로는 여객선과 리조트를 운영하고 있는 대아여행사(02-514-6765)를 비롯하여 독도관광여행사(010-3025-2240), 울릉도개발관광(054-791-6866), 홍이관광(054-791-0884), 울릉관광(054-791-0036) 등이 있다. 18,000원에 4시간 일정의 셔틀버스 관광을 즐길 수 있다. 쾌속유람선을 이용한 섬 일주 해상관광(054-791-4477)은 1인 23,000원 정도의 비용이 들며 2시간이 소요된다. 독도관광은 독도관광해운(054-791-8111)과 대아고속해운(054-791-0801)에서 운행하는데 비수기에는 배가 없을 수 있으니 사전 확인이 필요하다. 왕복 4시간쯤 걸린다.

1. 나리분지에서 생산된 우산고로쇠 수액   2. 울릉도의 별미, 약소 불고기

산촌, 강촌, 농촌, 욕심도 많네
대청호 두메마을

대전시 대덕구 이현동

무릇 '길'은 반듯하면 맛이 없다. 뻥 뚫린 고속도로는 무작스럽게 빠르기만 할 뿐, 구불구불 굽은 길을 가면서 느끼는 정감과 재미, '눈맛'을 주지는 못한다. 그래서 때론 일부러 국도나 지방도로로 돌아간다. 마음의 평안이나 감동을 주는 이야기, 예기치 않았던 아름다운 풍경은 대개 굽은 길에 숨어 있다. 그런 점에서 길은 우리네 삶과 닮았다.

대청호를 끼고 난, 갈전동과 이현동 일대의 길은 '대청호수길'이라 불린다. 물길 따라 산길 따라 유유하게 굽은 길로, 아름다운 호숫가의 풍경과 계족산 줄기가 만든 풍경이 절묘한 조화를 이루니 평소에도 드라이브 코스로 인기 높은 길이다.

벚꽃이 만발할 때는 더 많은 사람들이 몰린다. 하지만 만발했던 벚꽃이 꽃비가 되어 내릴 땐 운전을 조심해야 한다. 꽃비에 취해 굽은 길의 함정에 빠질 수 있기 때문이다.

복숭아꽃이 만개한 봄날의 이현동

나의 살던 고향은 꽃피는 산골

여인의 허리처럼 부드럽게 휘어진 능선길을 따라가니 '대청호 두메마을'이라는 커다란 입간판이 나온다. 이현동이다. 이현동은 대청호수길을 사이에 두고 위, 아래 두 곳의 자연부락으로 나뉜다. 장동산림욕장과 이어진 윗동네는 심곡마을, 대청호수와 맞댄 아랫동네는 배고개마을이다. '대청호 두메마을'이라는 이름에서 알 수 있듯이 강촌과 산촌을 모두 보듬은 복받은 마을이다.

4월의 봄날, 심곡마을로 들어서니 봉긋한 산자락이 온통 복숭아꽃으로 요염하다. 마치 분홍빛 저고리를 입은 여인마냥 아름답다. 배고개마을엔 흰색 매화가 가득 피어 울긋불긋 꽃대궐을 이룬다. '배고개'라는 마을 이름에서 산자락을 가득 메웠을 그 옛날 배꽃을 그려본다. 배꽃향기가 풍길 것 같

벚꽃이 만개한 대청호수길

　은 정감 있는 이름 '배고개'는 투박하고 밍밍한 한자식 이름인 이현동으로 변해버렸다.
　심곡마을의 비탈진 고샅길을 올라가니 마을에서 가장 높은 길이 나온다. 발밑으로는 복숭아밭이 펼쳐진다. 이곳이 윗마을 심곡마을은 물론 대청호숫길 밑의 아랫마을 배고개마을까지 한눈에 들어오는 뷰포인트다. 마을을 내려다보는 순간, 마음을 짓눌렀던 세속의 번민과 고통이 하늘로 빠져나가고 그 자리를 청량한 풍경이 꼭 채운다.
　달아오른 흥취를 가라앉히니 배고개마을 끝으로 찰랑찰랑 차오르는 대청호수가 보인다. 호수가 차오른 지금의 풍경은 30년 전부터 생긴 것이다. 그때만 해도 '심곡(深谷)'이라는 이름처럼 골이 깊은 평범한 산촌이었다. 금강으로 빠지는 하천을 따라 계단식 논과 밭을 가지고 있는 비교적 큰 마을이었는데 팔자가 바뀐 건 1980년 12월 말에 대청댐이 건설되면서이다. 아래쪽

마을은 모두 물에 잠겼고 지대가 높은 배고개마을과 심곡마을만 살아남아 현재의 모습을 유지하게 되었다.

    댐은 많은 것을 바꾸어버렸다. 이웃한 한국담배인삼공사(현 KT&G) 신탄진 제조창 덕분에 60~70년대 큰 활황을 보였던 연엽초 생산도 지금은 옛일이다. 담배건조장이었던 건물만이 카페로 리모델링되어 남아 있어 한때의 영화를 증언해주고 있다.

    강산이 바뀌는 세월 속에서도 살아남은 것들이 있다. 주민들의 정신적 버팀목이라 할 수 있는 마을 입구 느티나무가 대표적이다. 수령은 200년이 훨씬 넘고 높이가 20m에 달하는 보호수다. 하늘을 가릴 정도의 그 거대한 자태를 카메라에 담으려면 보통 렌즈로는 어림없고 성능 좋은 광각렌즈가 있어야 한다. 해마다 정월 14일이면 주민들은 이 느티나무 앞에서 제를 올린다. 제는 풍물에서 길놀이로 이어지고 주민 모두가 새해 소망을 담은 소지를 불사른 뒤에야 마무리된다. 정성을 다해 제를 지내면 나무가 소원을 들어준다고 한다. 비록 제삿날이 아니고 제물도 없지만 고개 숙여 소원을 빌어본다. 평소에도 나그네들을 위해 널찍한 그늘을 내어주는 후덕한 나무이니 소박한 바람 한두 가지야 쉬이 거두어주지 않을까.

귀농귀촌을 꿈꾸는 이들의 로망

    마을 언저리에서 특이한 집을 발견했다. 집주인은 10년 전에 마을에 정착한 무녀 정귀례 씨. 집 앞에 납작한 돌을 쌓아서 커다란 돌탑을 세워 놓았다. 언뜻 봐도 규모가 꽤 큰데 놀랍게도 혼자 힘으로 쌓은 것이라고 한다. 낮에는 리어카를 끌고 다니며 돌을 모았고 밤에는 백열등 불빛 아래에서 정성으로 손수 쌓아, 완성까지 백일이 걸렸단다. 마을의 볼거리로 이름이 나서 구경 오는 이들도 있다고 한다.

마을은 잘 다듬어져 있다. 심곡마을에는 장동산림욕장과 이어진 생태탐방로가 있고, 배고개마을엔 대청호수를 따라 난 산책로가 있다. 복숭아밭을 따라 나 있는 길은 마을을 한 바퀴 돌아볼 수 있는 순환로다.

작은 시골마을이 다 그렇듯 이 마을에도 구멍가게 하나 없다. 그러나 눈치 빠른 나그네는 어디에서도 목마른 법이 없다. 20년 넘게 마을 이장을 맡았다가 최근에 물러난 김진환 씨네는 술 잘 빚기로 유명하다. 그 소문난 가양주를 맛보러 시장, 구청장 같은 높은 분들도 일부러 찾아온다고 한다. 벼슬 없는 나그네라고 외면할 인심은 아니다.

돌탑집. 여자 혼자의 몸으로 백일에 걸쳐 쌓은 돌탑이다.

1. 마을 안길에 뽕나무 열매인 오디가 가득하다.
2. 삼백초. 황부월 부녀회장이 효소를 만들기 시작하면서 마을에 보급했다.

나지막이 엎드린 다랑이논이 인상적인 배고개마을에서 부녀회장 황부월 씨를 만났다. 마을엔 귀농, 귀촌으로 성공한 사람들이 많다. 전직 교사였던 그녀 역시 귀농자다. 삼백초 농사를 지으면서 여러 가지 산야초효소를 연구 하고 있는데 동호회 회원들과 관광객들을 대상으로 산야츠효소 만들기 체험 프로그램을 운영하고 인터넷을 통해 알음알음 팔기도 한다. 유연자적 사는 제 2의 인생이 부럽기만 하다. 시내에서 미술학원을 하다가 마을로 이주한 조윤상, 신정숙 부부도 있다. 집이 워낙 예쁘고 도예 작품이 집 안팎에 가득 해서 집을 찾기는 어렵지 않다. '대전예술치료센터'라는 간판이 젊은 부부의 꿈을 말해주고 있다.

마을 농기계 창고에 그려진 그림

마을 입구에서 시내 버스를 타고 나오니 불과 15분 만에 신탄진역에 닿는 다. 15분! 도시인들에겐 로망과도 같은 거리다. 이사 올 사람들이 번호표 뽑 고 기다리고 있다는 부녀회장의 자랑이 괜한 농으로만 들리지 않는다.

옛 담배 건조장을 리모델링하여 전원카페로 영업 중인 초가랑

놓치면 아까운 주변 여행지

대청댐 · 대청댐물문화관

댐 주위는 공원으로 꾸며져 있어 드라이브 여행길에 잠시 쉬어갈 수 있도록 되어 있다. 한국수자원공사에서 건립한 대청댐물문화관에는 자원으로서의 물 이야기와 금강의 생태 관련 자료, 댐 건설로 인해 수몰된 지역의 이야기 등이 전시되어 있다. 대청호를 바라볼 수 있는 전망대도 훌륭하다. 문의: 대청댐물문화관 042-930-7332.

장동산림욕장

장동산림욕장은 마을에서 약 19㎞ 떨어진 곳에 입구가 있으나 마을에서 임도를 따라 올라가면 산림욕장의 등산로와 바로 연결된다. 등산로는 물론 체육시설과 맨발로 걷는 황톳길 등이 있어 많은 시민들이 찾고 있다. 계족산 일대는 백제와 신라의 격전지로도 알려져 있으며 현재 계족산성(국가사적 문화재 제355호)이 남아 있다. 문의: 042-623-9909.

문의 문화재단지 · 청남대

청원군 문의면에는 대청호 건설로 수몰될 위기에 처한 문화재들을 고아 놓은 문의문화재단지가 있어 이현동과 연계 여행이 가능하다. 기와를 비롯한 일대의 유물들을 모아 놓은 유물전시관이 볼 만하고, 중부 지역의 민가와 양반가 등이 조성되어 있다. 대청호도 한눈에 들어온다. 문의 문화재단지에서 더 들어가면 대통령 별장으로 알려진 청남대도 있다. 문의 : 문의 문화재단지 관리사무소 043-251-3288.

1. 장동산림욕장   2. 문의 문화재단지와 대청호

🌸 추천일정

대전 진입 → 대청호 두미마을 → 점심식사 → 장동산림욕장 → 대청댐·물 문화관

대청호를 끼고 있는 마을 앞길은 이미 인근 지역에서 드라이브 코스로 이름난 곳이다. 왕복 2차선의 대청호숫길은 갓길에 별도의 주차공간이 없으므로 차량 주정차에 주의해야 한다. 마을의 체험 프로그램에 참여하려면 사전 예약이 필수. 체험 및 숙박 문의 : 황부월 부녀회장 042-272-5802, 010-5018-5949, http://www.dumevil.com

찾아가는 길

자가용
경부고속도로 신탄진 나들목 → T자 삼거리에서 좌회전 → 신탄진역 → 대청호 방향 → 옥천, 추동 방향 → 대청호수길 → 이현동

대중교통
신탄진역에서 하차. 역 건너편에서 71번 시내버스(하루 7회 운행/ 20분 남짓 소요)를 탄다. 택시를 잡으면 10,000원을 요구한다.

🌴 추천업소

▶ 담배건조장과 구옥을 리모델링한 카페 초가랑이 마을 안에 있다. 대청호숫길에는 장어요리와 민물매운탕 등을 취급하는 큰 식당이 여럿 있다. 대청댐 가는 길에는 지역 주민들이 추천하는 민물매운탕 전문점인 전원가든(042-932-1227)이 있는데 맛과 분위기가 깔끔하다. 독특한 분위기의 뿌리가나무에게(042-934-7252)도 있다. 신탄진역과 KT&G 사이에 위치한 황토설렁탕(042-320-1533)은 넉넉하게 넣은 고기와 시래기가 만드는 구수한 국물이 일품이다.

▶ 숙박은 마을 부녀회장이 운영하는 민박을 이용하거나, 신탄진역 앞 모텔 단지에서 해결해야 한다.

2장
맛있는 마을에 빠지다! 식도락 마을

누룩 내 정겨운 술 익는 마을, 금정산성 마을
황금빛 곶감이 달달하게 익어가는 만추, 상주곶감마을
옛날 방식 그대로 빚어낸 할머니의 손맛, 안흥찐빵마을
백설과 겨울바람이 빚어낸 황태의 깊은 맛, 용대리 황태마을
겨울 갯벌에서 캐낸 쫄깃한 맛, 순천만 꼬막마을
한국인의 힘! 장수발효식품의 대명사, 순창 고추장마을
손맛이 남아 있는 옛 과자를 찾아서, 사천 한과마을

누룩 내 정겨운 술 익는 마을,
금정산성 마을

부산시 금정구 금성동

"허! 정말 담력 좋네예. 하나도 안 무섭습니까?"

어두컴컴한 새벽에 산행을 하겠다는 객지 나그네가 신기했나보다. 버스 기사는 연신 담력 운운하며 치켜세우더니 결국 "지금은 아무도 없을 낀데……." 하는 작별 인사와 함께 나그네를 금정산성 동문 입구에 내려놓고 떠나버렸다.

'무엇이 무섭다는 거지? 산적이 있는 것도 아니고, 처녀 귀신이라도 나오나?'

나중에 안 일이지만 금정산에는 멧돼지가 자주 출몰하여 야간 산행은 잘 하지도 않을 뿐더러, 하더라도 보통 두세 명이 함께 움직인다고 한다. 이런 사정을 알 리 없는 하룻강아지 나그네는 한 치 앞도 안 보이는 어둠 속으로 터벅터벅 걸어 들어갔다. 올 겨울 들어 가장 춥다는 날답게 산짐승보다 더 무서운 칼바람이 두 볼로 덤벼든다. 숨을 크게 들이마셨다. 가로등도 없고 하늘은 아직 캄캄하다. 동녘 하늘의 그믐달이 소리 없이 졸고 있는 1월의 새벽이다.

새벽 금정산성에서 길을 잃다

　날씨가 워낙 추워서인지 흔하다던 고라니도 보이지 않았다. 잰걸음으로 성곽을 따라 걸었다. 칼바람이 거칠게 달려들었지만 부산 시내의 야경을 놓치고 싶지 않아 최대한 바깥쪽으로 걸었다.
　제3망루를 지나 잠시 걸음을 멈추고 걸어온 길을 뒤돌아보았다. 경치가 참으로 시원했다. 꽁꽁 얼어붙어 통제가 되지 않는 코에서는 콧물이 연신 흘러내렸지만 이렇게 살아 있음을 느끼게 해 주는 겨울바람이 고마웠다. 이제껏 어디에서도 질러 본 적이 없는 큰 소리로 노래를 부르고 부산 시내를 향해 시원하게 오줌도 갈겼다. 세상을 향해 오줌을 갈기는 이 쾌감을 아는 이 얼마나 될까. 그렇게 호기를 부리는 사이, 동녘 하늘이 밝아지더니 어둠을 헤치고 해가 솟아올랐다. 두 팔로 그 기운을 받아 몸과 마음을 충전시켰다.
　금정산성은 우리나라에서 가장 큰 산성이다. 길이가 17㎞로, 12㎞ 안팎인 북한산성이나 남한산성보다도 훨씬 크다. 금정산성을 품고 있는 금정산은 백두대간 끝자락에 있는 산으로 기암괴석과 억새가 많고 산 위에서 내려다보는 경관이 아름답다. 금정산을 '천구만별(千龜萬鼈)의 산'이라 부르기도 하는데, 이는 천 마리의 거북과 만 마리의 자라가 산을 덮고 있다는 뜻으로 기암이 많아 붙은 이름이다. 주봉은 801.5m의 고당봉으로 부산에서 가장 높다. '금정산'이라는 산 이름은 금빛 물고기가 오색찬란한 구름을 타고 하늘에서 내려와 산 정상의 샘에서 놀았다는 전설에서 유래되었다고 한다.
　'금정산성 토산주'와 시간 약속을 해 놓은 터라 정상인 고당봉까지는 올라가지 못하고 제4망루 앞에서 발길을 돌렸다.

금정산성에서 바라본 통트기 전 부산 시내

금정산성의 성곽길과 동문

'금성동' 이정표를 따라 내려가다가 그만 방향을 잃고 말았다. 해는 떴으나 이른 시각이라 등산객이 없어 길을 물어볼 수도 없다. 이럴 땐 대책이 없다. 금정산성 토산주로 전화를 걸었지만 받지 않는다. 막막한 마음으로 사방을 둘러보는데 왼편 잡목 사이로 희망의 끈이 보였다. 막걸리 라벨로 보이는 띠가 잡목 중간에 걸쳐 있는 게 아닌가! 금정산성 막걸리 상표가 인쇄된 띠였다.

지푸라기라도 잡는 심정으로 그 노란색 띠를 따라갔다. 아니나 다를까 조금 걸어가니 또 띠가 있고 더 걸어가니 역시 또 노란색 띠가 나왔다. 그 노란색 띠가 그렇게 반갑고 고마울 수가 없다. 금정산성막걸리 라벨 덕분에 무사히 금성동으로 내려올 수 있었다. 누구에게랄 것 없이 감사한 마음이 들었다.

옛것을 고집하는 무욕의 누룩방과 술도가

금성동은 죽전마을, 중리마을, 공해마을 세 부락을 합한 것으로 흔히 산성마을이라 부른다. 대도시 속 시골 마을이라 그런지 인구가 460세대 1,159명으로 제법 많다. 산성마을을 유명하게 만든 것은 크게 세 가지다. 첫째는 금정산과 금정산성이요, 두 번째는 향토음식인 흑염소불고기다. 그리고 마지막 하나가 바로 전국적으로 유명한 누룩과 술이다.

마을에서 누룩을 만드는 집은 현재 다섯 곳이다. 슬도 여러 집에서 빚는다. 좋게 말하면 가양주요, 엄밀하게 말하자면 밀주다. 정식으로 허가를 받고 누룩과 술을 만들어 파는 곳은 금정산성 토산주가 유일하다.

마을에 들어서자마자 금정산성 토산주의 누룩방부터 찾아갔다. 누룩 빚는 일은 오전에만 반짝 작업을 하고 끝내기 때문에 여유를 부릴 틈이 없다. 소문난 누룩방이건만 그 첫인상은 실망스럽기 그지없었다. 창고 같은 낡고 허름한 시멘트 건물에 밑이 다 부서진 나무 문짝이 볼품없이 매달려 있었다. 그 안에 사람이 있을 거라곤 상상하기 어려울 만큼 초라한 건물이었다. 삐그덕 문을 열고 들어가니 대여섯 평이나 될까 싶은 좁은 공간에서 다섯 명의 아낙들이 누룩을 빚고 있었다. 한 사람이 열심히 누룩 반죽 덩어리를 뭉쳐서 건네면 아낙 셋이 그걸 발로 밟아서 누룩을 다진다. 둥그런 모양이 마치 피자 도우를 닮았다. 그렇게 모양을 낸 누룩 반죽을 압축기로 눌러서 건조실(발효실)로 옮기는 단순한 과정이었다. 누룩방엔 냉기가 가득했는데 난방이라곤 연탄 화덕 하나가 고작이었다. 그러니 다 부서진 문짝과 건물 구석구석에 난 구멍과 빈틈으로 쳐들어오는 겨울바람을 피할 도리가 없다.

발로 밟아서 둥그렇게 빚은 누룩을 압축기로 누르는 역할을 맡고 있는 전남순(79) 할머니는 시집 온 열여덟부터 누룩 빚기만 61년째라는 최고 베테랑이다. 할머니에게 누룩방이 왜 이렇게 폐가처럼 허름하냐고 물었더니 별 답답한 소리 다 듣는다는 듯 혀를 차며 대답한다.

"공기가 들어오고 나가고 해야 일이 되지! 탁 메카노면 공기가 딱 막혀서러 까딱하문 누룩이 썩어뿌러! 우리가 뭔다고 추운데 이러겄어."

성형이 끝난 누룩은 대자리가 깔린 황토방에서 1주일쯤 발효과정을 거친다. 발효가 잘 된 누룩에는 노랗게 꽃(곰팡이)이 핀다. 몇 도에서 누룩 발효가 잘 되냐고 물었더니 옆에서 지켜보던 술도가 근무 7년 경력의 김성철(29)씨가 '할머니 두 볼이 온도계'라며 인터뷰를 거든다. 무슨 소린가 했더니 누룩을 발효시키는 누룩방의 온도를 할머니가 결정한다는 것이다.

"몇 돈지는 몰라도 방에 내(가) 따악 들어가믄 감지가 딱 된다. 방이 좀 춥다 싶으몬 내가 불로 조정을 좀 하고, 덥다 싶으몬 이레 또 끄집어내고 고렇게 한다. 몇 도고 그건 난 모른다."

정확한 온도는 아무도 모른다. 오로지 전남순 할머니의 감을 믿고 따를 뿐이다. 오랜 경험에서 다져진 할머니의 감각이 최고의 정밀과학 대접을 받는 것이다. 할머니가 안 계시면 어떻게 하냐고 되물었다.

"우리 딸 갤챠주고 있어요. 걱정하지 마시오."

처음부터 끝까지 전통 방식에 따라 생산되는 금정산성 토산주의 누룩은 그 품질에서 감히 따라올 데가 없다. 홍국균을 비롯하여 백국균, 흑국균이 골고루 들어 있어 이 누룩으로 빚은 술에는 라이신, 루이신, 메티오닌 같은 필수아미노산 성분이 다른 막걸리보다 더 많다고 한다.

금정산성 누룩은 딱 두 가지 재료로 만든다. 맑고 깨끗한 지하수와 밀이다. 하나 더 꼽는다면 우직하게 옛 전통 방식을 고집하는 정성이 아닐까.

금정산성 막걸리는 1700년대 조선시대에 금정산성을 쌓을 때 일꾼들의 새참술로 이름을 날리기 시작해 1979년에는 우리나라 민속주 1호로 지정되어 전국에 '부산산성막걸리'로 명성을 떨쳤을 만큼 역사가 깊은 술이다.

이 정도 지명도면 편리한 현대식 설비를 갖추고 대량 생산하여도 판매가 어렵지 않을 듯한데 술도가 규모를 보고 깜짝 놀랐다. 이제껏 봐 왔던 전국의 어떤 양조장보다도 작고 소박했기 때문이다. 사실 전통 방식만 고집하는 금정산성 막걸리는 현대 시장 논리에 비추어 보면 참으로 비경제적이고 비

1. 60년 넘는 삶으로 누룩을 만드는 전남순 할머니
2. 발효중인 금정산성 막걸리
3. 누룩방에서 전통방법으로 누룩을 빚는 마을 아낙
4. 잘 건조된 누룩에는 노란 꽃이 피어 있다.

효율적인 우보(牛步)일지도 모른다. 많은 술도가들이 대량 생산을 위해 손쉬운 방법들을 찾는 현실 아닌가. 그러나 그런 우직한 소신이 있었기에 오늘날의 금정산성 토산주가 있지 않았을까 하는 생각도 든다.

금정산성 막걸리는 많은 술도가들이 수지타산이 맞지 않는다는 이유로 외면하는 우리 쌀로 술을 빚는다. 다만 누룩을 빚을 때 쓰는 밀만큼은 호주산을 쓰는데 그것은 조선밀로 누룩을 만들면 술이 '뻑뻑(탁하고 걸죽)'해지기 때문이란다. 금정산성 막걸리는 전통누룩을 쓴다는 점 외에 또 다른 특징이 있는데 바로 알코올 도수가 보통의 막걸리보다 2도 높은 8도라는 점이다. 1979년 민속주 제1호로 지정되었을 때부터 계속 8도를 유지했다고 한다.

입맛과 생활의 변화로 퇴조의 길을 걸었던 막걸리. 최근 들어 젊은층은 물론 외국에서조차 엄지손가락을 쳐들 정도로 전성기를 맞고 있는 우리 전통술 막걸리. 오늘날 막걸리의 부활은 큰 욕심 없이 옛것을 지키며 묵묵하게 누룩을 빚고 술을 만들어 온 우리 몇몇 장인들의 공이 아닐까.

취재를 마치고 직접 막걸리를 담가 볼 생각으로 누룩 서 장을 구입했다. 이 겨울이 끝날 무렵엔 벗들과 잘 익은 술 한잔 나눠 마실 수 있으리라.

놓치면 아까운 주변 여행지

동래온천

지하철 온천장역 앞에는 동래온천 타운이 형성되어 있다. 시설 좋은 '허심청'

은 전국적으로 소문난 곳이다. 남녀 3,000명을 수용할 수 있는 대규모 시설에 마그네슘이 함유된 온천수가 좋다. 녹천온천호텔도 유명한데, 지역 주민들은 화상도 아물게 할 정도로 물이 좋다며 입을 모은다. 관광객들과 지역 주민들을 위해 동래구에서 만든 동래온천 노천족탕도 명물이다. 문의: 허심청 051-550-2100, 녹천온천호텔 051-552-4823, 동래온천 노천족탕 051-550-4682.

▪ 범어사 경내에 연등이 가득 피었다.

범어사

신라 문무왕(678) 때 의상대사가 창건한 고찰로 양산의 통도사, 합천의 해인사와 더불어 영남의 3대 명찰로 통한다. 돌기둥 4개가 받치고 있는 조계문은 일주문에 해당되는데 '금정산범어사'란 현판과 함께 '선찰대본산'이라는 현판이 나란히 걸려 있다. 마음을 닦는 맑은 도량이란 뜻으로 선종본찰로서의 범어사를 나타내는 말이다. 보물로 지정된 대웅전과 조계문, 3층 석탑을 포함하여 많은 문화재가 있고 템플스테이 프로그램도 운영 중이다. 문의: 051-508-3122.

추천일정

첫째날 부산 진입 → 금정산성 트레킹 → 금성동 점심식사 → 금정산성 토산주 → 마을 관광 → 온천욕(온천장) → 저녁식사 및 숙박

둘째날 아침식사 → 범어사 → 점심식사

마을에 있는 산성생태체험교실(문의: 051-517-6848)에서는 도예체험과 천연염색체험을 진행한다. 토산주 빚기 외에는 대부분 개인 참여가 가능하다. 문의 : 금정산성 토산주 080-9000-5858

찾아가는 길

자가용
경부고속도로 - 양산 나들목 진출 - 제방로(35번 국도) - 금정산성길 - 산성다을(또는 구서 나들목으로 빠져나와 온천장역 앞에서 금정산성 방향으로 우회전)

대중교통
부산역 - 온천장역(지하철 1호선) - 3번 출구 앞 육교 건너 203번 버스(20분 간격) - 금정산성 토산주

추천업소

▶ 산성 안에는 흑염소불고기가 유명한데 대부분 오리, 닭을 함께 취급한다. 유대감집(051-517-4004), 포구나무집(051-517-5815), 둥지정(051-517-5823) 등이 있으며 약선요리와 전통차를 취급하는 무심즌(051-517-3352)과 추어탕을 잘하는 과수원집(051-517-5618)도 추천할 만하다. 과수원집 주인장은 사진과 산행을 즐기기 때문에 금정산성 촬영과 트레킹에 대한 도움말도 구할 수 있다.

▶ 마을에는 단체숙박이 가능한 으마이랜드(051-517-5111)를 제외하곤 숙박시설이 없다. 인근 온천장을 이용하는 것이 편리하다.

▶ 금정산성 토산주 대표가 운영하는 유대감집(051-517-6552)에서는 전통누룩을 판매한다. 20장에 50,000원이며 낱개로는 3,000원이다.

황금빛 곶감이 달달하게 익어가는 만추,

상주 곶감마을

경상북도 상주시 남장동

곶감 하면 상주다. 논산, 청도, 영동, 완주 같은 곶감의 고장을 자처하는 다른 지방에서 들으면 서운타 할 지 모르지만 상주곶감의 유명세는 분명 다른 곳과 비교우위에 있다. 아파트 단지에 자주 찾아오는 과일장사가 파는 곶감에는 어김없이 '상주곶감'이라 붙어 있다. 지하철 환승통로에서 보따리 펼쳐놓고 장사하는 할머니도 상주곶감임을 주장한다. 수입산이 분명하지만 상주곶감 명찰을 달고 있는 좌판 곶감들도 흔히 볼 수 있다. 곶감에 '상주'가 붙으면 왠지 더 믿음이 간다. 실제로 상주는 전국 곶감 생산량의 60%를 생산하고 있다.

상주에 가보면 더욱 확실히 상주가 '곶감의 본고장'이라는 걸 알 수 있다. 어디서나 흔하게 볼 수 있는 곶감 판매장과 곶감 건조장 때문이다. 그렇다면 상주에서도 곶감 생산량이 가장 많은 동네는 어디일까. 바로 상주 시내 서쪽에 있는 '남장동'이다. 10월 말, 감이 익는 철에 맞춰 남장동으로 여행을 떠났다. 출발도 하기 전부터 폴폴 단내가 나는 것 같다.

열에 여덟 집은 곶감농가

　상주는 예로부터 '삼백(三白)의 고장'으로 알려져 있다. 세 가지 하얀 것이 유명하니 쌀, 누에고치, 곶감이다. 곶감을 두고 하얗다고 한 건 분이 뽀얗게 오른 모습 때문이다. 제대로 익어 당도가 높은 곶감은 하얗게 분이 피기 마련이다. 이를 두고 눈 내린 것 같고 서리 내린 것 같다고 하여 시설(柿雪), 시상(柿霜)이라 멋스럽게 표현하기도 한다. 하지만 '삼백의 고장'도 이젠 옛말, 삼백 중에서 오늘날까지 명성을 잇고 있는 건 곶감뿐이다. 사정이 이러하니 '곶감 하면 상주'라는 명제도 맞고 '상주 하면 곶감'이란 명제도 맞을 듯싶다.

　상주는 곶감만 유명한 게 아니다. 우리나라 최대의 자전거 도시가 바로 상주다. 시청 행정조직에 '자전거 문화계'라는 부서까지 있을 정도다.

　곶감마을 남장동 입구에는 '상주자전거박물관'이라는 커다란 입간판이 세워져 있다. 마을 초입의 자전거 박물관부터 구경하기로 했다.

　상주자전거박물관은 자전거를 테마로 한 이색박물관이다. 건물이 자전거 바퀴 모양을 하고 있어서 한눈에 자전거박물관임을 알아볼 수 있다. 이곳에선 누구에게나 무료로 자전거를 빌려준다. 박물관을 들어서는데 젊은 연인이 커플자전거를 타고 박물관 밖으로 나오고 있다. 박물관 마당에는 서너 명의 어린이들이 어린이 자전거를 타고 있고 어른들도 보인다. 모두들 얼굴에 웃음이 가득하다. 박물관 안에는 최초의 자전거를 비롯하여, 여러 가지 이색 자전거들, 자전거에 관련된 재밌는 이야깃거리들이 전시되어 있다. 자전거를 타기에는 마당이 좀 좁다 싶었는데 아니나 다를까 곧 이사를 갈 예정

자전거 박물관 마당의 느티나무

이란다. 2010년 9월이면 낙동강변 도남동 산자락에 새 둥지를 튼다.

　박물관을 지나 마을 안으로 깊숙하게 들어갔다. 특이한 모습의 농가들이 곳곳에 눈에 띄었다. 건물 옥상 위에는 사방이 뚫리고 네모반듯한 건조장이 한 층 더 올려져 있다. 이미 작업이 끝나 껍질 깎은 감들로 꽉 차 있는 곳도 있다. 마치 감이 가득 담긴 대야를 머리에 인 아낙의 모습 같다. 1층에서는 감 껍질을 깎아 매다는 작업이 한창이다. 이 작업은 보통 10월 중순부터 시작해서 11월 말까지 이어지는데 이때의 풍경을 놓치지 않으려고 전국에서 많은 사진작가들이 몰려든다. 통통하게 살이 오른 둥근 감의 껍질을 깎아내면 반지르르 단물을 머금은 황금빛 속살이 모습을 드러낸다. 행여 물러질까 조심스레 실을 걸어 매다는 아낙의 손길을 따라 황금빛 발이 걸리면 입은 물론이고 눈에서도 침이 고인다. 타오르는 듯한 단풍이 제 아무리 아름다워도 이곳 곶감 건조장의 맛있는 풍경에 비할까! 껍질을 벗겨 매단 감은 약 35일이 지나면 반건시가 되고, 50일에서 60일 정도 더 말리면 완전건시가 된다.

감을 매다는 건조장 옆으로 감 깎는 작업장이 있다. 감상자를 실어 나르는 지게차가 요란을 떨며 바삐 움직이는 등 건조장보다 훨씬 분주한 모습이다. 예닐곱 명의 아낙들이 감 깎는 모습을 지켜보니 의외로 재미가 있다. 단순해 보이는 구조의 작은 기계에 감을 물리면 자동으로 회전을 한다. 그때 사람이 칼을 대면 감이 돌아가면서 껍질이 저절로 깎이는 원리다. 기계 앞에는 이미 감 껍질이 수북하다. 껍질은 모아서 감식초를 만든다. 둘러보니 감식초를 만드는 발효통들이 담장 밑에 줄을 지어 서 있다.

꽤 규모가 커 보이는 농원 앞에 관광버스 두 대가 미끄러지듯 멈추어 서더니 관광객들이 우르르 내린다. 곶감 만들기 체험을 하러 온 사람들이다. 곶감농장 입장에선 일 년 중 가장 바쁠 때라 번거로울 텐데 참 정성스럽다는 생각이 든다. 그런데 관광객들 감 깎는 모습이 가관이다. 기계에 칼을 살짝 대고 둥그렇게 돌려주는 게 포인트인데 칼을 너무 깊이 대는 바람에 감이 절반 넘게 깎여 나간다. 그렇게 깎은 감도 기념이라고 일일이 다 챙긴다.

남장동은 18통과 19통으로 나뉘어 있다. 두 곳 중 윗마을인 19통에 곶감 농가가 더 많다. 마을 슈퍼에서 만난 19통의 김성태 통장은 관할 주민이 70가구 200여 명이라고 하는데 그 중 80%가 곶감 농사를 짓는다고 한다. 사업자등록을 내고 '곶감 사업'을 하는 집만도 30농가가 넘는단다. 작년에는 19통에서만 30억 매출을 올렸으니 곶감 농가 1가구당 1억씩 판 셈이다. 과연 전국 최대의 곶감마을답다.

"우리 마을 곶감은, 옛날 고유의 동그래에한 둥시감으로 곶감을 만드니까 그래 좋습니다. 옛날부터 내려온 기술적 노하우라든지, 건조장도 최신시

곶감깎기체험

설이고, 특별한 것보다도 이런 것들이 좋은 게 아닌가 생각합니다."

    김성태 이장의 주장을 정리한 상주곶감의 몇 가지 특징은 다음과 같다. 첫째, 둥시로 만든다. 말 그대로 모양이 둥글둥글한 감이다. 둥시는 떫은맛을 내는 탄닌 성분이 강하다. 그런데 이 탄닌이 건조를 거치면서 떫은맛이 없어지고 당화를 촉진시켜 곶감의 당도를 높여준다. 그래서 둥시가 아닌 감은 '잡감'으로 분류해버린다. 두 번째, 자연 건조를 고집한다는 것이다. 곶감은 원래 자연 건조하는 걸로 알고 있었는데 아마 일부 지역에선 기계의 힘을 빌리기도 하는 모양이다.

그런 신뢰와 노력이 뒷받침되었을까. 남장동의 곶감은 판로 걱정이 없다. 시장 노점상의 예에서 확인하였듯이 상주곶감의 인기가 워낙 절대적이기 때문이다. 그러나 김 통장은 여기에 안주하지 않고 앞으로 마을에 공동판매장을 건립하고 농촌체험 프로그램도 진행하는 등 여러 가지 사업 계획을 가지고 있다. 이전이 확정된 자전거박물관도 곶감박물관으로 리모델링할 수 있도록 상주시에 건의할 예정이란다.

목각탱이 유명한 노악산 남장사

고찰 '남장사'를 둘러보기 위해 곶감마을 위로 계속 올라갔다. 남장사까지 가는 길은 호젓하고 수수하여 눈과 마음이 편안하다. 초입 길가에 있는 돌장승은 남장사의 명물이다. 투박한 돌기둥에 둥그런 두 눈과 큼직한 주먹코를 새겨 넣고 입가에는 송곳니를 삐죽 새겼다. 동네 건달 같기도 하고 믿음직스런 고향의 형님 같기도 하다. 남장사의 전체 분위기가 바로 이 돌장승 같다. 낮지도 높지도 않은 노악산(728.5m)도 그러하며 노악산이 빚어낸 앙증맞게 작은 계곡도 그렇다. 전체적으로 크지 않으면서도 곳곳에 볼거리를 숨겨 놓았다.

하지만 역시 남장사 제일의 명물은 목각탱이다. 보통 법당의 부처님 뒤로는 부처님과 여러 신장님들의 모습을 그린 탱화가 있기 마련인데, 이곳 남장사의 보광전과 관음선원에는 그림이 아닌 조각이 있다. 그래서 '탱화'에서

'화(畵)'가 빠진 '목각탱'이 되었다. 보광전 목각탱과 그 앞에 모신 철조 비로자나불은 각각 보물 제 922호와 제 990호로 나란히 지정되어 있어 관심 있게 살펴봐야 한다. 목각탱을 자세히 살펴보면 신장님들의 얼굴 표정이 제각각임을 알 수 있다. 특히 왼쪽 아래 있는 신장님의 표정은 어쩐지 사연이 있어 보인다. 목공의 우울한 마음이 담긴 것일까. 보광전에서 오른쪽 오솔길로 조금 올라가면 관음선원이 나오는데 이곳에도 목각탱이 있다. 관음선원의 목각탱(보물 제923호)까지 합하면 국가지정 문화재만도 석 점인데 별도의 사찰 문화재관람료가 없다. 불자가 아닌 여행객의 시선으로 보면 참으로 '착한' 절이다. 사찰 뒤 산그늘 속은 곶감을 무서워하는 호랑이라도 튀어나올 듯 인적 드문 곳이다. 여느 사찰처럼 관광객이 많지 않다보니 풍경소리가 유독 크게 들린다. 기단과 기와, 계단, 문짝, 공

1. 남장사 보광전 목각탱에는 재미 있는 표정이 숨어 있다.
2. 남장사 가는 길의 익살스런 돌장승

남장사의 가을 풍경

포, 섬돌 위에 정갈하게 놓인 스님의 고무신……. 절집 구석구석이 정겹게 다가온다. 관광객들이 바글바글하면 상상도 못할 호사다. 게다가 화려한 노악산의 단풍은 가을 남장동 여행의 두둑한 보너스다. 황금빛 곶감에 취하고 붉은빛 단풍에 애가 타들어 간다.

놓치면 아까운 주변 여행지

경천대

낙동강 물줄기가 나지막한 옥주봉(163m)을 보듬고 휘감아 돌아 나가면서 빚어놓은 절경이다. 가파른 절벽과 강물에 비친 푸른 하늘이 아름다운 조화를 이룬다. 이곳에는 임진왜란 때의 명장 정기룡 장군이 용마와 함께 수련을 쌓았다는 이야기가 전해지는데 바위를 파서 만들었다는 말먹이통이 남아 신이함을 더해준다. 수영장, 야영장 등의 편의시설이 있으며, 경천대랜드라는 이름으로 놀이시설도 들어서 있어 온 가족이 함께 쉬어가기 좋다. 경천대 앞에는 상주박물관이 있다. 문의: 054-536-7040.

전(傳) 사벌왕릉, 전(傳) 고령가야왕릉

사벌국은 옛날 상주 땅을 지배하던 부족국가로 알려져 있는데, 경천대

가는 길목의 화달리에 사벌국의 왕릉으로 추정되는 무덤이 있다. 능 아래에는 사벌국왕릉 사적비와 사벌국 왕 신도비가 있으며 바로 옆에는 통일신라 시대 석탑 양식을 충실히 따르고 있는 화달리 3층 석탑이 있어 함께 둘러보기 좋다. 북쪽의 함창읍에도 고령가야의 왕릉이 있어 오랜 옛날에는 상주가 일대에선 왕도로 매우 중요한 지정학적 위치에 있었음을 알 수 있다.

효자 정재수 기념관

화남면 소곡리에 살던 초등학교 2학년의 정재수는 1974년 1월 22일에 아버지와 함께 닭 한 마리를 들고 충북 보은의 큰집으로 차례를 지내러 가게 되었다. 폭설을 헤치고 가던 중 기진맥진한 아버지가 쓰러지자 정재수는 아버지를 구하기 위해 자신의 옷을 덮어주고 꼭 보듬어 주었다. 그러나 부자는 함께 동사하고 만다. 이에 감동한 후세 사람들은 정재수의 효심을 높이 칭송하여 기념관을 세웠다. 현재 기념관으로 쓰고 있는 건물은 당시 정재수가 다니던 학교였다. 기념관, 영상관을 비롯해 당시 정재수가 공부하던 교실이 복원되어 있고, 야외 체험장도 있다. 문의: 054-535-0575.

초산동 민요마을

초산동에는 상주민요보존회가 결성되어 있어 상주의 민요를 계승, 보존하는 데 노력하고 있다. 경상북도 무형문화재 제13호로 지정된 상주민요는 '상주 함창 공갈못에 연밥 따는 저 처자야, 연밥 줄밥 내 따줄게 이내 부모 섬겨다오'로 시작하는 '연밥 따는 노래(공검못 노래)'가 유명하다. 그 외에도 논매기 소리, 서보가 등이 있다. 문의: 상주민요보존회 회장 김황식 011-539-4539.

장각폭포

　속리산 천황봉에서 흘러내린 물이 상주 상오리까지 뻗쳐 잘생긴 폭포 하나 빚었으니 이것이 장각폭포다. 높이는 6m가 넘고 언제나 수량이 많아 여름이면 폭포 밑의 용소로 다이빙을 즐기는 사람들을 자주 볼 수 있다. 폭포 위에는 '금란정'이라는 이름의 아담한 정자가 있는데 소나무와 정자, 폭포수가 어우러진 풍경은 한폭의 한국화라 할 만하다.

■ 경천대 전망대에서 바라본 낙동강 줄기

🌼 추천일정

첫째날 상주 진입 → 남장동 곶감마을 진입 → 자전거박물관(이전 예정) → 곶감 농가 → 남장사

둘째날 전 사벌왕릉 → 경천대 → 전 고령가야왕릉

곶감마을의 정취를 제대로 느끼려면 곶감 만드는 작업이 한창인 10월 중순에서 11월 중순에 방문하는 것이 좋다. 물론 감나무에 감이 주렁주렁 달려 있을 때에도 마을 풍경이 아름답다. 마을 초입에 있는 상주자전거박물관은 2010년 9월 중에 경천대 쪽으로 확장 이전할 예정이다.

문의: 김성태 통장 016-501-9138.

찾아가는 길

자가용
서울 — 영동고속도로 — 여주 분기점 — 중부내륙고속도로 — 북상주 나들목 진출, 상주 시내 방향 — 3번 국도 — 북천 지나 우회전 — 남장동(상주자전거박물관, 남장사 이정표)

🌼 추천업소

마을에는 숙박시설이 없다. 식당은 마을 초입의 남장송어장(054-534-5539)이 유일하다. 이곳에는 어린이들을 위한 '송어 피자'를 개발하여 내놓고 있다. 마을과 멀지 않은 시내 방향 25번 국도변에 서보냇가매운탕(054-532-5978), 기와식당(오리, 054-533-3300), 신라가든(불고기, 054-533-8989) 등이 있다.

▶ 숙박시설로는 마을에서 약 4~5㎞ 떨어진 곳에 상주관광호텔(054-530-5000), 팔레스모텔(054-536-2700) 등이 있다. 남곡리에는 성주봉 자연휴양림(054-541-6512)이 있다.

▶ 마을 곶감농원으로는 김성태 통장이 운영하는 안집곶감농원(054-534-9138)을 비롯하여 남장둥시곶감(054-531-2929), 전통한방곶감(054-534-5948), 형제농원(054-534-5945) 노음산옛날할매곶감(054-534-5388) 등이 있다.

옛날 방식 그대로 빚어낸 할머니의 손맛
안흥 찐빵마을
강원도 횡성군 안흥면 안흥 1리

"으리, 안흥에 가서 찐빵 먹고 갈까?"

강원도 여행을 마치고 돌아오는 길이었다. 영동고속도로를 타고 귀경을 서두르는데 배가 출출해졌다. 요즘엔 고속도로 휴게소도 시설 좋은 곳이 많아서 어떤 곳은 카페 못지않게 최신 인테리어와 시설을 갖춘 식당도 있지만 패스트푸드나 다름없는 휴게소 음식을 허겁지겁 먹고 싶지는 않았다. 이심전심이었을까, 동행했던 이도 좋은 생각이라며 박수를 친다. 느긋하게 마음을 먹고 둔내 나들목을 빠져나갔다.

물른 찐빵과 비슷한 간식들이 휴게소에도 많이 있고, 일부 휴게소엔 아예 안흥찐빵을 팔기도 한다. 그렇지만 찐빵은 역시 안흥에 가서 먹어야 제맛이다.

손으로 빚고 온돌방에서 발효시키는 안흥찐빵

대한민국 사람이라면 '안흥찐빵'을 모르는 이가 없을게다. 찐빵이란 단어 앞에는 으레 '안흥'이 붙어야 완성문이 된다. 유명세에 상술이 더해져 안흥찐빵은 전국 팔도에서 만들고 파는 국민빵이 되었지만 역시 본고장의 맛을 따라잡을 순 없다.

안흥은 강원도 횡성군의 면 이름이자 마을 이름이다. 안흥면은 횡성군에서도 동남쪽에 치우쳐 있는데 인구 3,000명이 조금 넘는 전형적인 농촌마을이다. 그 중 안흥 1리는 안흥면사무소가 위치한 마을로, 면소재지답게 180여 가구 500여 명의 제법 많은 주민이 살고 있다. 찐빵가게들은 면사무소를 중심으로 몰려 있는데 안흥면에 18곳, 안흥 1리에만 13곳이 있다.

맛집이 몰려 있는 곳이라면 어디든 '원조' 논쟁이 있기 마련인데 안흥찐빵도 예외는 아니다. 알려진 바에 의하면 원조의 주인공은 면사무소 바로 앞에 있는 '면사무소 앞 안흥찐빵'이다. 상호 같지 않은 상호에서 오히려 원조 냄새를 느낄 수 있다. 그렇지만 간판에는 '원조' 라고 따로 쓰지 않았다. 이에 반해 언제 생겼는지 알 수 없는 빵집들이 무슨 근거로 단 것인지 '원조'라고 쓴 간판을 달고 있다. 하지만 손님들은 신기하게도 '진짜 원조'를 알아본다.

"여기가 원조 맞죠?"

평일엔 그래도 좀 한가한 편이다. 주말이나 휴일에는 면사무소 앞 안흥찐빵 앞에 긴 줄이 늘어선다. 기다렸다는 보상심리 때문일까, 멀리서 일부러 찾아왔기 때문일까. 찐빵을 한두 개씩 사는 사람은 없다. 기본이 두세 박스, 예닐곱 박스를 사는 사람도 있다. 대여섯 명이면 꽉 찰 만큼 좁은 가게라 밖

1. 안흥찐빵은 횡성에서 나는 팥을 쓴다.
2. 온돌방에서 전통적인 방법으로 숙성을 시키는 것도 안흥 찐빵의 특징
3. 처음 나왔을 땐 1개 50원이었다.

에는 대기용 의자까지 놓여 있다.

"1984년에 이(가게) 집을 짓고, 1985년부터 시작했는데 처음엔 핫도그하고 호떡을 팔았어요. 찐빵을 팔기 시작하자 일하는 인부들이 새참거리로 많이 사갔어요. 그땐 시내버스 타고 20리 밖까지 배달도 나갔죠. 언젠가 원주에 사는 군인 담당(장교인 듯)아저씨가 빵을 한꺼번에 많이 사갔어요.(맛이 좋았던지) 그 뒤로도 가끔 와서 한 번 사갈 때마다 많이 사다가 나누어줬다는데 그때부터 소문이 나 원주 분들이 많이 사러 왔죠."

주인장인 남옥련(61) 씨의 회상을 듣자니 격세지감이 느껴진다. 당시 찐빵 1개 값은 50원. 지금은 500원이다. 20개들이 한 박스는 7,000원이다. 여러 박스를 사면 가면서 맛보라고 덤으로 몇 개 더 담아주는 인심만은 변함이 없다. 당시엔 20리 길을 버스타고 배달했다지만 지금은 통신판매가 매출의 상당 부분을 차지한다. 25년 세월 동안 맛있는 간식거리가 많이 나오고 사람들의 입맛 역시 많이 변했지만 안흥찐빵의 인기는 여전하다.

안흥찐빵 맛의 비결을 한마디로 말하면 '정성'이다. 국산 재료를 쓰고 정성껏 손으로 빚는다. 찐빵의 맛을 결정한다고 해도 과언이 아닌 팥은 안흥농협에서 구매하여 쓰는 100% 횡성산이다. 건조기나 발효기도 있을 법한데 온돌방에 일일이 깔아 숙성을 시킨다. 간식거리로는 드물게 패스트푸드가 아닌 슬로푸드인 셈이다. 그래서 식사 대용으로도 인기가 높다.

대화를 나누는 동안에도 많은 사람들이 빵을 사러 왔다. 수원, 춘천, 대구, 서울, 전국 팔도에서 온 손님들은 하나같이 고속도로를 지나가다 찐빵이 먹고 싶어서 들렀다고 한다. 장사가 잘 되는 걸 보니 구경꾼도 기분이 좋다. 빵 팔아서 돈 좀 버셨냐고 반농담으로 물었다.

"벌었죠!"

명쾌한 대답이다. 빵집 옆에 주유소가 하나 있는데 2003년부터 인수해서 함께 운영을 한단다. 빵 팔아서 주유소를 산 것처럼 보이는데 쥔장은 '조금 보탰다'고 웃기만 한다. 전에는 손님들이 차를 세울 곳이 마땅치 않아 불편했다는데 이제 주유소가 한집이 되니 주차문제가 자연스레 해결되었다. 주유소는 아들 내외가 운영을 하고 빵집은 부모가 운영을 한다는데, 문득 궁금해졌다. 어느 쪽이 더 나을까? 역시 명쾌한 대답이 돌아왔다.

"빵집이 더 낫죠!"

정감 넘치는 마을 간판

면사무소앞 안흥찐빵은 자그마한 2층 건물이다. 올해 건물 외관이 환하게 바뀌었다. 빵 찌는 모습을 2층 벽에 커다란 벽화로 그렸다. 정다운 느낌이 든다. 그런데 자세히 마을을 둘러보니 빵집뿐 아니라 다른 가게들도 저마다 개성 넘치는 간판을 달고 있었다.

커다란 옷 그림이 그려진 양복점, 빗 모양 간판을 단 미용실, 장도리 모양의 간판을 한 철물점, 화물트럭 그림이 그려진 화물알선스…… 간판 하나하나에 정감이 넘친다. 도심에서는 과도한 간판이 문제가 되기도 하는데 이곳에선 간판 자체가 볼거리다. 둘레둘레 간판 구경을 하면서 마을 한 바퀴 도는 재미가 쏠쏠하다. 이렇게 '특별한' 간판을 단 곳은 50여 곳이 넘는다. 상점 주인들은 간판 제작비의 일부를 지원받는 조건으로 전격 간판 교체에 동참했단다.

"찐빵마을 개선 사업의 하나로 여러 가지 환경 개선 사업이 있었습니다. 우리 마을 자세히 보셨어요? 이상한 거 못 느꼈나요? 우리 마을에는 전봇대가 하나도 없습니다. 2009년에 지중화사업이 완료되었죠. 상하수도도 교체했어요. 간판도 예쁘죠?"

마을에서 농기계 수리점을 운영하는 조남국(58) 이장은 찐빵이 마을을 살

안흥리의 아기자기한 간판도 명물이 되었다.

렸다고 표현했다. 찐빵마을이 유명해지면서 직접적인 판매 소득은 물론이고 마을 환경개선 사업 외에 여러 가지 경제적인 파급 효과도 발생했다. 가장 큰 것이 고용창출 효과다. 찐빵 한 집당 적게는 너댓 명에서 많게는 열 명 넘게 일손을 쓰고 있다. 면사무소앞 안흥찐빵은 열 명의 주민을 고용하고 있는데 바쁠 때는 열댓 동까지도 쓴다고 한다. 얼추 계산해도 열여덟 곳의 찐빵집으로 출근하는 주민 숫자가 어느 정도인지 나온다. 더 재미있는 것은 농한

찐빵마을 가는 길에 섶다리가 놓여 있다.

기인 겨울에는 찐빵이 오히려 성수기를 맞고 농번기로 들어가면 찐빵도 자연스레 수요가 줄어 인력수급 문제가 절로 해결된다는 점이다. 또한 팥을 비롯한 지역 농산물 판매에도 큰 도움이 되고 있다. 게다가 관광객들이 쓰고 가는 돈도 무시 못 한다.

"관광객들이 찐빵 사러 오면서 하다못해 음료수도 사 먹고, 자장면도 사 먹고. 도움이 참 많이 됩니다."

500원짜리 찐빵 하나가 시골 마을을 완전히 탈바꿈시켰다. 주민들에게 일자리 만들어주고, 환경개선 시키고, 농산물 팔아주고, 관광객을 유치해 시골 마을에 활력을 심어주었다. 마을 팔자, 찐빵이 바꾸었다.

우리나라 유일의 장례문화축제, 횡성회다지소리축제

3월에서 4월 초 사이에 열리는 '장례 문화'를 주제로 한 이색 축제이다. 횡성은 장례요 중 하나인 '회다지소리'가 유명하다. '회다지'란 묘를 쓸 때 짐승이나 나무뿌리가 시신을 훼손하지 못하게 회(石灰)를 흙에 섞어 뿌린 후 발로 다지는 것을 말한다. 회다지를 할 때, 떠나는 자를 배웅하고 남은 자를 위로하기 위한 소리를 하는데 간단한 율동이 곁들여지는 것이 특징이다. 지역에 따라서는 '달구소리', '달고소리'라고도 한다.

축제의 무대는 우천면 정금리다. 1986년에 처음 열렸다. 축제에는 정금리의 회다지뿐 아니라 회다지 풍습이 남아 있는 다른 마을 주민들도 초청되어 회다지와 상여 운구 시연을 펼친다. 각 지방의 회다지소리와 상여소리는 그 형태도 조금씩 다르고 연행 방식도 차이가 있어 다양한 장례문화를 한 자리에서 비교해 볼 수 있는 좋은 기회이다.

일반인들을 대상으로 한 전국회다지경연대회, 토속민요 경창대회도 함께 열린다. 부대 프로그램으로는 장례 및 사후세계 체험이 돋보인다. 유서를 쓰고 관에 들어가서 지나온 삶을 되돌아 보는 장례체험은 관광객들에게 인기가 높다.

그 밖에 장례용품 전시 및 수의 짓기, 염습 재연 등이 눈길을 끌고, 제사음식 체험, 짚풀공예 체험 등도 펼쳐진다. 원래 이름은 '태기 문화제'였으나 2010년부터는 '횡성회다지소리축제'로 이름이 바뀌어 열렸다. 문의: 033-342-3176.

횡성회다지소리축제

놓치면 아까운 주변 여행지

강원참숯·경원참숯

횡성은 숯가마찜질로 유명하다. 강원참숯(포동리)과 경원참숯(오원리)이 대표적인데, 규모는 강원참숯이 크고 경원참숯은 상대적으로 호젓하다. 숯가마찜질은 숯공장에서 이루어지는데 숯을 굽고 꺼낸 빈 가마 속에 들어가 찜질을 하는 것이다.

숯가마는 황토로 되어 있는데 여기서 나오는 원적외선과 숯에서 나오는 음이온이 몸 속 나쁜 노폐물을 배출시켜줘 몸에 이롭다고 한다. 숯가마 찜질 후에는 샤워를 하지 않아도 몸이 뽀송뽀송하다. 숯가마에 구워먹는 '3초 삼겹살'도 별미다. 문의: 강원참숯 033-342-4508. 경원참숯 033-342-0413.

장송모 도자연구원

강원도 무형문화재 제6호로 지정된 장송모 씨가 운영하는 도예공방이다.

체험장에서는 직접 물레를 돌리며 그릇을 빚어보거나 접시에 그림을 그려 넣는 실습을 할 수 있으며 전시관에서는 여러 가지 유물과 도예작품을 감상할 수 있다. 도예체험은 강의와 실습, 견학 등으로 이루어지는데 모두 2시간 정도 걸린다. 문의: 033-342-0011.

우리별 천문대

우리별 천문대의 천문교육은 어느 천문대보다도 알차고 재미있다. 재미있는 별 이야기를 듣고 천체망원경으로 밤하늘을 감상한 뒤, 작은 망원경을 들고 야외로 나와 총총히 박힌 별을 보는 체험은 두고두고 추억으로 남는다.
문의: 033-345-8471, http://www.ourstar.net

횡성 밤두둑마을

횡성읍 반곡리에 있는 농촌체험마을이다. 옛날에는 마을에 밤나무가 많았다고 하여 '밤두둑'이란 이름이 붙었는데 지금은 대부분 논으로 변했다. 그렇지만 두둑한 인심만은 그대로이다. 마을 중심부엔 반곡 저수지가 있어 경관이 아름답다. 섬강이 흐르는 마을 초입에는 예쁜 허브농원이 있어 볼거리도 넉넉하다. 마을에서 직영하는 숙소는 황토방으로 지어져 인기가 높다.
문의: 033-344-7675.

1/2. 농촌체험 프로그램을 운영하고 있는 밤두둑 마을   3. 우리별 천문대

풍수원 성당

고즈넉한 분위기를 좋아하는 사람에겐 오래된 성당만한 곳이 없다. 풍수원은 한국 최초의 천주교 신앙촌으로 통한다. 1801년 신유박해로 인해 신자들이 피난처를 찾던 중 이곳에 정착한 것이 시초가 되었다. 성당은 1888년에 생겼으며 당시에는 초가집이었다고 한다. 현재의 벽돌 건물은 1907년에 준공된 것이다. 한국인 신부가 지은 한국 최초의 성당이다. 문의: 033-343-4597.

추천일정

첫째날 횡성 진입(양평 방향으로) → 풍수원 성당 → 점심식사 → 장송모 도자언 구원(도예체험) → 섬강 유원지 → 저녁식사 → 우리별 천문대 → 숙박

둘째날 숯가마찜질 → 점심식사(3초 삼겹살) → 안흥찐빵

영동고속도로 새말 나들목으로 진출하여 안흥리를 가다 보면 작은 고개인 전재를 지나게 된다. 전재 바로 밑에는 경원참숯이 있어서 이와 연계하여 일정을 짜는 것도 좋다.

찾아가는 길

자가용
영동고속도로 — 새말 나들목 진출 — 전재 — 안흥면 — 찐빵마을
강원도에서 서울 가는 길에는 둔내 나들목으로 진출해도 된다.

대중교통
동서울터미널에서 안흥면까지 들어오는 버스가 하루 3~5회 있다. 원주와 횡성에서 안흥면으로 들어오는 시내버스는 하루 14회 운행한다. 횡성 기준 약 35~40분 소요.

추천업소

▶ 횡성축협에서 운영하는 우항리 횡성한우프라자(033-345-6160)는 횡성 한우를 믿고 먹을 수 있는 곳이다. 새말 나들목 인근의 웰빙마을(033-345-0017)에서도 횡성한우를 저렴하게 먹을 수 있다.

▶ 안흥리 가는 길의 전재 옆으로는 작은 계곡을 따라 분위기 있는 숙박시설이 몇 곳 있다. 그 중 다래골산방(033-343-5297)은 황토와 통나무로 지은 집이다. 단흥 읍내에도 딘박이 몇 집 있다. 둔내면 삽교리에 있는 숲체원(033-340-6300)의 통나무집도 추천할 만하다. 숲체원은 휠체어나 유모차로도 등산을 즐길 수 있도록 길이 862m, 폭 1.2m의 데크로드가 정상까지 놓여 있다. 개인은 물론 단체여행으로도 최적이다. 횡성에는 휴양림도 여럿 있다. 주천강변 자연휴양림(033-345-8225), 청태산 자연휴양림(033-343-9707), 둔내 자연휴양림(033-343-8155), 횡성 자연휴양림(033-344-3391).

백설과 겨울바람이 빚어낸 황태의 깊은 맛,

용대리 황태마을

강원도 인제군 북면 용대 3리

신년 벽두부터 반가운 첫눈이 내렸다. 황량한 겨울 세상에 하얀 눈이 더해지니 천지가 새하얗다. 천지라는 거대한 캔버스에 세화(歲畵)를 그려 가슴에 담아볼 양으로 여행을 떠났다. 빈 가슴을 채우기 위한 여행, 새로운 시작의 의미를 담은 여행이다.

늘 편리한 줄로만 알았던 자가용도 가끔은 번거로울 때가 있는데 눈길 여행이 그 대표적인 경우다. 새해 강원도 여행은 자동차를 버리고 대중교통을 택했다. 느린 여행을 즐겨 보기 위함이다. 눈이 내리면 세상 모든 것이 눈에 갇혀 시간마저 느릿느릿 흐른다.

그동안 빨리 달리느라 지나쳐버린 세상 풍경, 세상 사람들의 이야기를 죄다 훑어보고 들어보고 싶다.

황태덕장이 있는 풍경 속으로

인제 용대리의 백담사 입구 버스 정류장에서 내렸다. 버스 정류장의 구멍가게는 매표소는 물론이고 편의점과 약국, 그리고 나그네들의 사랑방을 겸하고 있었다. 할머니와 아주머니의 중간쯤 되어 보이는 구멍가게 주인장은 지금이 비수기이기 때문에 방 구하는 데 문제가 없을 거란다.

흔히 '백담사 입구'로 통하는 버스 정류장은 용대 2리에 들어간다. '황태 마을'로 불리는 용대 3리와 맞닿은 곳이다. 용대 2리는 백담사가 있다고 하여 '백담 마을', 용대 1리는 십이선녀탕이 있다고 하여 '선녀 마을'로 통한다.

하루 묵었던 숙소가 내설악 북쪽에서 흘러드는 북천과 거대한 황태덕장 사이에 폭 파묻혀 있다는 사실은 다음날 아침, 날이 밝고 나서야 알았다. 북천은 그동안 내린 눈과 추위로 새하얗게 얼어붙어 있었고 황태덕장은 서로서로 나란히 어깨동무를 한 채 겨울 추위를 참아내고 있었다.

아침을 깨우는 소리를 따라 덕장 속으로 들어가니 이미 대여섯 명의 주민들이 모여서 명태를 널고 있었다. 아침 7시도 되기 전에 나왔다고 한다. 기온이 영하 10도 아래로 뚝 떨어진, 매섭게 추운 아침이다.

"옛날에 비하면 이건 일도 아니라요. 삼십여 년 전에는 북천을 막아 생태를 풀어놓고 거기서 물지게로 건져다가 널었어요. 그땐 정말 힘들었지요."

지금은 전문 가공업체에서 명태에 끈을 꿰어서 납품을 한다. 박스에서 명태를 꺼내 걸기만 하면 되니 일이 얼마나 쉬워졌냐는 이야기다. 용대 3리에는 주민의 80%가 황태 만드는 일로 먹고산다. 마을 덕장의 전체 면적만 해도 약 70,000평. 덕장 옆 조립식 건물에서 이곳 덕장 주인인 최용진(45)씨를 만났다. 최용진 씨의 덕장은 약 8,000평, 마을 전체 덕장 면적의 1/10에 해당되는 규모이다. 지금 덕장에 걸려 있는 황태만 해도 30억 원 어치가 넘는다니 입이 쩍 벌어진다.

"우리 마을에 황태가 들어온 게 1962년입니다. 처음엔 함경도 원산에서 내려온 실향민들의 전유물이었죠. 마을 주민들은 1980년대에 들어서야 이 일을 시작하였습니다. 옛날에는 실향민들이 비법을 가르쳐 주지 않을 정도로 제법 남는 장사였지만, 지금은 참 어려운 사업이 되어 버렸습니다."

부친 때부터 덕장을 했다는 최용진 씨는 용대 3리의 황태 역사를 술술 꿰고 있었다. 지금 황태 경기가 옛날 같지 않은 것은 명태가 우리 바다에서 잡히지 않기 때문일 것이다. 바닷물 온도가 올라가면서 동해에서 명태가 잡히지 않자 1993년부터 러시아를 비롯한 외국에서 전량 수입을 하고 있다. 동해에서 살아 있는 명태를 잡으면 포상금까지 준다는데 작년에 이를 타 간 사람이 한 명도 없다는 걸 보면 명태는 정말이지 귀한 생선이 되어 버렸다.

현재 우리나라의 황태 주산지는 인제 용대리와 평창 대관령면이다. 두 곳 중에서 인제 용대리가 먼저 시작했으며 생산량도 용대리가 70~75%, 평창 대관령이 25~30%를 차지할 정도로 규모 차이가 난다. 중요한 것은 인제와 평창의 황태 생산량을 모두 합한 국산 황태의 국내 시장점유율이 20%에 불과하다는 사실이다. 나머지 80%의 황태는 모두 북한산, 중국산이다. 북한산도 표기만 북한산일 뿐이지 사실상 중국에서 건조되어 넘어온 것이기 때문에 중국산으로 봐야 한다는 게 주민들의 귀띔이다. 황태의 원조격인 북한에 황태덕장이 하나도 남아 있지 않다니 틀린 말은 아니겠다.

수입 황태는 거의 바람태이다. 인공 바람으로 말린 것이기 때문에 엄밀

히 말하면 황태라고 할 수가 없다. 그럼에도 대형 유통업체에서는 가격이 싸고 수익이 높기 때문에 수입 황태를 선호한단다. 이 대목에서 최용진 씨의 언성이 높아졌다.

"우리 황태나 북한산, 중국산이나 명태 원산지는 모두 러시아입니다. 원산지로는 구별이 안 된다는 이야기죠. 우리 바다의 명태가 아니라고 당국에서 지리적 표시제를 안 해주고 있는데 참으로 답답합니다. 건조장 표시를 의무화하도록 하지 않으면 우리나라 황태 산업이 큰 타격을 입을 수밖에 없습니다."

시장에서 수입산과 국산의 구별이 안 된다는 건 큰 문제다. 용대리 황태는 차가운 겨울바람에 얼렸다 녹였다를 반복하며 4개월 동안 말리기 때문에 살이 포실포실 씹는 맛이 좋고, 국을 끓이면 국물이 뽀얗게 우러난다. 타우린을 비롯하여 알라닌, 글루탐산 같은 아미노산이 풍부한 것도 용대리 황태의 자랑이라고 한다.

최용진 씨 덕장에서 2~3km 더 들어가면 진부령과 미시령이 갈라지는 용대삼거리가 나온다. 이곳에는 특이한 모양의 용대 전망대가 있어 관광객들의 발길을 붙잡는다. 강원도의 고갯길인 듯, 힘차게 펄떡거리는 명태의 몸부림인 듯, 마을의 발전을 비는 주민들의 마음인 듯, 여러 이미지를 내뿜고 있다.

이곳 용대 전망대에서는 멀리 설악은 물론이고 바로 앞의 매바위, 용바위와 마을 전경이 한눈에 보인다. 전망대 앞은 휴게소를 겸하고 있는데 마을에서 공동 운영하는 펜션과 황태 홍보관, 마을회관 등도 있어 마을의 중심부를 이루고 있다. 질 좋은 용대리 황태를 살 수 있는 특산물 매장도 있고, 황태국과 황태구이 같은 별미를 맛볼 수 있는 식당도 있다.

여름철에는 매바위에 조성된 인공폭포와 덕장 옆으로 흘러내리는 북천도 인기가 높다. 물론 덕장이 있던 자리에는 콩, 옥수수, 고추와 같은 밭작물이 황태 대신 땅을 차지하고 제 세상을 뽐낸다.

황태 덕장 작업 모습

명태, 이름도 가지가지

대구목 대구과에 속하는 명태는 예로부터 우리 식생활과 친숙했던 생선으로 그만큼 이름도 다양하다. 원래 명태란 이름은 명천(明川)에 사는 태(太)씨 성 지닌 어부가 처음 잡았다고 하여 붙여진 이름이라고 한다. 명태 간을 먹으면 눈이 밝아진다, 또 명태 간으로 기름을 짜면 등불을 밝힐 수 있다고 해서 명태라 불렀다는 설도 있다.

명태라는 이름 말고도 겨울에 잡아 얼리면 동태, 말리면 북어나 건태, 아가미를 빼내고 코를 끼어 적당히 말리면 코다리, 새끼는 노가리, 원양어선에서 잡은 건 원양태, 낚시로 잡은 건 조태, 그물로 잡은 건 망태라 불렀다. 강원도에서 나는 명태는 강태라고 하는데, 상금이 걸려 있을 만큼 귀하신 몸이다.

황태도 여러 가지 이름이 있는데 건조시킬 때 날씨가 너무 추워서 하얗게 된 백태, 반대로 검게 된 것은 먹태, 머리나 몸통에 흠이 생기거나 일부가 잘려나간 파태, 머리 없이 몸통만 걸어 건조시킨 무두태, 내장이 제거되지 않고 건조된 통태, 겨울바람에 덕장에서 떨어져 바닥으로 나뒹군 황태는 낙태라고 한다.

명태 머리만 따로 모아 판매한다.

놓치면 아까운 주변 여행지

알프스 리조트

알프스 리조트 내 스키장은 설악산 권역 내 유일한 스키장이면서 우리나라에서 가장 북쪽에 위치한 스키장이다. 적설량이 많은 데다가 기온도 다른 지역의 스키장보다 5도쯤 낮아 더 일찍부터 그리고 더 늦게까지 스키를 즐길 수 있다. 콘도와 스키장 외에도 36홀 규모의 골프장이 있지만 지금은 휴장 중이며 곧 대규모 워터파크까지 갖춰 재개장할 예정이다. 문의: 033-681-5030.

백담사

만해 한용운이 적을 두었던 유서 깊은 사찰이자 전직 대통령이 은둔했던 곳으로도 유명하다. 계절을 가리지 않고 많은 등산객들과 불자들이 찾는 명소로, 수심교 밑을 흐르는 맑은 물과 중생들의 소박한 소망이 담긴 돌탑들도 정겹다. 셔틀버스는 20분 간격으로 운행되며 편도 요금은 2,000원이다. 겨울철에는 사고의 위험 때문에 운행을 하지 않는다. 문의: 설악산국립공원사무소 백담분소 033-462-2554.

소양호 빙어 낚시

인제군 남면 부평리는 빙어 낚시터로 유명하다. 소양호가 얼어붙으면 전국의 강태공들이 몰려든다. 빙어낚시는 '꽝'이 없다. 구더기를 미끼로 낚시바늘을 드리우면 줄줄이 올라오는 것이 빙어다. 초보자들도 신명난 겨울 추억을 만들 수 있는 곳이다. 소양호변에는 빙어회, 빙어튀김 같은 빙어 요리를 맛볼 수 있는 곳이 많고 1월말을 전후로 인제빙어축제가 열리기도 한다.

문의: 인제군문화재단 033-461-0377.

🌼 추천일정

첫째날 용대리 도착 → 점심식사 → 황태덕장 → 마을 구경(용더 전망대, 매바위 폭포, 쇼핑 등) → 저녁식사 → 숙박

둘째날 연계 관광지(설악산, 백담사, 소양호 등)

황태덕장 여행은 눈이 많이 오는 겨울에 해야 하므로 안전운행에 신경을 깊이 써야 한다. 진부령, 미시령 길도 자주 통제되기 때문에 속초로 넘어갈 경우엔 체인 같은 안전 장비가 꼭 필요하다. 눈길 운전에 자신이 없다면 대중교통을 이용하는 것도 방법이다. 조금 불편할지 모르지만 오히려 낭만적이고 여유로운 여행을 즐길 수 있다.

🚗 찾아가는 길

자가용
서울 — 양평 — 홍천 — 인제 — 원통 — 한계 삼거리(민예 단지 삼거리) — 용대리
황태덕장은 백담사입구 매표소와 용대 전망대 사이 오른쪽에 밀집되어 있다.

대중교통
서울이나 기타 도시에서 인제나 원통 또는 홍천까지 접근한다. 그곳에서 백담사 입구(용대리)가는 버스 승차. 홍천터미널(033-432-7893), 인제터미널(033-463-2847), 원통터미널(033-461-3070), 백담사입구터미널(033-462-5817).

🏠 추천업소

▶ 용대 전망대 바로 앞에 마을에서 직영하는 녹색펜션(010-3375-7790)이 있다. 물가에펜션(033-463-6951), 엑소더스펜션(033-463-8948) 등도 있으며 여름과 가을엔 용대리자연휴양림(033-462-5031)도 추천할 만하다. 민박도 펜션 못지않게 편하다. 대청봉막국수민박(033-462-0795).

▶ 대청봉막국수(033-462-0795)는 막국수 외에 황태구이, 황태국 등 다양한 메뉴를 내놓고 있는데 자연산 산나물 밑반찬도 훌륭하다. 진미식당(황태, 033-462-4860), 다리골식당(황태, 033-462-9366), 매봉송어횟집(송어회·매운탕, 033-462-6543).

▶ 전임 이장이기도 한 최용진 씨가 대표를 맡고 있는 용대황태유통(033-462-4551)을 통해 덕장 구경과 황태 구입이 가능하다. 여러 가지 체험 프로그램도 운영할 계획이라고 한다. 용대삼거리의 황태촌(033-432-5855)에서도 여러 가지 마을 특산물을 구입할 수 있다.

겨울 갯벌에서 캐낸 쫄깃한 맛,

순천만 꼬막마을

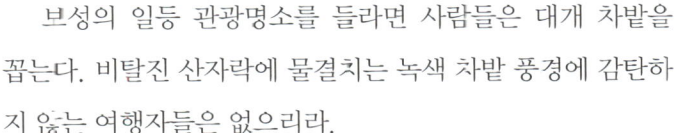

전라남도 보성군 벌교읍 장암리 대룡마을

보성의 일등 관광명소를 들라면 사람들은 대개 차밭을 꼽는다. 비탈진 산자락에 물결치는 녹색 차밭 풍경에 감탄하지 않는 여행자들은 없으리라.

보성은 판소리의 고장이기도 하다. 정응민이라는 불세출의 명창이 나서 활동한 곳이고 아직도 많은 명창들이 '산공부'라는 이름으로 성지 순례를 오는 곳이다.

소설 《태백산맥》의 무대로 유명한 벌교도 보성 땅이다. 벌교는 꼬막도 유명한데, 특히 여자만(汝自灣)의 드넓은 갯벌을 보듬고 있는 장암리는 대표적인 꼬막 생산지이다. 이곳에서는 옛날부터 '꼬막 맛이 변하면 죽을 날이 가깝다'는 말이 있었을 정도로 꼬막의 별미를 높이 쳤다. 한입 가득 들어오는 쫄깃하고 고소한 꼬막의 맛을 떠올리며, 가장 꼬막을 많이 캐낸다는 장암리, 그 중에서도 대룡마을을 찾았다.

여자만을 누비는 여자들

꼬막 최대 생산지라는 '장암리'는 크게 세 개의 자연부락으로 나뉘어져 있다. 상장, 하장 그리고 대룡마을이다. 대룡마을에는 '옷나루선착장'으로도 통하는 상진항(上津港)이 있는데 꼬막 조업의 출발지이기도 하다.

오전 10시. 상진항이 분주해지기 시작했다. 꼬막 캐기는 물이 빠진 갯벌에서 하는 작업이기 때문에 조업 시각도 매번 물때 따라 달라진다. 이날은 오후 3시가 간조(가장 물이 많이 빠짐)여서 늦어도 11시에는 출발을 해야 한다. 조업은 동력이 없는 바지선과 이를 끌고 갈 예인선이 한 조가 되어 나간다. 물이 빠지기 시작하면 바지선이 움직일 수 없기 때문에 물이 빠지기 전에 상진항을 출발해야 한다.

바지선과 예인선에 탄 사람들을 '들머리'라고 하는데 이날은 남자 6명, 여자 2명이 참여했다. 이들은 익숙한 손놀림으로 먹을거리와 마실 물을 바지선에 실었고, 바지선은 작은 어선에 이끌려 바다로 나갔다. 20여평 정도의 크기인 바지선에는 잡은 꼬막을 즉석에서 선별하는 선별기와 하역작업에 쓰일 컨베이어 시스템이 갖추어져 있고 2평 남짓의 작은 휴게실도 있었다. 심지어 칸막이 없는 작은 좌변기도 있다.

상진항에서 3~5㎞ 정도 나가면 20여 가구가 모여 사는 '해도'라는 섬이 나오는데, 바지선은 이곳 바로 앞에 닻을 내렸다. 이제 물이 충분히 빠질 때까지 기다리기만 하면 된다. 기다리는 동안 선별기를 점검하는 등 본격적인 조업채비를 하고 점심을 먹는다. 꼬막을 캘 아낙들의 새참도 준비한다.

바로 이 순간, 마을 아낙들이 '고막널(갯벌에서 쉽게 이동할 수 있고 잡은 꼬

1. 대롱마을은 여자만 갯벌에서 4~5년생 참꼬막만을 채취한다.
2. 알이 굵은 장암리 참꼬막
3. 작업중 틈틈이 술과 국을 마시면서 추위와 고통을 던다.

막을 실을 수 있도록 고안된 도구. 마을에선 꼬막을 '고막'이라고 부른다)'을 타고 갯벌로 들어오기 전까지의 바로 이 순간이 하루 중 가장 한가로운 시간이다. 종이컵에 담긴 커피가 오가고 뱃사람들 특유의 육두문자 섞인 수다가 더해지면서 긴장을 풀고 무료함도 달랜다. 성(性)스런 이야기가 거침없이 오고가지만 천박하거나 야하다는 느낌이 전혀 없다. 한바탕 크게 웃고 나니 물이 적당히 빠지고 드디어 육지에서 아낙들이 고막널을 타고 들어온다. 50명도 넘는 아낙들이 하나둘 갯벌에 미끄러지듯 들어오는 모습은 실로 장관이다. 마치 영화 〈007 시리즈〉의 한 장면 같기도 하고 전쟁영화 속 특공대의 침투 장면 같기도 하다. 물론 '큐'사인을 내린 감독은 물 빠진 갯벌이다.

그녀들은 널에 한쪽 무릎을 대고 남은 발로 갯벌을 밀어 이동을 하면서 특별히 고안된 '고막 기계'라는 연장으로 꼬막을 잡는다. 남자들도 벅찰 정도로 힘든 일이다. 이런 고된 노동에 무릎은 무릎대로, 어깨는 어깨대로, 허리는 허리대로 '삐그덕'이다. 아무리 무쇠팔 무쇠다리라 할지라도 배겨낼 재간이 없다. 작업은 4시간 가까이 이어진다. 작업 틈틈이 바지선으로 다가와 뜨끈한 국과 술, 물로 추위와 갈증을 달래지만 얼굴은 벌겋게 얼고 손은 퉁퉁 붓고 만다.

그녀들이 힘겹게 밀고 다니는 고막널에는 꼬막만 실려 있는 것이 아니다. 이토록 고된 노동을 버틸 수 있는 것은 그녀들의 자식, 손자에게 힘이 되어 주고 싶다는 간절한 마음일 것이다.

벌교의 힘, 꼬막

이날 상진어촌계에서 잡은 꼬막은 참꼬막인데, 20kg짜리 깡(망)으로 238깡에 이른다. 2009년도에는 140ha에 달하는 마을 갯벌에서 꼬막관으로 4억 매출을 올렸다고 한다. 그러나 갈수록 수확량이 줄어 걱정이라는 게 주민들의 이구동성이다. 옛날에 많이 잡을 땐 하루에 1,000깡까지도 잡았단다. 수확량이 줄면서 주민들 모두 위기감을 느끼고 있다. 그도 그럴 수밖에 없는 것이 마을에서 잡는 참꼬막은 새꼬막과 달리 인공종패를 뿌리지 않는 100% 자연산이라 갯벌이 허락해주는 것만큼만 잡을 수 있기 때문이다.

이날 조금밖에 못 잡았다는 꼬막도 여행객 시각에서 보면 대단한 양이다. 종패를 뿌리지도 않은 갯벌에서 매일같이 이렇게 많은 꼬막을 잡는다는 것은 갯벌의 무한한 생산성, 갯벌 생태계의 건강함을 말해주는 것이다. 더군다나 마을에서 잡은 꼬막은 대부분 4~5년 이상 된 것들이다.

"인자, 제일 좋은 첫째 조건은 토질에 있다고 생각하는데, 강진이나 장흥 저쪽으로는 뻘에 모래가 섞였는디, 여자만 이쪽은 뻘이 좋다봉께 꼬막이 다른 데보다 월등히 좋소."

상진어촌계 김종오(54) 계장은 벌교 꼬막의 명성이 질 좋은 갯벌과 지형적 요인에 있다고 설명한다. 갯벌은 강의 퇴적물이 하구에 쌓이면서 형성되거나 바다의 부유물이 경사가 완만한 해안가에 쌓이면서 형성되는 경우가 일반적이다. 고흥반도와 여수반도 사이에 위치한 여자만은 후자의 성격이 강하다. 북쪽에 순천시가 있어서 순천만으로도 부르는데 요즘엔 '여자도(汝自島)'란 섬 이름에서 따온 여자만보다 순천만이라는 이름이 더 일반적인 호

바지선 선별작업은 해가 지도록 끝날 줄을 모른다.

칭이 되었다. 순천만은 '람사르 습지'로도 지정되어 보호받고 있으니 국제적으로도 그 가치를 인정받은 셈이다.

"옛날부터 벌교에선 주먹 자랑 말라고 한다던데 몸에 좋은 꼬막을 많이 먹어서 그런가요?"

웃음 섞인 농을 건넸더니 뜻밖의 대답이 돌아왔다.

"명절이나 되어야 먹지, 주민들이라고 막 먹는 거 아녀요."

어촌계 중심으로 철저한 공동작업으로 이루어지다보니 꼬막을 먹으려면 주민들도 사서 먹어야 하는데 워낙 비싸서 쉽게 먹을 수 없단 이야기다.

"그럼 꼬막 잡느라고 힘을 많이 써서 힘이 씨져부린 거 아니요오?"

객지 나그네의 어설픈 전라도 사투리에 주위는 웃음바다가 되었다. 이날 작업은 고흥과 보성 사이로 해가 떨어지는 저녁 6시 무렵이 되어서야 끝이 났다. 아낙들은 1km가 넘는 거리의 갯벌을 다시 널을 타고 돌아갔고 물이 충분히 들어와야 움직일 수 있는 바지선은 한 시간이나 더 지나서야 예인선에 끌려 상진항으로 돌아올 수 있었다.

상진항에서 기다리고 있던 유통업체의 7.5톤 대형트럭의 기사도 장암리 꼬막이 최고라며 엄지손가락을 치켜든다.

"여그 고막이 확실히 커요. 저쪽은 잔데. 장암리 고막 하면 최고 유명하지라!"

놓치면 아까운 주변 여행지

보성차밭

보성차밭의 관광 포인트는 크게 세 곳인데 첫 번째가 봇재를 넘기 전의 '대한다원'이다. 호젓한 삼나무길을 지나면 익숙한 풍경의 차밭이 펼쳐진다. 두 번째 포인트는 봇재 정상의 다향각 일대. 이곳은 산등성이의 차밭과 함께 영천저수지를 품은 마을, 그리고 아득히 바다까지 한눈에 들어오는 시원한 청량감이 압권이다. 차밭을 따라 야간 조명을 해 놓아 밤에도 녹차향기를 즐길 수 있다. 세 번째는 봇재를 넘어가서 만날 수 있는 회천면 회령리의 대한다원 제 2다원이다. 평지에 조성되었다. 문의: 대한다원 061-852-4540.

순천만 자연생태공원

순천만을 제대로 느끼려면 순천시로 접근을 해야 한다. 대대동에는 순천만 자연생태관이 있어서 방문객들의 이해를 돕고 있다. 이곳은 갯벌과 함께 장관을 이루는 갈대밭, 천연기념물 제228호로 지정된 흑두루미를 비롯한 많은 철새들을 살펴볼 수 있다. 특히, 갈대밭 산책로로 이어진 용산 전망대에서 내려다보는 경치가 압권이다. 'S라인'의 물길이 있는 순천만 갯벌과 갈대밭이 한눈에 들어오는 전망대에서 낙조라도 마주치게 되면 가슴이 아려와 쉽게 내려올 수가 없다. 문의: 순천만 자연생태관 061-749-3006.

정응민 예적지

봇재 넘어 회천면 영천리 도강마을에 명창 정응민이 살던 집과 그의 묘가 있다. 정응민은 동편제와 서편제를 아우르는 '보성소리'를 만든 주인공이다. 라디오 출연과 공연 등 대중과 함께한 당대의 다른 명창과 달리, 고향에서 농사지으면서 소리를 배우겠다고 찾아오는 후진들을 가르쳤다고 하니 참으로 소박한 예인의 삶이었다. 그의 제자들은 오늘날 중앙무대에서 가장 활발한 활동을 벌이고 있다. 성우향, 성창순, 조상현 등이 대표적이다. 도강마을 위로는 소리꾼들이 많이 찾는 득음폭포와 득음정이 있어 가볼 만하다.

순천 용산전망대에서 바라본 순천만

🌼 추천일정

첫째날 보성 진입 → 보성 차밭 → 점심식사 → 율포 해변 → 정응민 예적지 → 득음폭포 → 숙박

둘째날 벌교 진입 → 장암리 상진항 및 마을 구경 → 작업 구경(로즈베리가든 펜션 앞 해변가) → 벌교 읍내(《태백산맥》의 무대) → 순천만

꼬막채취는 찬바람이 불기 시작하는 10~11월에 시작되어 2~3월에 마무리된다. 여름은 산란기이기 때문에 맛도 없고 좋을 수도 없다. 꼬막을 맛보려면 벌교읍내로 나가야 한다. 장암리에는 꼬막 전문점이 없다. 관광객을 위한 편의시설도 없다. 문의 김종옥 어촌계장 011-640-5303, 이은곤 이장 010-3709-2775.

찾아가는 길

자가용
보성 — 순천(2번 국도) — 그흥, 나로도 방향으로 진출(843번 지방도로) — 벌교소·성병원 앞 통과 — 장암 3거리에서 장암리 방향으로 좌회전 — 상진항(다롱마을)

대중교통
벌교읍에서 '장암리' 들어가는 군내 버스가 하루 6회 운행된다.

🌴 추천업소

▶ 마을에 유일한 펜션인 로즈베리가든(061-857-5009)이 있다. 해변 끝자락에 있어서 꼬막작업을 볼 수 있다. 보성차밭 초입의 골망태펜션(011-666-6624)은 편안한 분위기와 주인장의 넉넉한 웃음에 호감이 가는 곳이다. 차밭 산책로도 펜션의 자랑거리다. 율포에는 다비치콘도(061-850-1111)가 있어 단체 숙박하기에 좋다.

▶ 꼬막 전문점으로는 벌고원조꼬막식당(061-857-7675), 외서댁꼬막나라(061-858-8330) 등이 있다.

보성다원 입구으 골망태 펜션

한국인의 힘! 장수발효식품의 대명사

순창 고추장마을

전라북도 순창군 순창읍 백산리 순창고추장전통민속마을

첫 해외여행은 중국의 '계림'이란 곳이었다. 주위 사람들은 초짜 해외여행객에게 저마다 가지고 있는 정보들을 하나씩 꺼내놓았는데, 그 중 빠지지 않는 말은 상비품으로 고추장을 챙겨가라는 것이었다. 중국 음식이 워낙 기름지기 때문에 한국사람 입맛에 안 맞는 경우가 많은데 이때 고추장이 최고의 활약을 한다는 것이다. 주위 충고대로 고추장을 챙겨 넣었고, 그 고추장은 정말 요긴하게 쓰였다.

들이켜보면 바람직한 여행은 아니었다. 진정한 여행은 현지의 문화를 함께 호흡하는 것이다. 음식도 예외가 될 수 없다. 맛은 물론이고 그 음식에 담긴 유래와 특성을 함께 섭취하야 진정한 여행의 참맛이 느껴지는 법이다. 결론적으로 그때 그 여행은 풍경만 탐한 반쪽짜리 여행이 되었지만, 난처한 상황에서 절대적인 활약을 펼친 고추장의 위력만큼은 인정하지 않을 수 없다. 고추장은 명실상부 한국인에게 힘을 주는 '매운맛'의 원천임이 틀림없다.

순창 고추장에는 특별함이 있다?

고추장이 순창에만 있는 건 아닌데, 어찌 고추장 앞에 당연스러운 듯 '순창'이 붙는가. 순창 여행은 이런 궁금증으로부터 출발했다.

순창 고추장의 명성은 조선 태조 이성계와의 인연으로 시작한다. 고려 말, 무학대사가 이성계를 왕위에 오르게 하려고 회문산의 한 절에서 기도를 올릴 때였다. 이성계가 무학대사를 만나러 왔다가 절 아래 어느 농가에서 식사를 대접 받게 되었다. 가난한 농가에서는 별다른 찬이 없어 고추장을 내놓았고 이성계는 그 고추장에 밥을 비벼 맛있게 먹었다고 한다. 훗날 왕위에 오른 이성계가 그 고추장 맛을 잊지 못하고 다시 찾으면서, 순창 고추장이 궁궐로 입성하게 되었다. 그때 무학대사가 머물며 이성계를 위해 기도하던 절이 바로 구림면 안정리에 있는 '만일사'인데, 사찰 경내에 그 사연이 적힌 비석이 남아 있다.

과연 순창 고추장엔 어떤 특별한 맛이 있는 것일까? 단지 나라님을 감동시켰다는 후광 덕이 아닐까? 여러 문헌에 순창 고추장이 단골로 등장하는 것을 보면 꼭 그렇지만은 않은 것 같다. 《수문사설》과 《규합총서》, 《해동죽지》 같은 고서에는 순창 고추장이 지역 특산품임을 밝히며 담금법까지 소개하고 있다.

예나 지금이나 고추장에 대한 순창의 애착은 대단하다. 1997년에는 순창읍 백산리에 순창고추장 민속마을을 조성하여 군내 산재해 있던 고추장업체를 집중시켰다. 그때 조성한 상가가 54가구. 치열한 경쟁을 통해 지금은 40여 곳이 살아남아 순창 고추장의 자존심을 지키고 있다. 이 마을엔 고추장

상가 뿐 아니라 군에서 설립한 순창장류 체험관과 순창장류 연구소, 순창장류 박물관까지 들어서 있어서 명실상부한 장류마을의 위용을 갖추고 있다.

관광객들이 가장 많이 들르는 곳은 순창장류체험관. 갖가지 고추장 체험 프로그램에 참여하기 위해서다. 고추장 만들기를 비롯해서 고추장을 이용한 음식 체험(불고기피자, 장떡 등), 인절미와 튀밥 만들어 먹기 같은 체험에 참여할 수 있다. 순창군에서 홍보를 목적으로 설립한 곳이라 10명만 넘으면 누구나 언제든지 체험을 즐길 수 있다. 2층과 3층은 깨끗한 숙박시설이 들어서 있어서 체험객들이 편리하게 이용할 수 있다.

순창고추장 민속마을은 치밀한 설계도를 바탕으로 조성한 민속마을답게 시원시원하게 뚫린 길과 웅장한 자태로 지어올린 현대식 한옥들로 웅장한 모습을 하고 있다. 예쁘게 꾸며 놓은 장독대와 메주를 매단 풍경을 보러 마을을 찾는 이들도 많다. 개별관광객들은 물론이고 관광버스로 이동하는 단체관광객들이 고추장과 간장, 된장 같은 장류와 장아찌 같은 절임류를 구매해 가는 순창 여행의 필수 코스다.

대를 잇는 명인의 손맛

순창고추장 민속마을, 중앙통에서는 잘 보이지 않는 이면도로에서 '문옥례할머니고추장' 간판을 찾아냈다. 순창고추장의 산 역사이자 전통식품의 명인(제36호)으로 지정된 문옥례(82) 씨가 운영하는 집이다. 현재 문 명인은 일선에서 은퇴하고 막내아들인 조종현 대표가 가업을 잇고 있다.

고추장 명인 문옥례 할머니

"우리 순창의 옛 이름 옥천(玉川)이라는 지명에서도 알 수 있듯이 예로부터 물이 좋았어요. 물만 좋은 게 아니라 공기도 맑고 연평균 기온과 습도, 안개 일수 등이 적정해서 발효에 좋은 자연환경을 가지고 있습니다. 그러니 전통적인 자연발효, 숙성이 다른 곳보다 훨씬 잘 되는 거지요. 게다가 여기 고추장은 모두 순창에서 나는 재료만 씁니다. '순창계약재배사업단'이 농민들하고 계약을 해서 재료를 수매하고 전 상가가 이 재료들을 사용합니다."

조 대표가 말하는 순창 고추장 맛의 비법이다. 기본적인 맛은 순창이 키우지만 세세한 맛은 간든 이의 손맛과 비전(秘傳)의 노하우에 따라 좌우된다. 문옥례 명인은 공장운영 전권을 조 대표에게 넘기긴 했지만 지금도 가끔 공장에 들러 일일이 관여를 한다고 한다.

조 대표 말에 따르면 '손바닥 훑쳐보듯이' 공장 일을 다 꿰차고 있다고 한다. 조 대표가 고추장에 뛰어든 지는 올해로 27년째이다.

"첨부터 맡고 싶었던 것은 아니고…… 학교를 바깥에서 다녔어요. 주말마다 방학마다 집에 내려와서 도와드렸지요. 고추궁뎅이도 따고 그러다가 대학 졸업하자마자 본격적으로 뛰어들었습니다. 어머니도 힘에 부쳐 하시고. 그때가 84년도였습니다. 지금은 '명인'에 걸맞는 제품을 만들어야 한다는 각오, 책임감, 의무감으로 일하고 있지요."

명인의 후계자로서 부담이 적지 않으리라 생각했는데 아니나 다를까 그 각오가 남다르다. 조 대표는 현재 '명품 고추장'을 개발 중에 있다. 옛 고서에 나오는 순창 고추장 담금법에는 전복, 홍합, 큰새우 같은 수산물이 등장하는데 여기에서 힌트를 얻어 '전복 고추장'을 개발하고 있단다. 명품 고추장 개발과 함께 조 대표가 꿈꾸고 있는 또 다른 계획 하나는 '고추장 체험관'을 건립하는 것. 어린이들이 장류를 가까이 할 수 있는 공간을 만들고 싶단다. 내친 김에 문옥례 명인을 만나보기로 했다. 조씨 집안에 시집와서 평생 고추장만 만들었다는 문옥례 명인은 순창 읍내에 있는 아담한 고택에 살고 있었다.

"여 집이가 옛날 옛날부터 고추장집이여. 아들까지 7대째요. 옛날에 저 뒷산도 그렇고 여그가 다 우리 땅이었어요. 삼천 석을 받았어요. 고추 꼭대기를 딸 때면 여기서 덕석을 저 끄터리까지 피면은 하인들까냥 고추 꼭대기를 다 따야 돼요. 저녁이면 잠은 오구 모구는 뜯고. 부잣집이 좋은 거 아녀."

출가 전에도 큰집에서 살다보니 고추장을 많이 담갔는데 고추장 유명한 집으로 시집오는 바람에 고추장을 평생 담게 되었단다. 지금은 일선에서 물러났는데 아들이 잘 꾸려나가는 것 같냐고 물었다.

"맛도 더 잘하고 짐치(김치)도 더 잘 담아 먹고 더 잘해요. 잘합니다. 우리서부터 배운 것을 눈으로 보고 자꾸 시키고 갈친 게로 더 잘합니다."

민속마을에서 조 대표는 "명인에 맞게끄롬 어머니 이름 세 글자를 지켜야지요!"하며 비장한 각오를 내비친 적이 있었다. 아들은 어머니의 이름 석 자를 지키겠다고 하고, 어머니는 아들에게 힘을 실어 주려는 듯 무한 신뢰를 보낸다. 명예와 장인정신을 지키려는 모자에게서 우리 전통 장류의 밝은 미래가 보이는 것 같다. 문득 매운 고추장을 넣고 비빈 보리밥 한 그릇이 간절하다.

놓치면 아까운 주변 여행지

안정마을 · 만일사

순창에는 고추장마을이 하나 더 있다. 회문산 자락에 자리한 구림면의 안정리가 그곳인데, 흔히 고추장 유래지로 통하는 마을이다. 고추장 만들기와 메주 만들기, 우리콩 두부 만들기 등의 체험 프로그램을 즐길 수 있다. 숙박시설도 잘 갖추어져 있다. 마을에 있는 만일사는 백제 무왕(600~641) 때 처음 건립된 고찰로, 경내에 고추장의 유래를 알리는 비석이 있다. 문의: 063-653-5522.

1. 순창장류 체험관에서 장떡을 만들며 즐거워하는 어린이와 아버지
2. 순창고추장. 순창의 재료로만 만든다.

회문산 자연휴양림

구림면 안정리 입구에 있는 회문산 자연휴양림은 계곡과 숲 등의 청정자연을 만끽할 수 있는 조용한 휴양림이다. 회문산은 역사적으로 많은 사건이 일어난 현장이기도 하다. 일제강점기에는 면암 최익현 등이 무장 항일운동을 벌였던 곳이고 한국전쟁 전후에는 빨치산의 근거지로 700여 명의 빨치산이 주둔했다. 빨치산 간부들의 훈련장이 있던 곳은 지금 삼림욕장이 됐다. 문의: 063-653-4779.

강천산

순창의 대표명소이자 전국 최초의 군립공원이다. 높이 120m에 달하는 구장군폭포와 가로 너비가 15m에 달하는 병풍폭포, 길이 75m에 달하는 구름다리는 강천산의 명물이다. 구장군폭포에는 마한시대에 죽기를 각오하고 싸웠다는 아홉 장수의 전설이 전해진다. 문의: 063-650-1672.

장덕사

순창읍 장덕리 장덕산 중턱에 자리한 비교적 알려지지 않은 작은 사찰이다. 법당 뒤 계단을 걸어 올라가면 장덕산의 화강암을 깎아 조성한 불상들이 있는데, 이것이 볼 만하다. 그 중 마애반가지장보살상은 높이 16m에 이르고 마애열반상은 길이가 12m나 된다. 오래된 문화재는 아니지만 조각수법이 섬세하고 입체감이 뛰어나 불자가 아니더라도 감탄이 절로 나온다. 문의: 063-653-1525.

김세종 생가

서편제의 시조 박유전과 동편제 시조중 한 명인 김세종이 태어났으니 순창은 동편과 서편을 모두 아우르는 판소리의 성지인 셈이다. 뿐만 아니라 장편개 명창과 장자백 명창도 순창에서 태어났다. '별들의 고향'이라 부를 만하다. 그중 김세종 생가만 건물이 남아 있고 사람도 살고 있다. 4곳 모두 무관심 속에 방치되고 있어 '별들의 고향'을 몰라주는 관계자들이 아쉽기만 하다.

마애반가지장보살상

강천산은 인공폭포가 좋다.
아홉 장수의 전설이 전해지는 구장군 폭포

🌼 추천일정

첫째날 순창 진입 → 순창·고추장전통민속마을 진입 → 장류 체험관 체험 프로그램 참여(1시간 30분 소요) → 점심식사 → 고추장 민속마을 관람 → 장류 박물관 관람 → 만일사, 안정리 → 숙박

둘째날 강천산 관광

장류 체험관에서만 체험프로그램이 진행된다. 나머지 고추장집들은 구경과 시식 구입만 할 수 있다. 고추장 관련 체험은 안정리의 '고추장 익는 마을'에서도 가능하다. 문의: 순창장류체험관 063-650-1565, 문옥례 할머니고추장 063-653-2373.

찾아가는 길

자가용
호남고속도로 서전주 나들목 진출 — 남원 방향 — 순창 방면 27번 국도 — 순창 고추장민속마을

대중교통
센트럴터미널에서 순창터미널까지 1일 5회 버스 운행. 순창터미널에서 팔덕 방면 버스(1일 18회 운행)로 환승, 백산마을 하차. 순창고추장민속마을까지 도보로 이동. 터미널에서 택시를 타면 4,000원을 받는다.

🛒 추천업소

▶ 마을의 장류체험관에 있는 본가(063-653-8097)라는 식당이 추천할 만하다. 마을에서 '장본가 전통식품'으로 영업 중인 고추장집에서 순창군으로부터 위탁받아 운영하는 식당인데 고추장을 담그는 손맛과 정성으로 음식을 조리한다. 순창 장터는 전통순대로 유명하다. 연다라집(063-653-3432)이 대표적인데 순대국에 부추와 콩나물, 들깨가루를 듬뿍 넣어 먹으면 순창의 토속적인 정취가 입 안 가득 들어온다. 새집식당(불고기 정식, 063-653-2271), 민속집(한정식 063-653-8880)도 유명하다.

▶ 큐모텔(063-653-7800)은 가장 최근에 생겨 시설이 깨끗하다. 영빈장여관(063-653-6060)은 객실이 많다. 안정리 '고추장 익는 마을'에서 직영하는 마을 숙소(063-653-5522)는 계곡이 바로 앞이고 산촌의 경치가 좋다.

손맛이 남아 있는 옛 과자를 찾아서
사천 한과마을

강원도 강릉시 사천면 노동리, 석교리

새로운 것이 항상 좋은 것은 아니다. 먹을거리도 예외는 아니라서, 요즘 나오는 먹을거리들에, 대량생산과 장기보존, 더 화려한 모양을 위해 갖가지 화학첨가물을 집어넣는다는 것은 이미 널리 알려진 사실이다. 화려한 맛과 모양으로 혀와 눈만 유혹할 줄 알았지 몸까지 헤아리진 못하는 것이다. 옛날부터 먹어 온 먹을거리들은 다르다. 자연에서 거둔 재료를 천천히, 정성을 들여 만든 슬로푸드가 대부분이다. '과줄' 또는 '과즐'이라고 불리는 전통한과가 그 좋은 예다.

사천에서는 예로부터 과줄을 즐겨 먹었다고 한다. 사천 아낙들은 과줄을 만들어 장날 가지고 나가 팔기도 했는데 맛이 좋아 입소문이 났고 사람들은 자연스레 '사천 과줄'을 기억하게 되었다. 그렇게 한 집 두 집 과줄을 만들어 팔면서 자리를 잡은 것이 지금의 강릉시 사천면 노동리와 석교리에 형성된 '사천 한과마을'이다.

눈에 보이는 건물은 모두 한과 공장

사천한과마을을 지칭하는 말은 여럿 있다. 예전엔 노동리의 옛 지명을 따 '갈골한과마을'이라고 하였으나 갈골한과를 상호로 쓰는 업체가 있어 혼돈을 피하기 위해 요즘은 '모래내(沙川) 한과마을'이라고도 한다. 그냥 편하게 '사천한과마을'이라고 부르는 사람들도 많다.

마을로 접어드니 사방에 서 있는 한과공장 간판과 한과업체의 알림판들이 한눈에도 이곳이 한과의 메카임을 알려주고 있었다. 양 옆에 즐비한 한과공장을 지나서 위로 더 올라가니 갈골한과체험관이 나온다. 3~4년 전 이곳에서 한과 만들기 체험을 했던 경험이 있다.

서울에서 온 80여 명의 관광객들이 체험에 참여했다. 체험은 한과에 대한 설명을 먼저 들은 후, 산자 바탕을 튀겨서 거기에 튀밥을 묻혀 한과를 완성시키는 것으로 진행되었다. 서툰 도시 사람들의 솜씨로 만든 작품이 오죽할까. 튀밥이 고르게 묻지 않아 울퉁불퉁하고, 조청이 흘러 끈적끈적 손에 달라붙는 못난이 한과가 만들어졌다. 그래도 사서 먹는 한과와는 비교할 수 없는 맛이었다. 체험객들은 명절이나 제사 때 같은 특별한 경우에나 먹는 한과를 직접 만들어 먹어보면서 아주 즐거워했다.

요즘 먹을거리들이 너무 자극적인 것도 문제지만, 옛날 먹을거리들이 요즘 사람들의 다양하고 변덕스런 입맛을 따라오지 못하는 것도 사실이다. 그러다보니 우리 전통 먹을거리들이 점차 외면당하는 것 같아 안타까웠는데, 한과만큼은 예외다. 담백하면서도 달콤한 맛과 아름다운 색과 모양으로 남녀노소의 입맛과 눈을 사로잡는다.

사천 과줄만의 특별함

한과마을에서도 가장 먼저 생긴, 원조로 통하는 업체는 석교리의 갈골한과다. 전통식품 명인으로 지정된 최봉석 대표는 3대째 한과를 만들어 오고 있다. 16대째 500년 동안 갈골마을에 살고 있는 강릉 최씨 노동파의 장손이니 그 비전의 한과 맛이 어떨지 능히 짐작이 간다.

오래된 집이 있는가 하면 역사가 짧은 곳도 있다. 같은 마을의 교산한과는 강릉이 낳은 천재 문호 허균의 호에서 이름을 땄다는데, 비교적 젊은 한과로 통한다. 대부분의 한과업체들이 공장 형태를 하고 있는데 반해 교산한과는 관광객들이 쉽게 구경할 수 있게 매장을 예쁘게 꾸며 놓았다. 문을 밀고 들어갔더니 젊은 여주인이 반갑게 맞이한다.

김영숙(43) 대표에게 사천과줄만의 자랑을 물었다. 다른 지역의 한과와 가장 큰 차이점은 '발효 과정'을 거친다는 것이다. 찹쌀을 깨끗하게 씻어 물에 15~30일 동안 넣어 두면 발효가 되는데 이것이 사천과줄 맛의 핵심이다. 물론 발효기간은 업체에 따라 조금씩 다르다.

"어른들이 늘 말씀하시더라고요. 발효에서 과줄이 나오기까지가 살아 있는 생물과 같아서 아주 정성껏 잘 다루어야 한다고요. 이렇게 발효 과정을 거친 한과는 다른 한과와 달리 그 속이 눈 쌓인 것처럼 꽉 차 있고 씹을 때 사각사각 소리가 나요. 맛도 아주 부드러워요."

김 대표가 밝히는 사천과줄 만드는 과정은 간단한 것처럼 보이면서도 아주 까다로웠다. 발효 과정을 거친 찹쌀을 건져서 찐 다음에 썰어 말리면 '바탕'이 된다. 이 바탕을 보관해 두었다가 주문이 오면 바탕을 꺼내 튀긴 후 조청을 묻혀서 '옷(튀밥)'을 입히면 사천과줄이 완성되는 것이다. 교산한과의 경우 찹쌀을 발효시켜 바탕을 만드는 데까지 40일이 걸린다고 한다.

또 다른 특징으로 콩물을 조금 넣는 것 외에는 일체의 첨가물을 넣지 않는다는 것이다. 다른 한과들은 술이나 설탕을 넣는 경우가 대부분이다. 그래서 다른 지역에서 사천 한과마을로 벤치마킹하러 오는 사례가 많단다.

한과의 맛은 숙성 기간과 바탕의 건조 상태, 조청의 맛에 의해서 판가름 난다. 교산한과에서는 물엿이 아닌 재래식 조청을 사용한다고 귀띔해준다. 조청은 물엿과 달리 너무 달지 않을 뿐더러 이에도 붙지 않는다. 그리고 몸에도 더 좋다. 김 대표는 본인이 직접 농사지은 멥쌀을 튀밥으로 사용하고 있는데 최근에는 찹쌀 종자까지 확보하여 바탕의 재료가 되는 찹쌀도 내년부터는 직접 짓겠다고 포부를 밝힌다.

그녀가 생각하는 한과의 미래는 의외로 밝다. 명절이 아닌 비수기 때에는 이바지와 행사용으로 팔리는 게 대부분이었는데, 이제는 외국으로 여행

1. 눈기 쌓인 것처럼 속이 꽉 찬 사천과줄 2. 사천과줄 3. 튀긴 바탕이 조청을 입힌다.
4. 갈골한과체험전시관에서 한과 체험을 하고 있는 어린이들 5. 교산한과 김영숙 대표

가는 사람들이 선물용으로 구입하거나, 우리나라로 여행을 왔던 외국인들(특히 일본인들)의 주문이 많아졌다고 한다. 그래서 견과류를 넣은 한과도 개발하고 있다. 호텔에 국빈들 디저트용으로 납품해 본 경험을 바탕으로 외국인들을 겨냥한 신제품을 더욱 많이 개발할 계획이란다.

한과는 어떤 옷을 입히느냐에 따라 다양한 맛이 나온다. 가장 일반적인 쌀 튀밥 외에도 깨, 흑임자, 황차조, 백년초, 녹차 등으로 옷을 입히기도 하는데 맛뿐 아니라 색깔도 다채로워서 보기만 해도 군침이 돈다. 색소를 비롯한 화학 첨가물로 범벅을 한 공장 과자와 달리 한과는 농부의 땀방울이 거두어들인 곡물로 멋과 맛을 내는 것이다. 자연에서 온 것으로 가장 자연스럽게 만든 자랑스러운 우리의 전통 먹을거리다.

놓치면 아까운 주변 여행지

하슬라아트월드의 야경

하슬라아트월드

고구려 시대 강릉의 옛 이름에서 따온 복합문화예술공원으로, 정동진 해변가 언덕 위에 자리하고 있다. 자연의 훼손을 최소화하여 조성하였는데 소나무 광장, 시간의 광장, 놀이정원, 바다정원, 하늘전망대 등으로 오밀조밀 구성되었다. 예술체험 프로그램이 상시 운영되고 있으며, 이색

조형물이 있는 바다카페 앞에서는 공연 이벤트도 자주 열린다. 최근에는 예술작품을 연상시키는 호텔도 오픈했다. 문의: 033-644-9411.

강릉 단오제와 학마을

강릉단오제는 유네스코 세계무형유산으로 선정되어 세계인이 즐기는 축제가 되었다. 제례와 단오굿, 관노가면극 같은 놀이판, 난장 등으로 구성되어 있으며 음력 4월 5일의 신주(神酒) 빚기부터 시작하여 한 달 이상 진행되는 축제다. 강릉단오제에서 모시는 대관령성황신은 범일국사(810~889)인데 구정면 학산리 학마을에 범일국사 탄생설화가 전해지고 있다. 이 마을에는 탄생설화가 깃든 석천우물과 학바위가 남아 있고 높이 5.4m에 이르는 거대한 당간지주도 굴산사지에 남아 있어 볼 만하다. 문의: 강릉단오제보존회 033-643-1301, 학마을 033-647-9013.

강릉단오제 공연 모습

정동진·통일공원

시간이 지나도 꾸준한 사랑을 받고 있는 일출명소다. 모래시계공원에 비해 발길이 덜하긴 하지만 정동진역 위에 있는 통일공원도 추천할 만하다. 문

의: 033-640-4470.

허균과 허난설헌의 생가터 · 선교장

초당동에는 최초의 한글소설인 《홍길동전》을 지은 허균과 시대를 풍미한 여류 문인이자 그의 누이인 허난설헌이 살았던 집터와 기념관이 있다. 선교장은 조선 말기 사대부가의 전형적인 저택으로 동별당, 열화당, 활래정 등으로 구성되어 있으며 전통적인 멋이 물씬 풍기나 영화나 드라마의 촬영지로 많이 소개되었다. 문의: 선교장 033-648-5303.

오죽헌

율곡 이이 선생과 신사임당이 태어난 곳이다. 오죽헌은 집 주위에 검은 대나무가 많다고 하여 붙여진 이름이다. 바로 옆에는 시립박물관이 있어서 어린이들의 현장 체험학습 명소로도 인기가 높다. 문의: 033-640-4457.

오죽헌

추천일정

첫째날 강릉 진입 → 사천 과줄마을 → 주문진항(점심식사) → 오죽헌, 선교장 → 허균, 허난설헌 생가터 → 경포호 → 저녁식사 → 숙박

둘째날 일출 감상(정동진 등) → 하슬라아트월드 → 통일공원 → 학마을 → 테라로사 커피공장

갈골한과체험관(033-647-5830)은 단체에 한해 운영이 된다. 갈골한과(최봉석 명인, 033-641-8200), 교산한과(김영숙 대표, 033-644-0237), 사천한과(033-647-5832), 경동한과(033-647-6421), 옛날한과(033-647-5835), 할머니한과(033-647-5770) 등이 대표업소들이다.

찾아가는 길

자가용
영동고속도로 - 강릉 분기점에서 속초 방향 동해고속도로 - 북강릉 나들목 진출(우회전) - 사천면, 운전면허시험장 방향 - 한과마을

대중교통
동서울터미널에서 강릉까지 시외버스 수시 운행. 강릉시외버스터미널(033-343-6092)에서 308번 시내버스로 환승(평일 기준 일 14 차례 운행). 302번을 타고 석교리 입구에서 내려도 됨.

추천업소

▶ 석교리 한과마을 입구에 래미안관광펜션(033-642-5955)이 있다. 하슬라아트월드(033-644-9411)에 최근 개관한 뮤지엄호텔은 '예술에 눕는다'라는 컨셉 아래 예술작품 같은 침대와 인테리어 소품으로 객실을 꾸몄다. 경포해수욕장 인근에는 중저가 호텔과 모텔이 여럿 있다. 그 중 MGM호텔(033-644-2559)은 해수탕이 좋다. 선교장(033-648-5303)에서는 한옥숙박이 가능하다.

▶ 영진항의 영진횟집(033-662-7979)은 곁들이 음식도 회 중심으로 나오는 게 특징이다. 난곡동 서지초가뜰(033-646-4430)에서는 창녕 조씨 종가댁의 전통음식을 맛볼 수 있다. 초당동은 순두부가 유명한데 초당할머니순두부(033-652-2058)가 대표적이다. 학마을 위 어딘레에는 커피공장을 겸한 커피숍 테라로사(033-648-2760)가 있다.

3장

다이내믹 코리아!
체험이 있는 마을

조개밭 갯벌과 소금밭 염전이 있는 어촌체험, **만돌마을**
아기자기한 신명이 있는 새재 과것길, **즈령산 체험마을**
탈탈탈 시골택시와 찰방찰방 물놀이, **보릿고개마을**
입맛, 손맛이 즐거운 오징어 체험, **장사동어촌체험마을**
두루미와 독수리가 있는 탐조여행, **민통선 철새마을**
산촌에서 즐기는 다이내믹 레포츠 세상, **계룡산레포츠체험마을**

조개밭 갯벌과 소금밭 염전이 있는 어촌체험
만돌마을
전라북도 고창군 심원면 만돌리

《택리지》를 쓴 이중환은 전라북도에 그리 후한 점수를 주지 않았다. 지금의 정읍에 해당되는 태인, 고부는 물론이고 부안과 고창 일대의 허안 지방이 사람이 살 만한 곳이 못된다고 한 것이다. 그나마 흥덕의 장지(동림저수지) 아래는 땅이 기름지고 경치가 좋아 잘 가린 터를 잡으면 살만하다 했을 정도이니 정읍이나 부안, 고창 사람들이 들으면 참으로 섭섭해 할 소리다.

그러나 요즘은 어떤가. 정읍, 부안, 고창은 전북의 관광 1번지다. 변산반도 국립공원, 내장산 국립공원도 있고 국립공원 못지않은 선운산 도립공원도 있다. 봄 동백, 가을 단풍, 여름 바다, 겨울엔 눈도 많이 내려 설경 또한 빼어나다. 무엇 하나 빠지지 않는다. 어디 관광 자원뿐인가. 고창만 해도 복분자, 풍천장어, 수박 같은 특산물이 있으니 나라 안 사람들이 모두 인정할 만큼 최고 품질을 자랑한다. 교통은 또 어떠한가. 교통의 요지인지를 가늠하는 잣대인 고속도로 나들목이 셋(서해안고속도로의 선운산과 고창, 고창—담양 고속도로의 남고창)이나 있는 곳이 고창이다.

　고창엔 인물도 많다. 녹두장군 전봉준이 고창이요, 한국의 셰익스피어라 할 판소리 이론가 동리 신재효가 고창이다. 인촌 김성수, 미당 서정주도 빼놓을 수 없는 고창 사람이다. 이중환이 살아 있었다면 《택리지》 개정판이라도 내야 면목이 서지 않을까 싶다. 고창은 소리꾼의 고장이기도 하다. 우리나라 최초의 여류명창인 진채선의 고향이 고창이요, 1995년에 타계한 만정 김소희도 고창 출신의 명창이다. 마침 여행의 목적지로 잡은 고창군 심원면은 바로 명창 진채선이 태어난 곳이라 더 발걸음이 흥겹다.

명창의 고향 심원

　심원면 월산리에서 진채선의 흔적을 찾기는 쉽지 않다. 집은 사라져 버리고 지금은 터만 남아 있다. 명창이 태어난 동네이니 하다못해 판소리를 체험할 수 있는 곳 정도는 있을 법도 한데 달랑 안내 표지판 하나만 서 있어서 몹시 안타까웠다. 대신 장어요리 전문점만 즐비하다. 여기에서는 '셀프장어집'으로 통하는 곳들인데 주로 지역 주민들이 찾는 식당이다. 외지 관광객들은 셀프장어집의 존재를 잘 모르기 때문에 선운산 입구의 '장어정식집'을 주로 이용한다. 두 곳의 차이를 한마디로 정리하면 셀프장어집이 장어를 더 싸게 많이 먹을 수 있다는 것.

　심원면의 해안가 마을인 만돌마을은 칠산바다를 앞으로 안고 선운산을 뒤로 업고 있다. 산과 바다를 둘 다 가진 심원면이야말로 고창에서도 가장 복 받은 동네일 듯싶다. 이곳에서 진채선은 어민들의 안전과 풍어를 기원해주는 바닷가 세습무의 딸로 태어났다. 심원면의 아름다운 산과 바다의 기상이 아마도 명창을 키워내지 않았을까. 심원면 면소재지에서 선운산을 올라가면 뒤로 오르는 섬이라 별도의 입장료를 내지 않는다. 이런 사정을 아는 등산객들은 심원면에서 선운산 등반을 시작해 반대편 선운사 방향으로 내려가기도 한다.

맨발에 동죽이 밟히는 고운 진흙 갯벌

만돌어촌체험마을로 통하는 만돌리는 월산리와 동호해수욕장으로 유명한 동호리 사이에 있다. 마을을 방문하면 반듯한 방문자센터가 관광객들을 맞이한다. 이곳에서 갯벌체험장까지는 갯벌버스를 타고 나가야 한다. 만돌리 주민들은 경운기에게는 갯벌택시, 트랙터에게는 갯벌버스라는 애교스러운 별명을 붙여 주었다. 서해안답게 조수간만의 차가 매우 큰 만돌마을은 물이 조금만 빠져도 지평선이 보일 만큼 넓은 갯벌이 드러난다. 갯벌체험장까지 걸어가기엔 너무 먼 거리라 갯벌택시, 갯벌버스가 필수적인 이동수단이다.

만돌마을의 갯벌은 맨발로 다녀도 될 정도로 곱다. 갯벌은 크게 진흙갯벌, 모래갯벌, 그리고 돌과 갯바위 등으로 이루어진 암반갯벌로 나눌 수 있는데 만돌마을의 갯벌은 진흙과 모래가 섞인 혼합갯벌이다. 이곳에 사는 조개는 동죽과 바지락이 주종이다. 관광객들에게 개방된 갯벌에는 동죽이 많다. 맨발로 다니다보면 딱딱하게 밟히는 게 있는데 발가락으로 꼼지락꼼지락 파

서 꺼내보면 백발백중 동죽이다. 만돌리에서는 발가락으로 동죽을 잡는다고 웃으면서 이야기를 하면 도시 사람들은 곧이듣지 않는다.

"봐라! 난 발가락으로도 조개를 잡지?"

"우와! 근데 아저씨, 그거 안 물어요?"

아무 생각 없이 신나게 갯벌을 헤집던 아이들이 달려들어 호기심을 보인다. 몸값은 동죽이 바지락보다 못하다. 그렇다고 해서 맛이 바지락보다 떨어지는 건 아니다. 바지락은 육수가 훌륭하지만 동죽은 육질이 뛰어나다. 너무 익히면 질겨지므로 살짝 데쳐서 까먹으면 고소하면서도 비릿한 향내가 입 안 가득 퍼진다. 목으로 넘기기가 아쉬울 정도다. 고창의 바다, 고창의 갯벌이 통째로 입으로 들어왔으니 그 오묘하고 깊은 맛을 오래도록 붙들고만 싶다.

조개는 잡자마자 바로 먹을 수 있는 게 아니다. 해감을 반나절에서 하루 거쳐야 한다. 마을에서는 체험객들이 조개잡이 체험이 끝나고 나오면 동죽을 시식할 수 있도록 미리 준비를 해준다. 관광객들의 마음을 살피는 세심함이 고맙다.

바다에 가본 사람이라면 다 알겠지만 갯벌

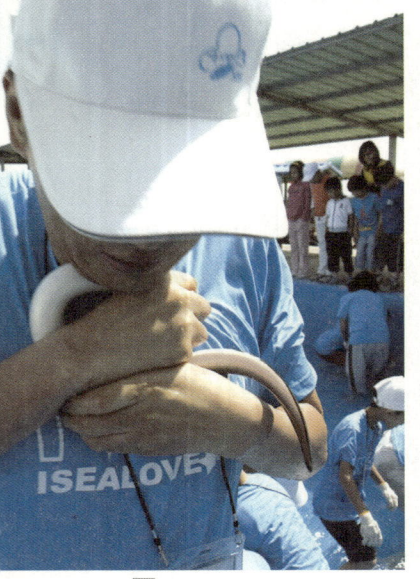

맨손으로 장어잡기 체험

체험은 물이 빠지는 썰물 때에만 가능하다. 그래서 미리 물때를 파악하는 것이 필수다. 썰물 때 할 수 있는 체험 프로그램으로 조개잡이 외에 정치망 체험도 있다. 갯벌에 설치된 그물에 걸린 고기들을 거둬들이는 체험이다. 다양한 고기들을 맨손으로 던져보고 살펴보는 것만으로도 관광객들은 신이 난다. 그물에 잡힌 물고기들을 향해 연신 카메라와 핸드폰을 눌러대고 여기저기서 탄성과 웃음소리가 멈출 줄 모른다. 조개잡이에 호기심을 보였던 아이들이 이번엔 게를 잡았다고 서로 자랑이다.

만돌마을에서 즐길 수 있는 체험으로 '염전체험' 또한 빼놓을 수 없다. 원래 고창의 염전은 백만 평이 넘는 큰 규모였다. 그러나 염전 산업이 사양화되면서 그 자리에 골프장이 들어섰고 지금은 그 면적이 크게 줄어들었다. 하지만 최근 들어 천일염이 재조명을 받으면서 만돌마을의 염전도 다시 활기를 띠고 있다. 관광객들은 이곳에서 소금이 만들어지는 과정을 자세히 설명 듣고 직접 밀대를 밀어 결정지의 소금을 긁어 보는 체험을 할 수 있다. 돌아갈 때에는 맛좋은 천일염을 한 봉지씩 기념품으로 가져갈 수

1. 갯벌체험 2. 염전체험

있으니 더욱 좋다.

고창은 옛날부터 소금과 특별한 인연이 있다. 백제 위덕왕 24년(577)에 검단선사가 선운사를 창건했을 때의 이야기다. 선운산에 도적이 들끓으면서 불사를 방해하고 주민들을 괴롭히자 검단선사가 도적들 교화에 나섰다. 먼저 도적들에게 소금과 숯 만드는 기술을 가르쳐 이들이 안정적인 생업에 종사할 수 있도록 했다. 진채선의 생가터가 있는 월산리 사등마을이 바로 당시 도적들이 정착한 마을이라고 한다. 소금을 만들면서 생활이 안정되자 도적들은 감사의 마음을 전하기 위해 소금을 싣고 선운사에 가 공양을 하였으니 소금과 고창의 인연은 오래 전부터 특별하다 하겠다.

놓치면 아까운 주변 여행지

선운산 선운사

선운산 · 선운사

선운산은 고창의 심원면과 아산면에 걸쳐져 있으며, 높이는 336m에 불과하나 호남의 금강산이라고 불릴 만큼 아름다운 경치를 자랑한다. 도솔산이라고도 하는데 '구름 속에서 참선을 한다'는 뜻의 선운산이나 미륵불이 있는 도솔천궁을 뜻하는 도솔산 모두 불교적 색채가 강한 이름이다.

초입의 고찰 선운사도 유명하다. 특히 도솔천 양 옆의 초가을 꽃무릇과 아름다운 가을 단풍, 봄철의 동백꽃과 부끄러운 듯 숨어 있는 차밭 풍경은 선운산 경치 중에도 압권이라 할 만하다. 도솔암과 참당암, 석상암 등의 부속암자와 마애불, 진흥굴 등의 볼거리가 있다. 관리사무소에서 천마봉까지의 등산은 3~4시간 소요된다. 문의: 선운산도립공원 관리사무소 063-563-3450.

고창읍성과 고창판소리박물관

고창읍성은 고창 읍내가 한눈에 내려다보이는 장대봉(108m)을 둘러싼 길이 1,684m의 성곽이다. 비탈진 산자락을 따라 휘감아 올라간 성곽과 군데군데 설치된 항아리 모양의 옹성이 아름답다. 이곳에는 돌을 머리에 이고 '성밟기'를 하면 무병장수한다는 전설이 전해진다.

고창읍성 입구에는 판소리 다섯 바탕을 이론적으로 정리하고 많은 후학을 양성한 동리 신재효의 생가가 있으며, 그의 업적을 기리기 위해 세운 고창판소리박물관도 바로 옆에 있어서 판소리 성지라 부를 만하다. 문의: 고창판소리박물관 063-560-2761.

학원관광농원

봄이면 청보리, 가을에는 메밀이 물결치는 10만 평이 넘는 농원이다. 봄, 가을로 축제를 여는데 낮은 구릉을 덮고 있는 전국 최대 규모의 청보리밭과 메밀밭을 보고자 전국에서 많은 관광객이 몰려든다. 보리와 메밀로 만든 음식도 맛볼 수 있다. 문의: 063-564-9897.

고인돌 · 고창고인돌박물관

고창은 세계적인 고인돌 군집지로 알려져 있다. 고창에서도 죽림리와 상갑리 일대에는 수백 기의 고인돌이 밀집되어 있어서 역사문화 여행지로 제격이다. 도산리에는 고창고인돌박물관이 있다. 문의: 063-560-2576.

청보리밭 축제가 열리는 학원관광농원

고창읍성에 봄이 왔다.

🌸 추천일정

첫째날 고창 진입 → 고창읍성, 판소리박물관 관람 → 점심식사 → 만돌마을 갯벌 체험, 염전 체험 → 소금 전시관 → 저녁식사 → 숙박

둘째날 아침식사 → 선운산 선운사 → 점심식사 → 고인돌, 고인돌박물관

어촌체험은 농촌체험과 달리 물때의 영향을 많이 받는다. 보통 하루 두 번 밀물과 썰물이 반복되는데 이에 대한 정보는 국립해양조사원(www.khoa.go.kr)에서 확인하거나 현지 체험마을에 문의하면 된다. 단체 뿐 아니라 가족단위나 개인도 체험에 참여할 수 있다는 것이 장점이다.
문의: 만돌어촌체험마을 063-561-0705, 김현술 사무장 011-682-1733, http://mandol.seantour.org

🚗 찾아가는 길

자가용
서해안고속도로 - 선운산 나들목(또는 고창 나들목) - 심원면 소재지 - 면소재지 지나 만돌어촌체험마을 입간판 따라 우회전 - 만돌어촌체험마을 체험관

대중교통
시외버스를 타고 고창까지 들어간다. 고창까지 직행 버스가 없으면 정읍까지 들어간 후 정읍터미널에서 고창행 버스로 갈아탄다. 정읍터미널(063-535-6011)은 정읍역하고 450m 거리라 기차하고도 연계가 가능하다. 고창터미널에서 심원면까지는 시내버스를 이용한다. 정읍에서 심원면까지 직행하는 버스도 하루 4회 운행한다.

🏠 추천업소

▶ 심원면에는 숙소가 열악하다. 어촌계에서 운영하는 모텔이 심원 면사무소에서 약 8㎞ 거리에 있다. 동원모텔(063-561-3372), 산솔모텔(063-564-9960). 인근 동호해수욕장에도 모텔형 민박이 있다. 대부분의 숙소는 읍내와 선운산 입구에 밀집되어 있다.
▶ 고창의 향토음식으로는 풍천장어와 복분자주가 대표적이다. 선운산 입구에는 화려한 밑반찬을 곁들인 장어정식이, 심원면에는 장어셀프집이 성업 중이다. 금단양만(063-563-5125), 맹구수산(063-563-8834), 장어학교(063-562-9291). 심원면사무소 앞의 수궁회관(063-564-5035)은 게장정식을 비롯하여 해물요리가 깔끔하고 맛이 있다.

아기자기한 신명이 있는 새재 과것길,

조령산 체험마을

충청북도 괴산군 연풍면 원풍리

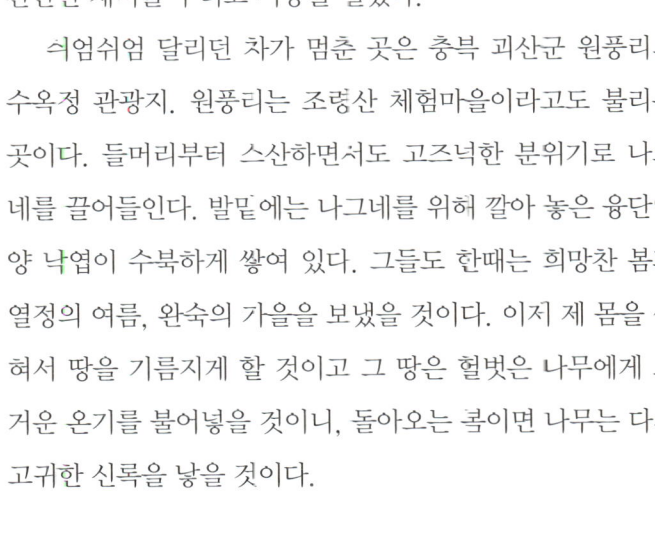

공원 산책로 위로 시린 바람이 분다. 깊어가는 가을에 바람의 몸부림도 점점 거세진다. 겨울을 코앞에 둔 가을, 여행자라면 떠나고 싶은 충동에 사로잡히는 계절이다. 바람에 몸을 달기고 마지막 가을빛을 찾아가기로 했다. 아내와 함께 간단한 채비를 꾸리고 시동을 걸었다.

쉬엄쉬엄 달리던 차가 멈춘 곳은 충북 괴산군 원풍리의 수옥정 관광지. 원풍리는 조령산 체험마을이라고도 불리는 곳이다. 들머리부터 스산하면서도 고즈넉한 분위기로 나그네를 끌어들인다. 발밑에는 나그네를 위해 깔아 놓은 융단인 양 낙엽이 수북하게 쌓여 있다. 그들도 한때는 희망찬 봄과 열정의 여름, 완숙의 가을을 보냈을 것이다. 이제 제 몸을 썩혀서 땅을 기름지게 할 것이고 그 땅은 헐벗은 나무에게 뜨거운 온기를 불어넣을 것이니, 돌아오는 봄이면 나무는 다시 고귀한 신록을 낳을 것이다.

호젓하고 운치 좋은 새재 과것길

'수옥정'은 관광지의 이름이자 일대 자연부락의 이름이다. 높이 20m의 수옥폭포가 있어 절경을 이루는데, 그 절경을 감상하기 위해 수옥정이라는 정자를 지은 데서 유래되었다. 하지만 옛날 연풍 현감이 세웠다는 그 정자는 이미 오래 전에 스러져버렸다. 대신 허름한 팔각정 하나가 폭포의 벗이 되어 주고 있다. 떠나는 가을이 아쉬운 듯 폭포 밑 고인 물에는 빛바랜 낙엽들로 가득하다.

박문수 소나무

수옥정에서 조령산으로 난 찻길을 따라 조금 올라가니 신선봉 돌비가 우뚝 세워진 주차장이 나온다. 이곳에는 눈길을 끄는 나무가 한 그루 있으니 바로 '박문수 소나무'이다. 수령이 350년에 이르는 보호수인데 장원급제하여 어사가 된 박문수가 잠시 쉬어 갔다는 이야기가 전한다. 높이가 12m, 둘레가 3.3m에 이르는데, 신선봉을 배경으로 가지를 활짝 핀 수형에서 당당함이 느껴진다.

이곳에서 새재 3관문까지는 호젓한 숲이 양옆으로 펼쳐진 아름다운 등산로이다. 백두대간의 조령산과 마패봉 사이를 넘는 새재(642m)는 새도 넘기 힘든 고개라는 데에서 그 이름이 유래되었단다. 한편에선 억새가 많아서 '새(억새)재', 하늘재와 이우리재(伊火峴) 사이에 있다고 하여 '새(사이)재'라고도 부른다.

백두대간 조령은 과거길 떠나는 선비들이 이용하던 길이다.

과거를 보러 떠나는 영남의 선비들은 주로 이 길을 걸어 한양에 갔다. 이 길 말고도 남쪽의 추풍령과 북쪽의 죽령이 한양으로 올라가는 관문 역할을 했지만 추풍령은 추풍낙엽처럼 떨어진다고 해서, 죽령은 '주욱~' 미끄러진다고 하여 기피했으니 그 가운데 있는 새재만이 장원급제의 기원이 담긴 '합격길'로 사랑을 받았다.

그런데 많은 사람들이 '새재'하면 경북 문경만을 떠올린다. 문경은 새재

▪ 수옥폭포 전경

의 반쪽만 가졌을 뿐이다. 나머지 반쪽은 괴산이 가지고 있다. 새재를 기준으로 남쪽은 경북 문경으로 들어가고 그 반대편은 충북 괴산이다. 제1관문, 제2관문, 제3관문이 있는 문경 쪽 새재엔 연일 수많은 관광객들이 몰려들어 괴나리봇짐을 맨 선비들이 떠난 자리를 대신하고 있다. 괴산 쪽 새재엔 울창한 숲과 함께 호젓함이 남아 있다. 조령산의 운치가 온전히 살아 있어 한적하게 산길을 걷기 좋다. 또 한편으로는 마을에서 농촌체험과 전통문화 체험 프로그램을 즐길 수도 있다. 그래서 여행의 멋을 아는 사람들은 괴산 쪽 새재 등산로에 손을 들어주기 마련이다.

 하지만 이런 사정을 모르는 대부분의 관광객들은 문경 쪽 드라마세트장 주변에서만 놀거나 고작해야 3관문까지 왔다가 다시 돌아 내려가는 경우가

새재 3관문을 기준으로 충북과 경북으로 나뉜다.

많다. 주차장에 세워놓은 차 때문에도 어쩔 수 없겠지만 새재의 진면목을 제대로 보지 못하고 돌아가는 것이 그저 안타까울 뿐이다.

 아내와 손을 잡고 과것길을 걸었다. 간혹 문경 쪽에서 올라온 입산객들이 앞에서 내려와 재잘거림만 남겨 놓고 천천히 뒤로 사라졌다. 3관문 앞에 도착하니 비로소 경상도와 충청도의 경계다. 예전에는 괴산 땅으로 속했던 3관문 아래 삼밭골에 5가구가 살았고 3관문 넘어 문경 쪽에는 3가구가 살았는데 불과 100m 거리를 두고도 쓰는 말이 달랐다고 한다. 한쪽은 충청도 사투리요 다른 한쪽은 경상도 사투리를 썼다고 하니, 아무 거리낌 없이 3관문을 넘나드는 관광객 입장에선 쉽게 상상이 가지 않는다.

아기자기한 체험거리가 있는 조령산 체험마을

　보통 대부분의 관광객들을 문경에서 올라와 제 3관문에서 기념사진을 찍고 문경으로 다시 내려간다. 하지만 우리는 사람들과 반대로 3관문을 둘러본 뒤 다시 괴산으로 내려왔다. 아내가 관심을 갖고 있는 마애불도 봐야 하고 마을의 체험 프로그램도 궁금했기 때문이다.

　수옥정삼거리와 신풍삼거리 중간 지점에 있는 마애불은 '원풍리 마애불좌상'이라고 불린다. 높이 30m의 암벽에 새겨져 있는데 가로 세로 각각 6m 크기의 네모진 감실을 파고 그 안에 두 분의 부처님을 나란히 모신 게 특징이다. 두 분의 부처님을 나란히 모신 형태는 그리 흔한 경우가 아니다.

　마을정보센터에 들러 마을 사무장과 인사를 나눈 후, 목공예 체험에 참여할 기회를 얻었다. 다른 체험은 보통 단체 방문객 위주로 운영되는데 목공예 체험은 소수 인원도 가능하단다. 가정집을 겸한 예쁘장한 공방에 들어서니 솜씨 있는 사람들의 작품이 여럿 걸려 있다. 자잘하게 조각낸 나뭇가지와 나무토막, 열매, 목공용 풀이 담긴 바구니가 나왔고 목공예 선생님이 요령을

원풍리 마애불좌상

목공예체험

일러주었다. 오늘 체험은 나무목걸이 만들기. 동그란 나무토막에 잣 열매로 에둘러 문양을 만들고 구멍을 내 매듭을 엮으니 근사한 목걸이가 완성되었다. 무엇보다 손수 만들었으니 더욱 의미 있는 작품이자 특별한 기념품이다.

흐뭇해하고 있는 사이, 목공예 선생님이 핑크빛이 고운 차를 내온다. 맨드라미차란다. 울 밑에 피어 있는 자줏빛 맨드라미를 볼 때는 그다지 예쁜 꽃이라는 생각이 안 들었는데, 뜻밖에도 약리성분이 많아 차로 달여 마시면 몸에 좋다고 한다. 세상에 잡초는 없다는 말이 새삼 떠오른다. 들달한 맛도 훌륭하다. 핑크빛 맨드라미차를 앞에 두고 우리 부부와 선생님은 목공예 체험에서부터 시골생활의 에피소드까지 이런 저런 이야기를 나누었다. 덕분에 남은 체험 프로그램에 참여하지 못했지만 만추의 정담을 통해 더 큰 수확을 얻었다. 사람과 사람의 만남이야말로 여행의 참맛 아니던가.

마을엔 목공예 공방 외에도 한지공방, 도예공방 등이 있어서 다양한 체험활동이 가능하다. 이런 공방 프로그램은 마을에서 체험마을 사업을 본격적으로 시작하기 전부터 이미 활성화되어 있던 프로그램이다. 특히 한지장(충북 무형문화재 제17호 안치용 선생, 신풍한지 대표)이 운영하는 한지공방에서

목공예체험

신풍한지의 한지 만드는 작업

는 천년이 지나도 색이 변하지 않는다는 한지를 전통적인 방법으로 생산하고 있다. 요즘은 벽지로 한지를 바르기도 하는데 은은한 분위기에 마음이 편해지고 건강에도 좋다고 한다. 작은 꽃잎을 넣어서 만든 꽃잎 벽지는 어찌나 예쁘던지 도배할 일도 없는데 아내는 한 장 사고 싶은 눈치다.

마을에는 특이하게도 닥종이 작목반이 있다. 한지의 원료가 되는 닥나무를 생산하는 농가들이 만들었는데 생산품은 주로 신풍한지 공장에 넘기고 닥나무 뿌리는 화장품 원료로 쓰인다고 하여 화장품 회사로 납품한다.

산지가 전체 면적의 76%를 차지하는 괴산이지만 청정 자연환경 덕분에 산물은 풍족한 편이다. 연풍의 특산물만 봐도 유명한 대학찰옥수수 외에 사과, 절임배추, 한우, 토종꿀 등으로 다양하다. 대학찰옥수수 농사가 끝나면 그 자리에 배추를 심는다. 그리고 사과 수확을 하고 배추도 뽑아서 절여야 한다. 요즘 절임배추의 인기가 높아져 새로운 소득원이 되고 있는데 덕분에 아낙들은 쉴 틈이 없다.

한지공방 앞 석불이 마을을 내려다 보고 있다.

배추를 한창 절일 무렵이면 황금빛으로 익어가는 곶감도 자랑거리다. 10월 20일에서 11월 10일 사이에 깎아서 매단 감은 60일쯤 지나면 맛있는 곶감이 된다. 오염되지 않은 자연의 깨끗한 바람으로 말린 곶감이라 단맛이 뛰어나다. 마을 곶감 작목반에서 생산하는 곶감은 연간 70~80톤 수준이다.

원풍리는 189가구에 인구가 약 470명에 이르는 꽤 큰 규모로, 다시 신혜원과 신풍의 2개 마을로 나누어져 있다. 신혜원의 지명에 붙은 '원'은 고려시대와 조선시대에 출장 간 관원들을 위한 일종의 국영 숙박시설을 뜻한다. 새재 일대에는 신혜원 외에도 4㎞ 간격으로 문경의 동화원과 조령원이 있었다고 한다.

공방 마당에 가을이 내려앉았다.

놓치면 아까운 주변 여행지

연풍성지

마을에서 불과 2~3㎞ 떨어진 거리에 있는 연풍성지는 황석두 루가 성인의 묘소를 모신 천주교 성지이다. 연풍은 경상도와 충청도의 신앙을 잇는 교차로 역할을 하였고 병인박해 때에는 수많은 교우들이 이곳에서 체포되어 순교를 하였다. 연풍성지의 고즈넉하고 평화로운 분위기는 천주교 신자가 아닌 일반 관광객들에게도 충분히 사랑과 평화의 메시지가 되어 다가갈 것이다. 문의: 043-833-5064.

화양계곡

국립공원 속리산의 동북쪽 자락인 청천면 화양리에 위치한 계곡으로 흔히 화양 9곡이라고 한다. 화양 9곡은 제1곡인 경천벽을 필두로 운영담, 읍궁암 등 9가지 계곡의 절경이 있다고 하여 우암 송시열이 붙인 이름이라고 전한다. 맑은 물과 울창한 숲, 넓은 반석 등이 좋아 예로부터 피서지로 인기 높았다. 송시열이 은거했던 계곡이며 후학들을 가르쳤던 서원터가 아직도 남아 있는 등 송시열과 관련된 이야깃거리가 많다. 문의: 속리산국립공원 화양분소 043-832-4347.

화양계곡

🌼 추천일정

첫째날 괴산 연풍 진입 → 원풍리마애불좌상 → 수옥정 관광지 → 새재 트레킹 → 숙박(새재)

둘째날 조령산 체험마을 체험 프로그램 → 연풍성지 → 화양구곡

한지공방에서는 다양한 한지 공예작품을 감상할 수 있고 한지 뜨기, 한지 공예 같은 체험도 즐길 수 있다. 나무공예인 자연공작교실, 도예체험, 천연 염색, 금속활자 탁본 등도 꾸준히 진행되고 있는 대표 프로그램들이다. 체험비는 프로그램당 5,000원 선. 이들 프로그램을 1박 2일 일정으로 묶어 조령산체험마을캠프라는 이름으로 운영하고 있는데, 20명 이상의 단체부터 접수를 받는다. 개인이나 가족 단위 방문객들도 개별 체험이 가능하다고 한다. 체험 및 숙박, 식사 문의는 마을 정보센터에서 일괄 예약을 받는다. 문의: 043-830-3901. 홈페이지 http://one.invil.org

🚗 찾아가는 길

자가용
▶ 중부내륙고속도로 - 연풍 나들목 진출 - 원풍 방향으로 5분 - 조령산 체험마을
▶ 중부고속도로 - 증평 나들목 진출 - 괴산 - 연풍 - 조령산 체험마을(경부고속도로는 청주 나들목 진출)

대중교통
동서울터미널 - 충주 직행버스(수시 운행) - 충주터미널에서 연풍행 환승(1일 17회 운행) - 조령산 체험마을. 괴산터미널보다 충주터미널이 버스가 더 많다.

🍱 추천업소

▶ 마을에 민박부터 펜션, 호텔까지 다양한 숙박시설이 있다. 고사리산장민박(043-833-2166), 남강펜션(043-833-2080), 새재수옥펜션(043-834-9554), 수옥파크(043-833-6594), 조령산자연휴양림(043-833-7994), 호텔웨스트오브가나안(043-833-8814).
▶ 마을 총무가 운영하는 고사리산장(043-833-2136)은 일대에서 가장 먼저 생긴 식당이다. 조령산의 자연산 버섯을 넣어 만든 버섯전골이 특히 일품이다. 밀버섯, 참나무버섯, 싸리버섯, 능이버섯 등이 어우러져 담백하면서도 깊은 산내음을 풍긴다.

탈탈탈 시골택시오- 찰방찰방 물놀이,

보릿고개 마을

경기도 양평군 용문면 연수리

마을가니 흐르는 시냇물에 발 벗고 찰방찰방 들어가 놀자.
조약돌 흰모래 발을 간질고 잔등엔 햇볕이 따스도 하다.

이원수의 동시에 백창우가 곡을 붙인 '봄시내'란 노래를 부르고 있으면 마치 어린 시절로 되돌아가는 듯하다. 특히 '찰방찰방'이 마음에 닿는다. 첨벙첨벙도 아니요 철벅철벅도 아니다. 물이 깊은 냇가에서 나는 소리가 아니다. 묵직한 어른 몸에서 나는 소리라 하기에도 어울리지 않는다. 아이들이 맑고 깨끗한 물에서 놀 때 나는 발랄하고 명랑한 소리다.

찰방찰방 소리가 들릴 것만 같은, '봄시내' 같은 마을이 있다. 경기도 양평군 용문면 연수리, 보릿고개마을로 통하는 체험마을이다.

양평은 물 좋기로 이미 소문난 곳이다. 연수리는 물 좋다는 양평에서도 용문면에 있다. 용문은 산이 좋은 곳이다. 물 좋고 산 좋은 마을, 보릿고개마을을 찾아갔다.

봄시내가 흐르는 마을

봄에서 여름으로 넘어가는 어느 날 보릿고개마을을 찾았다.

'봄시내'는 마을 입구에서부터 만날 수 있다. 용문산 자락에서 발원한 계곡물이 마을을 어루만지며 천천히 흘러내린다. '계곡'이라고 부르기에 딱 알맞은 크기에 깊지도 않아서 어린이들도 맘 놓고 놀기 좋은 곳이다. 주민들이 '연수리 계곡'이라고 부르는 이곳은 마을의 자랑거리다. 이 계곡은 피서철에도 찾는 사람이 많지 않은 한적한 곳이다. "물 맑고 깨끗한 계곡으로 여름 피서를 가려고 하는데 사람 많지 않은 곳으로 추천 좀 해주세요." 하고 조금은 앞뒤가 맞지 않은 난감한 조언을 구하는 사람들에게 추천 여행지로 안성맞춤이다. 요즘은 체험마을 사업을 추진하면서 이 계곡을 무대로 생태체험 프로그램도 진행한다.

대통령이 와도 보리밥

마을 대표 이상용(57) 위원장을 만났다. 큰 보리밭이 있는 것도 아닌데, 왜 하필 보릿고개마을이라고 했을까?

"옛날 어려웠던 시절을 보릿고개라고 했잖아요. 끼니 걱정했던 그 시절을 요즘 사람들은 잘 몰라요. 어려웠던 시절을 잊지 말자는 의미에서 보릿고개마을이라고 이름을 지어봤습니다."

마을에선 체험곤과 함께 식당을 운영한다. 식당은 평소에도 찾는 사람이 많아 상설로 운영하는데, 대표 메뉴는 보리밥 정식이다.

"우리 마을의 점심식사는 보리밥입니다. 누가 와도 예외 없이 보리밥을 먹어야 합니다. 대통령이 와도 보리밥입니다."

강한 자부심이 느껴졌다. 꼭 보리밥 때문만은 아니겠지만 연수리는 경기도로부터 슬로푸드마을로 지정되었다. 슬로푸드는 패스트푸드의 반대 개념으로 전통 먹을거리를 자원화하여 주민 소득도 올리고 관광객도 유치하자는 마을 개발 사업이다.

처음 보릿고개마을이라 이름을 짓고 그 특성을 살릴 프로그램을 고민하면서, 몸에 좋은 참쌀이 식단인 '보리밥 정식'과 보릿짚을 이용한 여치 집 만들기 같은 짚풀공예 체험, 보리개떡 만들기 같은 토속음식 체험 프로그램까지 고안하게 되었다. 보리개떡 만들기는 어린이들에게 특히 인기가 높다. 개떡이라고 해서 둥글넓적 평범한 개떡 모양을 떠올렸다면 오산이다. 아이들이 빚은 개떡은 별 모양, 나뭇잎 모양, 공룡 모양, 집 모양까지 가지가지 참 다양하다. 마을에서는 아이들의 창의력을 키워주기 위해 쑥과 단호박으로 만든 녹색 반죽, 노란색 반죽도 내놓는다. 아이들이 더불어 나온 콩으로 한껏 솜씨를 부려 개떡을 빚으니 동그랗던 반죽은 이내 선생님 얼굴, 아빠 얼굴로 변한다. 먹기가 아까울 만큼 재미있는 작품들이다.

그 밖에 손두부 만들기, 꼬마 솟대 만들기, 시골택시르 통하는 경운기 타기, 계곡 생태체험 등이 관광객들의 인기 체험 프로그램으로 손꼽힌다. 산나물 뜯기, 옥수수 따기, 복숭아 수확같이 농촌이 아니면 즐길 수 없는 농산물 수확 체험은 기본이다. 양평은 상수원보호구역으로 지정되어 농약을 함부로 쓸 수 없다. 그런 까닭에 친환경농법이 일반화되어 있으니 농산물의 품질만큼은 어디에도 뒤지지 않는다. 마을에서는 숙박도 가능하다. 농촌체험이라고 해서 허름한 민박을 예상하면 오산이다. 펜션이라 간판을 달아도 손색이 없을 멋진 황토방과 체험관이 주민들에 의해 직영되고 있다. 또 개인적으로 펜션을 운영하고 있는 주민들도 많다.

농촌체험 외에 아기자기한 즐길거리도 있다. 마을에 둥지를 틀고 활동하는 도예공방과 허브찜질방이 대표적이다. 도예공방은 마을과 연계하여 도예체험 프로그램을 운영하고 있고, 허브를 이용한 찜질방도 벌써 단골손님들이 있을 만큼 인기가 좋다.

고급 승용차보다 인기가 높은 경운기 타기 체험

1. 어린이들이 만든 보리개떡
2. 남녀노소에게 인기였는 삼색두부 만들기 체험
3. 손으로 물고기를 만져볼 수 있는 양평 민물고기 생태 학습관

놓치면 아까운 주변 여행지

민물고기 생태학습관

경기도에서 운영하는 이 곳은 마치 작은 수족관 테마공원을 연상시킬 정도로 아기자기하게 꾸며져 있다. 1층에서는 천연기념물로 지정된 희귀 민물고기를 비롯하여 우리 강과 하천에서 만날 수 있는 다양한 물고기들을 볼 수 있다. 2층에서는 민물고기에 대한 여러 가지 정보를 게임과 간단한 체험을 통해서 알 수 있도록 꾸며져 있다. 야외 체험장에는 터치체험 시설이 되어 있어서 살아 있는 민물고기들을 직접 만져볼 수 있다. 요리조리 빠져나가는 날쌘 물고기들과 한바탕 씨름하는 재미에 떠날 시간이 아쉽기만 한 곳이다. 무료 운영. 문의: 경기도민물고기연구소 031-8008-6520.

용문산·용문사 은행나무

용문산은 경기도에선 세 번째로 높은 명산으로 계곡이 깊고 산세가 웅장하여 많은 등산객들이 찾는다. 입구에 놀이시설도 있어 남녀노소 두루 인기가 있는 편이다. 용문산의 깊은 품에 안긴 천년고찰 용문사는 신라 신덕왕 2년(913년)에 창건된 절로 알려졌다. 특히 입구의 은행나무가 유명하다. 천연기념물 제30호로 지정된 은행나무는 '살아 있는 화석'답게 1,100살의 나이를 자랑한다. 키 62m, 밑둥 둘레만도 14m에 달하고 가을에 수확되는 은행 열매만도 10가마에서 15가마까지 나온다고 한다. 문의: 용문산 관광안내소031-

773-0088.

세미원

　미리 사전 예약을 해야만 입장할 수 있는 이곳은 연꽃과 수련 같은 수생 식물로 꾸며진 생태공원이다. '꽃과 물의 정원'이라는 테마에 걸맞게 고즈넉한 분위기를 유지하고 있고 아기자기한 볼거리로 가득해 누구나 첫눈에 반하는 곳이다. 이렇게 아름다운 분위기를 지킬 수 있었던 것은 일일 방문객을 2,000명으로 제한하고 있기 때문이다. 문의: 031-775-1834.

세미원

🌸 추천일정

첫째날 양평 진입 → 양평 민물고기 생태학습관 → 보릿고개마을 농촌체험, 점심식사 → 계곡 생태체험(물놀이) → 저녁식사 → 숙박

둘째날 용문산 관광지, 점심식사 → 세미원

방문 문의: 031-774-7786. 사무장 010-4400-7786. http://borigoge.invil.org
마을 안에 '토와(031-771-5694)'라는 도예공방과 '허브 찜질방'이 있다.

🚗 찾아가는 길

자가용
서울 — 팔당대교 — 홍천 가는 6번 국도 — '여기가 좋겠네' 휴게소 지나자마자 옹문, 지제 방향으로 진출 — 용문면 — 삼미에셈빌 아파트에서 좌회전 — 영어마을 — 연수리 보릿고개마을

대중교통
동서울(상봉) 터미널 — 홍천 방면 버스 승차 — 용문터미널 하차 — 연수리행 버스 환승(1일 4회 운행) — 종점 하차(연수리) 택시로는 약 7,000원 나옴. 용산역에서 출발하는 전철을 타고 용문역에서 하차하여 택시를 타도 된다.

🏘️ 추천업소

▶ 계곡 주위로 펜션이 많다. 그 중 용문산리조트펜션(031-772-3340), 아이리스텐션(031-773-8305), 아마데우스(031-775-3688) 등이 비교적 객실이 많고 규모가 크다. 메이플하우스(011-284-5911)는 대가족이나 단체 숙박에 좋다.

▶ 카페 겸 한식당인 예스터데이(031-772-9007)가 마을에 있다. 더덕전골과 스테이크 등이 주요리다. 용문산 관광지에는 중앙식당(031-773-3422), 용문산은행나무식당(031-773-3131) 등의 산채요리가 좋다. 마당(031-775-0311)의 곤드레밥도 유명하다.

입맛, 손맛이 즐거운 오징어체험,
장사동 어촌체험마을

강원도 속초시 장사동

강원도를 동경하는 여행자들이 여행지 1순위에 올려놓는 곳, 속초. 속초가 여행자들의 로망이 된 이유는 무엇일까. 속초에는 젊은이들을 열광시키는 동해바다의 싱그러움이 있고 나이 지긋한 어른들을 매료시키는 설악산의 기품과 웅장함도 있다. 미식가들을 감탄시키는 어항들도 빼놓을 수 없다.

동해안의 어촌체험은 서해안이나 남해안의 그것과 확실한 차이가 있다. 갯벌체험에 의존하는 서해안과 남해안은 물때의 영향을 많이 받는다. 따라서 만조 때처럼 물때가 맞지 않는 날은 체험 프로그램이 제대로 진행되지 않는다. 반면 동해안은 갯벌도 없을 뿐 아니라 썰물 때를 이용해 진행할 수 있는 독살체험이나 고정식 그물을 활용한 개매기체험도 불가능하다. 대신 배낚시는 손쉽게 할 수 있고 조황도 좋은 편이다. 그렇다고 동해안에서 할 수 있는 것이 배낚시뿐인 것만은 아니다.

오랜 세월 모래가 쌓여 만든 마을, 사진리

체험객들을 실은 대형버스가 도착한 곳은 강원도 고성군과 속초시의 경계쯤 되는 어느 해안가 마을이었다. 버스에서 내리니 탁 트인 바다가 먼저 마중을 나와 주었다. 시원한 눈맛에 여기저기서 탄성이 흘렀다.

마을 관계자들이 나와 인사를 하며 손님을 맞았다. 이 마을 이름은 '장사동'이다. 장사동은 원래 고성 땅이었다. 고성군 토성면 사진리로 되어 있었는데 이웃한 장천리와 함께 1973년에 속초시로 편입되면서 각 마을 이름 한 글자씩을 딴 장사동이 태어났다. 사진리는 원래 육지가 아닌 바다였다고 한다. 아주 오랜 세월이 흐르면서 바다의 모래가 쌓여 사람들이 집을 짓고 정착할 수 있는 땅이 된 것이다. 바다였던 영랑호도 그렇게 육지 속 호수가 되었다. 그렇게 생긴 모래마을이 사진리요, 오늘의 장사동이다. 장사항은 2008년까지만 해도 '사진항'으로 불렸다.

마을 앞 갯바위는 체험프로그램의 무대가 된다.

게를 잡고 즐거워하는 어린이

간단한 마을 소개와 인사를 마치고 첫 체험으로 마을 주민들과 함께 하는 '통발체험'이 진행되었다. 마을 앞 갯가로 나가 너럭바위 사이사이로 들어오는 바닷물에 통발을 담가 놓기만 하면 된다. 물론 통발 안에는 게들이 좋아할 만한 생선 찌꺼기 같은 먹잇감을 넣어주어야 한다. 이 통발로 잡을 수 있는 것은 어른 주먹만한 무늬발게이다. 게 잡이와 더불어 바위에 붙어 자라고 있는 해조류를 채취하고 설명도 듣는 귀한 기회가 이어졌다.

잡고, 가르고, 먹고

드디어 본격적인 '오징어 체험'에 들어갔다. 오징어는 속초, 강릉 등 강원도 동해안의 특산물이다. 물론 울릉도를 비롯하여 동해안을 사이좋게 나눠 쓰고 있는 경상도의 오징어도 유명하고 요즘은 서해나 남해에서도 오징어가 종종 잡힌다는 소리를 듣긴 했지만 강원도 오징어의 명성을 따라올 순 없다.

모두가 기다리던 '맨손 오징어 잡기'가 시작되었다. 맨손 오징어 잡기 체험은 전용 체험장에서 진행된다. 동해안에서도 드문, 경사가 완만한 작은 모래사장으로 어린이들이 들어가서 안전하게 오징어를 잡을 수 있는 곳이었다. 이곳에 그물을 쳐 놓고 살아 있는 오징어를 풀어 놓으면 관광객들이 들어가서 다시 잡는 형태로 체험이 진행된다.

맨손 오징어 잡기 체험을 하게 되면 옷을 모두 망치기 마련이다. 그런데 어쩌랴. 그것이 맨손 오징어 잡기의 묘미인 걸! 참가자들 손에 잡힌 오징어

는 필사적으로 물을 뿜어대는데 그럴수록 체험객들의 웃음소리도 커진다.

맨손 오징어 잡기 체험이 끝나고 옷을 갈아입은 관광객들이 실내 체험관으로 모였다. 이날은 파도가 높아서 동해안 체험의 대표 메뉴인 '배낚시 체험'을 할 수 없었기 때문이다. 그래서 남은 시간 동안 어떤 체험을 진행할지 몹시 궁금했다.

작은 마이크를 들고 실내 체험관에 입장한 사람은 마을 컨설턴트라고 소개한 박영철 강릉원주대 교수였다. 박 교수가 진행할 프로그램은 오징어 해부 체험. 생소한 프로그램이다. 한 가족마다 오징어를 한 마리씩 받아 그걸 테이블 위에 올려놓고 박 교수의 진행에 따라 해부를 시작한다. 다리, 아가미, 먹물 주머니, 항문…… 핀셋을 든 어린이들의 눈이 초롱초롱해진다. 어린이뿐 아니라 어른들도 처음 해보는 오징어 해부가 신기하고 재밌는 표정이다. 오징어 먹물로 멋진 글씨도 써본다. 박 교수는 오징어 먹물로 쓴 글씨는 시간이 지나면 사라지기 때문에 지키지 못할 약속을 오징어 먹물로 많이 적는다는 '오적어 묵계' 이야기도 덧붙인다. 오적어(烏賊魚)는 오징어를 뜻하는

1. 오징어 맨손잡기   2. 오징어 해부 체험을 하고 있는 어린이

오징어 요리 체험, 오징어 순대 만들기

옛말로,《자산어보》에는 오적어가 '까마귀를 즐겨 먹기 때문에 물 위에 죽은 척하고 떠 있다가 근접하는 까마귀를 긴 발로 낚아채 물속으로 끌고 들어간 다'고 그 특징을 소개하고 있다. 실제로 까마귀를 잡아먹는지는 알 수 없으나 육식성 어류인 것만은 분명하다.

이어진 프로그램은 오징어 요리. 전문 요리사를 초대하여 오징어 순대, 오징어 탕수육, 오징어 샌드위치 같은 오징어 요리를 만드는 체험이다. 만든 요리는 저녁 식사 후 뒤풀이 때 간식으로 쓸 것이라는 안내가 있어서인지 다들 열심이다. 오징어에는 피로회복 효과가 있는 타우린을 비롯하여 몸에 좋은 콜레스테롤(HDL)이 많이 들어 있어 몸에 나쁜 콜레스테롤(LDL)의 증가를 억제한다는 설명이 덧붙여졌다. 이날 참여한 80여 명의 관광객들은 모두 3~4인으로 구성된 가족 단위였다. 요리 체험에서는 대부분 아빠들이 팔을 걷고 칼을 잡아 나름대로 솜씨를 자랑했다.

놓치면 아까운 주변 여행지

대포항

장사동은 모르는 사람이 많아도 대포동을 모르는 사람은 없으리라. 동해를 찾는 여행객이라면 한 번씩 들르게 되는 대포항은 옛날엔 속초보다도 유명했던 어항이었다. 풍부한 배후 관광지 덕분에 많은 어종들이 모이는 큰 시장을 형성하면서 어항보다는 관광명소로 더 유명해졌다.

영랑호 · 화랑도 체험관광단지

영랑호는 8km의 호수 둘레에 조성된, 순환 산책로가 좋은 석호(潟湖)이다. 옛날 '영랑'이란 화랑이 경주로 무술대회를 가다가 호수의 절경에 취해 그만 대회에 참석하지 못했다는 전설이 내려오고 있다. 호수의 진가를 알아본 화랑을 기리기 위함일까. 호수변에는 화랑 체험을 할 수 있는 체험장이 세워졌다. 화랑 체험장에서는 마상무예 시범을 관람할 수 있을 뿐 아니라, 승마, 국궁, 전통 무예 등을 체험할 수 있다. 문의: 033-637-3400.

청초호 아바이마을

정식 명칭은 청호동으로 한국전쟁 때 북녘에서 내려온 실향민들이 정착하면서 '아바이마을'이라는 별칭을 얻게 된 곳이다. 지금도 주민의 50%가 함경도 출신 실향민과 그 후손들이다. 드라마 〈가을동화〉를 통해서 유명해

□ 화랑도 체험 관광단지에서 승마와 활쏘기를 체험할 수 있다.

졌으며 드라마의 배경이 되었던 갯배를 타기 위해 지금도 많은 관광객들이 찾고 있다. 갯배는 30여 명이 동시에 탈 수 있는 무동력 멍텅구리배로 긴 쇠줄을 끌어당겨 움직인다.

□ 아바이마을로 유명한 청초호의 갯배

추천일정

첫째날 장사동 진입 → 마을 산책 및 재래식 게잡이(통발체험) → 오징어 체험(맨손 오징어 잡기, 오징어 해부, 오징어 요리 등) → 저녁식사 → 숙박

둘째날 아침식사 → 영랑호 산책 → 화랑도 체험 → 점심식사 → 아바이마을 관광

어촌체험 특성상 단체어 한해 프로그램이 진행된다. 개인 관광객들을 위하여 마을에서는 맨손 오징어잡기 행사를 별도의 이벤트로 열기도 한다. 마을 체험 후, 영랑호 화랑도 체험을 즐길 경우엔 할인 혜택이 주어진다. 문의: 033 - 632 - 9796, http://jangsa.seantour.org

 찾아가는 길

자가용
영동고속도로 — 현남 나들목 진출 → 7번 국도 이용 양양 방향 → 장사동
국도 이용 시, 미시령 터널을 넘어 장사동 진입

대중교통
동서울터미널 → 속초행 → 속초터미널에서 시내버스 1번, 3번, 7번으로 환승 → 장사동(종점)

추천업소

▶ 마을엔 헬리오스모텔(033-632-7676), 에이스모텔(033-636-3626)이 있고 민박이 여럿 있다. 마을에서 좀더 올라가 고성군 경계를 넘어가면 숙박시설이 좀 더 넉넉한 편이다.

▶ 마을엔 횟집이 많이 있는데 이모횟집(033-635-4255)은 식단이 깔끔하고 맛도 있어 추천할 만하다. 어촌계 사무실 바로 옆에는 어촌계에서 운영하는 활어 의판장이 있다. 이곳에서 활어를 구입하여 2층에 올라가서 바다를 감상하며 식사를 할 수도 있다-. 아침 6시부터 8시까지는 귀선하는 어선들을 대상으로 즉석 경매시장이 열린다. 맨손 오징어 잡기를 하면 잡은 오징어로 오징어 회덮밥을 해준다.

두루미와 독수리가 있는 탐조여행,

민통선 철새마을

강원도 철원군 동송읍 양지리

임길택 시인의 작품 중 〈똥 누고 가는 새〉가 있다. 날아가던 새 한 마리가 마당에 똥을 싸고 날아가는 모습을 보고, 울타리 만들어 놓고 마당이라 여기며 사는 인간들의 어리석음을 꼬집은 내용이다.

떠나가는 곳 미처 물을 틈도 없이
지나가는 자리마저 지워버리고 가버린 새
금 그을 줄 모르고 사는 그 새.

무욕을 노래한 젊은 시인은 안타깝게도 일찍 우리 곁을 떠나, 울타리를 벗어난 새가 되었다.
시인이 노래한 것처럼 새들에겐 내 땅, 네 땅이 없다. 금 그을 줄 모르고 사는 새들에게 땅이 무슨 의미가 있으랴. 무리 가운데에 철조망을 쳐 놓고 서로 총부리를 겨누는 것은 지구상에서 인간들뿐일 것이다. 남녘과 북녘을 마음껏 날아다니며 누고 싶은 곳에 똥을 누는 그 새들이 부럽다.

3장 다이내믹 코리아! 체험이 있는 마을 | 235

최북단 민통선 철새탐조지, 철원

사람들이 새를 관찰하는 이유는 여러 가지다. 생태계와 자연보호니, 지구 가족으로서 공존의 문제이니 하는 거창한 주제부터 새처럼 훨훨 날고 싶은 욕망, 그 자유로움에 대한 동경 같은 소박한 마음까지 참으로 다양하다.

우리나라는 지리적 특성상 철새들이 많이 찾아들어 새를 보기에 유리하다. 전국 어디서든 철새를 관찰할 수 있지만 그래도 초보자들은 관찰 가능한 종수와 개체수가 많은 지역을 고르는 것이 좋다. 흔히 충청도와 전라도의 접경인 금강 하구나 서산 천수만 등이 대표적인 철새도래지로 알려져 있지만 우리나라 최북단인 철원의 민통선 지역도 결코 빠지지 않는 철새도래지이다. 특히 이곳엔 몸집이 비교적 크고 누구나 쉽게 알아보는 두루미와 독수리가 찾아오기 때문에 탐조객들로부터 인기가 높다.

철원에는 민통선 지역이 포함되어 있어서 외지인들이 출입하려면 철저한 신분 확인을 필요로 하고, 신분 확인이 되어도 마음대로 들어갈 수 없는 땅이 많다. 잘못 들어가면 총알 세례를 받거나 지뢰를 밟을 수 있어 목숨을 보장받지 못하는 곳이다. 사람들의 통행이 자유롭지 못한 만큼 새들의 통행이 자유롭다는 사실, 생각해보면 참으로 공평한 자연의 이치다.

긴장감 넘치는 철원 땅에서 새들을 관찰할 수 있는 방법은 크게 두 가지이다. 고석정 국민관광지의 안보관광 프로그램을 이용하는 방법과 자유롭게 출입할 수 있는 도로로만 다니면서 눈에 들어오는 새들을 관찰하는 방법이다. 겨울철에 운영되는 고석정의 안보관광 프로그램에 참여하면 편하기는 하지만 시간이 짧아 아쉬움이 남는다. 그렇다고 통제가 없는 길에서 자유롭게 하는 탐조는 새들을 많이 볼 수 없다는 단점이 있다. 고작해야 큰기러기, 쇠기러기 정도다. 철원평야의 주인공인 두루미나 독수리를 보려면 아무래도 깊숙이 들어가야 한다. 그런데 뭘 좀 아는 사람들이 이용하는 세 번째 방법이 있다. 바로 양지리의 체험 프로그램을 이용하는 것이다.

"양지리 이장님 좀 만나러 왔습니다!"

검문소를 지키는 장병들에게 방문 목적을 밝히니, 간단한 신원 확인을 한 후 통과를 시켜준다. 그 누구라도 양지마을로 들어가려면 이곳 검문소의 검문을 통과해야 한다. 물론 새가 아닌 사람들에게만 해당되는 이야기겠지만. 민통선 안에 있는 양지리는 철새탐조를 주 상품으로 하는 농촌체험마을이다. 따라서 마을을 방문하면 비교적 자유롭게 철새를 볼 수 있다.

철퍼덕 철퍼덕. 언 듯 녹은 듯한 눈길을 조심스레 달려 양지마을로 들어갔다. 마을에 들어서는 절차가 까다로울 뿐이지 사는 모습은 다른 농촌마을과 별반 다를 게 없다. 이 마을은 인위적으로 조성된 정착촌이다. 6·25전쟁으로 폐허가 된 땅에 정부는 농가를 지어 일반인들을 입주시켰다. 1974년의 일이다. 당시 18평짜리 집 50동을 지었는데 한 집을 반으로 나눠 두 가구씩 입주를 시켜 모두 100가구가 살게 되었다. 작은 방 2칸에다 부엌 하나, 마루 하나가 전부였다. 지금은 인구가 점점 줄어서 79가구가 되었고 남은 집들은 요령껏 조금씩 넓혀 쓰고 있다.

양지마을은 초행이 아닌데다가 탐조 장비를 챙겨왔으므로 마을 이장님과는 간단한 인사만 나누고 혼자 움직였다. 탐조 장비로는 필드스코프나 쌍

안경이 필수다. 도감도 필요하다. 몇 해 전에 거금을 투자하여 마련한 필드 스코프가 차에 실려 있었기 때문에 혼자 다녀도 크게 불편한 건 없다. 아쉬움이라면 촬영 장비의 열세 즉, 카메라 렌즈의 성능이 뒷받침되지 않는다는 것이다. 새 사진을 제대로 찍으려면 '대포' 같은 렌즈가 있어야 하는데 워낙 고가라서 마니아가 아닌 이상 쉽지 않은 일이다. 철원에서 보는 두루미나 독수리가 덩치가 매우 큰데다 비교적 가까이서 볼 수 있으니 행운을 빌어보는 수밖에.

가족애가 끈끈한, 철원평야의 주인공 두루미

마을을 벗어나자마자 눈에 띈 것은 두루미 가족. 두루미는 천연기념물 제202호로 지정된 1급 멸종위기 야생동물이며 세계적으로도 2,000마리 정도밖에 남아 있지 않은 희귀종이다. 천연기념물 제203호인 재두루미 역시 세계적으로 5,000여 마리밖에 없다. 그런데 철원의 민통선 지역에선 이 새를 흔하게 볼 수 있다. 한국두루미보호협회 철원군지회 전춘기 회장에 의하면 중국의 동북부 지역이나 러시아 남동부에서 월동하기 위해 철원을 찾는 두루미는 약 800마리, 재두루미는 1,500~2,000마리에 이른다고 한다. 두루미 가족을 살펴보기 위해 차를 세우고 살금살금 다가갔더니 두루미들도 살금살금 눈치를 보더니만 슬슬 옆걸음으로 자리를 피한다. 경계심도 덩치에 비례하나 보다. 기러기나 오리들은 인기척만 조금 나도 화들짝 놀라며 우르르 날아가 버리는데 두루미는 제법 대범하다.

두루미는 우리 민족에게 참 친숙한 새다. 예로부터 황새, 백로와 더불어 '학'으로 불리며 장수와 평화를 상징했다. 세간 여기저기에 학 므니를 그려 넣었을 뿐 아니라, 선비들의 시서화에도 단골로 등장하였다. 그 그고한 기상을 닮고자 학을 본뜬 '학창의(鶴氅衣)'를 지어 입기도 했다. 두루미는 알고 보면 참으로 가정적인 새다. 한 번 부부의 연을 맺으면 평생을 일부일처로 지낸다. 자식을 낳으면 자식과 함께 가족 단위로 움직이며 생활을 한다.

재두루미. 두루미는 가족애가 끈끈하여 항상 가족 단위로 움즈인다. 목덜미가 느런 새가 어린 새다.

양지리 마을 안의 토교 저수지로 자리를 옮겼다. 1976년에 축조된 인공 저수지로 1,500만 톤의 물을 저장하였다가 인근 가을에 농업용수르 공급하는 곳이다. 저수지 둑 밑으로 하늘의 제왕이라는 독수리 십여 마리가 모여 쉬고 있는 모습이 보였다. 조류보호단체와 마을에서 먹이를 주면 찾아드는 독수리 수가 더 늘어나는데 작년 겨울에는 약 400마리가, 그 전년도에는 800

■
하늘의 제왕 독수리

여 마리가 찾아왔다고 한다.

　렌즈 너머로 보이는 독수리의 모습은 이제껏 알고 있던 상식과 크게 달랐다. 용맹스런 눈빛, 위협적인 부리를 가진 외도와 어울리지 않지 죽은 짐승 사체를 놓고 까치와 덕이 다툼을 벌이는 처량한 모습이었다. 알고 보니 맹금류인 200여 종이 넘는 수릿과 중에 우리나라의 독수리(천연기념물 제243-1호)만큼은 죽은 동물의 사체를 먹는 온순한 종류라고 한다. 양지리의 독수리는 날개 길이만 3m나 될 만큼 거구지만 동작은 둔하다.

　그러나 관광객들은 카리스마 넘치는 독수리의 자태를 보는 것만으로도 만족해하는 분위기다. 두루미도 그렇지만 독수리 보기가 어디 쉬운 일인가. 특히 상승기류를 이용해 두 날개를 활짝 펴고 하늘을 천천히 선회하는 모습은 상당히 위압적으로 느껴진다. 땅 위 동물들이 충분히 두려워할 만하다.

　필드스코프를 들고 양지리 일대를 분주히 오가는 사이, 가까운 산 너머로 해가 떨어졌다. 푸른 기운이 남아 있는 하늘 위로 'V'자 편대의 기러기들이 북녘을 향해 날아간다. 민통선도, 휴전선도 모르고 사는 그 새들은 이 밤 어디에 내려앉아 쉬어갈까.

놓치면 아까운 주변 여행지

월정역 외 안보 관광지

　경원선의 간이 역사였던 월정역에는 '철마는 달리고 싶다!'고 올부짖는 안내판과 함께 고철이 된 객차 잔해가 전시되어 있다. 경원선은 서울에서 원

산까지 운행하던 산업철도였다. 을씨년스러운 폐역사와 녹슨 철마 앞은 자연스런 포토존이 되고 있다. 월정역 바로 옆에는 철원두루미관이 있다.

노동당사는 뼈대만 앙상하게 남은 건물이다. 근대문화유산 등록문화재 제22호로 지정되어 보호받고 있다.

그밖에 북한이 파놓은 제2땅굴과 철원평화전망대 등이 있다. 철원 평화전망대에는 모노레일이 설치되어 있어서 편하게 오를 수 있다. 문의: 찰원 삼각전적지 관광사업소 033-450-5558.

고석정 국민관광지

한탄강 중류에 위치한 관광명소로 맑은 물과 높은 기암이 아름다운 곳이다. 임꺽정의 활동무대였다고도 한다. 전설에 의하면 임꺽정은 관군을 피해 한탄강으로 뛰어들어 꺽지가 되었다고 한다.

철원의 안보관광지는 개인적으로 움직이면 제약이 많으므로 고석정 국민관광지에서 운영하는 안보관광 프로그램에 참여하는 것이 좋다. 제2땅굴과 철원평화전망대, 월정역, 노동당사 등을 해설과 함께 둘러볼 수 있다.

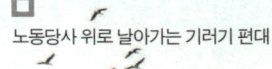

노동당사 위로 날아가는 기러기 편대

얼어붙은 직탕 폭포. 길이가 80m에 이른다.

3시간 가량 소요되며, 당일 고석정 국민관광지 1층 접수처에서 접수받아 함께 움직인다. 신분증이 있어야 하며 하루 4회 가량 운영된다. 문의: 철원 삼각전적지 관광사업소 033-450-5558.

한탄강과 직탕폭포

한탄강은 북녘 땅 평강군에서 발원하여 철원과 포천, 연천 등을 지나 임진강으로 흘러드는 길이 136㎞에 이르는 강이다. 화산폭발로 생긴 골짜기답게 한탄강변은 절벽과 협곡이 발달했다. 특히 제주도에서나 볼 수 있는 현무암이 많다는 것도 특징이다.

직탕폭포는 고석정에서 2㎞ 정도 떨어진 곳에 있는데 여느 폭포와 달리 커튼처럼 옆으로 길게 늘어진 것이 특징이다. 길이는 80m에 이르는데 반해 높이는 고작 3~5m이다. 이름 붙이기 좋아하는 사람들은 미국의 나이아가라 폭포를 닮았다고 하여 '한국의 나이아가라 폭포'라고도 말한다.

1. 월정리역 2. 고석정 국민관광지 내에 조성된 임꺽정 동상
3. 고석정의 절경. 임꺽정 설화가 전해지는 곳이다.

추천일정

첫째날 철원 진입 → 직탕폭포 → 점심식사 → 양지리 진입(농촌체험, 철새탐조) → 숙박

둘째날 고석정 국민관광지 → 셔틀버스 이용한 안보 관광(월정역, 통일전망대, 제2땅굴, 노동당사 등) → 점심식사

탐조여행은 초보자의 경우 전문가의 도움을 받는 게 좋다. 환경단체, NGO 같은 여러 단체의 프로그램에 참여하는 게 제일 좋고 여의치 않을 경우 고석정 국민관광지에서 운영하는 안보관광 프로그램에 참여하는 게 좋다. 양지마을에도 전문가가 있으므로, 도움을 받을 수 있는지 미리 확인을 하고 예약을 해야 한다. 문의: 황용하 위원장 010-8892-3273.

찾아가는 길

자가용
서울 - 포천 - 철원 - 고석정 - 제2땅굴 방향 464번 지방도로 - 검문소 - 양지리

대중교통
▶ 서울에서 철원 동송읍까지는 수유리 시외버스터미널이나 동서울터미널에서 수시 운행되는 시외버스를 이용한다. 약 2시간 소요.
▶ 동송읍에서 양지리 들어가는 버스가 하루 6회 있다. 제일여객(033-455-2217). 민통선 지역이기 때문에 마을과 사전 예약이 되어 있어야 출입이 가능하다.

추천업소

▶ 마을에서 직영하는 펜션이 양지리 안에 있다. 두루미펜션(033-452-9194). 마을로 문의하면 민박도 알선해준다.
▶ 마을엔 식당이 없으며 동송으로 나와야 한다. 마을 인근의 철길가든(033-456-0523)은 민물매운탕을 주메뉴로 하는 곳으로 주민들이 많이 찾는 대표적인 맛집. 직탕폭포 앞에 있는 폭포가든(033-455-3546)은 민물매운탕과 장어구이가, 고석정 옆의 궁예도성(033-455-1944)은 가볍게 먹을 수 있는 일반 메뉴부터 한우까지 다양하다. 특히 고석정 경관이 일품이다.

산촌에서 즐기는 다이내믹 레포츠 세상,
계룡산 레포츠체험마을

충청남도 계룡시 엄사면 도곡리

　가을이다. 논두렁, 밭두렁에서부터 피어난 가을은 바람을 타고 사방의 초목을 어루만진 뒤 가뿐히 가슴속까지 비집고 들어왔다. 가을이 속삭인다. 가슴에 이는 바람에 몸을 맡기고 홀가분하게 여행을 떠나라고.

　그 유혹을 이기지 못하고 결국 차에 시동을 걸었고, 차는 계룡산 자락의 낯선 마을 간판 앞에 이르러서야 멈춰 섰다.

　'계룡산레포츠체험마을'

　가을 계룡산과 레포츠가 만난 체험마을이라고? 언뜻 어울릴 것 같지 않은 조합이다. 이색적인 마을 이름 앞에서 잠시 망설였지만, 결국 호기심이 망설임을 밀쳐내고 만다. 그렇게 조금은 조심스런 마음으로 가을이 찾아온 산골짜기 마을로 들어갔다.

　바야흐로 농촌체험관광이 트렌드다. 과연 농촌체험마을의 변신은 어디까지일까?

계룡산에서도 가장 계룡산다운 마을

정식 행정지명은 계룡시 엄사면 도곡리다. 계룡시는 군인 및 군인 가족이 70%를 차지하는 신흥 도시다. 인구는 겨우 4만 명 남짓으로 인구로만 따지자면 계룡군이라 불러도 할 말 없는 처지다. 엄사면 도곡리는 1리와 2리 합하여 110가구, 370여 명이 살고 있는 전형적인 농촌, 산촌마을이다.

계룡산 주봉인 천황봉은 해발 845m로 썩 높은 산은 아니지만 예로부터 우리나라 4대 명산의 하나로 이름을 날렸다. 십승지지(十勝之地)로 손꼽았다는 정감록 이야기나 민간신앙이 다른 어느 산보다도 성행했다는 점 등은 계룡산의 신이함을 더해준다. 그 계룡산에서 향적산(574m) 줄기가 뻗어나와 마

배울산 임도에서 바라보는 마을 전경은 사륜오토바이 체험의 백미

을을 감싼다. 주봉이 국사봉인 향적산은 계룡산의 향기가 가장 짙게 밴 산이라고 하니 계룡산에서도 가장 계룡산다운 곳인 셈이다. 국사봉에는 조선을 건국한 이성계가 신도안을 도읍으로 정하기 위해 이곳에 올라 국사를 논했다는 전설이 전해진다. 실제로 남선면 부남리 일대에는 당시 궁궐을 짓기 위해 운반했던 석재들이 지금까지 남아 있어 문화재로 지정, 보호받고 있다.

　국사봉도 좋고 계룡산 천황봉도 좋지만 마을 바로 뒷산인 배울산만 올라가도 탁 트인 경치와 함께 산의 정기가 느껴져 탄성이 나온다. 왼편으로 향적산과 더불어 계룡산이, 오른편으로는 식장산(598m)과 대둔산(878m)이 손에 잡힐 듯 다가오는데 그 사이의 마을과 길이 더해져 마치 파노라마를 보는 듯하다. 두 팔을 벌려 몸을 던지면 하늘을 날 것만 같다.

산촌의 변신은 어디까지인가

평범했던 산촌마을에 레포츠 열풍이 불어닥친 건 '녹색농촌체험마을'이라는 사업을 유치하면서부터다. 산촌마을에는 농경지가 많지 않다. 반면 산지는 넉넉하다. 다른 마을처럼 번듯한 농촌체험 프로그램을 운영해 보려고 해도 농작물이 많지 않아 한계가 있고 또 몇몇 젊은이들을 제외하면 나이 지긋한 노인들뿐이라 힘 있게 추진할 사람들도 없다. 박해상(68) 위원장은 고민 끝에 뜻밖의 아이디어를 냈다. 바로 레포츠 체험이었다.

"레포츠라고 해봐야 몇 가지 아는 것도 없었지만 어쨌든 마을 젊은이들하고 의논을 하기 시작했지요."

다행스럽게 마을에 개인 승마장이 있어서 승마체험은 손쉽게 진행할 수 있었고 활용 가능한 산지를 다듬어서 서바이벌 게임장을 만들었다. 사륜오토바이도 구매하여 임도를 중심으로 드라이브 코스를 개발했다. 그렇게 레포츠체험마을이 태어났다.

한 대에 500만 원쯤 하는 사륜오토바이가 지금은 20대로 늘어나 오토바이 체험이 마을의 중심 프로그램이 되었다. 마을 뒷산 드라이브 코스는 가히 환상적이라 할 만한데 난이도에 따라 초급, 중급, 고급으로 다양한 코스가 있다. 짧은 코스는 3㎞, 긴 코스는 왕복 7.6㎞에 달한다. 체험시간도 30~40

승마체험

1. 사륜오토바이 체험
2. 서바이벌 게임에 몰두하고 있는 어린이들

표고버섯 따기 체험

가을을 따는 어린이

분에서 2시간까지 다양하다.

"코스를 매년 바꿉니다. 손님들이 올 때마다 코스가 같으면 재미가 없잖아요. 해마다 다른 코스를 체험할 수 있다는 게 장점입니다."

사륜오토바이 체험을 담당하고 있는 전정배(33)씨와 함께 사륜오토바이를 타고 배울산에 올랐다. 울퉁불퉁 오프로드를 달리는 쾌감이 찌릿찌릿 손끝에서부터 전해진다. 엉덩이가 들썩거릴 때마다 머릿속이 출렁거린다. 도시 생활에서 쌓인 스트레스가 모두 떨어져나가는 느낌이다. 이 맛에 사륜오토바이를 타는 것일까? 강약이 있는 노면과 경사도가 드라이버를 시종 긴장하게 만들지만 아직까지 안전사고 한번 일어나지 않았다고 한다. 사륜오토바이 체험의 압권은 배울산에 올라 마을을 내려다보는 순간이다. 탁 트인 시야를 앞에 두니 몸이 둥둥 떠올라 하늘을 날 것 같다.

서바이벌 게임장은 잡목이 우거진 산자락에 숨어 있다. 군용트럭을 떠올리게 하는 소품용 차량이 분위기를 압도하고 전장을 방불케 하는 음향효과가 스피커를 타고 울려 퍼진다. 어린 시절, 나무 작대기 하나만 있어도 최신식 기관총이 부럽지 않았다. 동네 골목길을 휘저으며 또래 개구쟁이들과 벌이는 총싸움은 언제나 흥미진진했다. 같은 나무 작대기여도 입에서 나오는 소리에 따라 소총도 되고 기관총, 대포도 되었다. 총알이 빗발치는 그 전장을 기억하는 옛 용사들에게 서바이벌 게임은 색다른 감회다. 세상은 바뀌어 나무 작대기는 진짜 총만큼이나 폼나는 에어볼 전동총으로 바뀌었고 입으로 일일이 소리를 흉내내지 않아도 자연스레 총성이 울려퍼진다. 게임을 하려면 안전 헬멧과 조끼, 무릎보호대까지 착용해야 한다. 만약을 위해 상해보험까지 들어 놓았다고 하니 그야말로 총 장난이 아니라 총 싸움이다.

향적산을 배경으로 말을 탈 수 있는 승마장이나 산 속 낚시터도 인기가 높다. 지금도 충분히 경쟁력이 있다고 보이지만 다을 위원장의 꿈은 더 원대하다. 앞으로 범퍼카와 산악 캠핑카 그리고 장기적으로는 공기부양정 같은 이색 체험기구까지 들여놓고 싶다고 한다.

마을에 레포츠체험만 있는 건 아니다. 우렁이 잡기, 표고버섯 따기, 피망과 고추, 가지 같은 계절 야채 수확 체험 등도 틈틈이 즐길 수 있다. 엿 공장도 있어서 미리 예약만 하면 전통 엿도 만들어 볼 수 있다.

다른 지역 농촌체험 프로그램은 단체 방문객 위주로 운영 되는 곳이 많은데 도곡리의 경우 개인도 체험이 가능하다는 게 매력이다. 사륜오토바이는 두 명 이상만 되어도 가능하고 승마는 한 명도 가능하다. 편을 갈라 진행하는 서바이벌 게임도 4명만 넘으면 된다.

현란하고 다이내믹한 드곡리의 체험 프로그램을 경험하고 마을을 벗어나는데 어쩐지 별세계에 들어갔다가 나온 듯하다.

놓치면 아까운 주변 여행지

개태사

절에는 크게 두 가지 볼거리가 있는데 첫 번째가 보물로 지정된 개태사지석불입상이다. 고려시대 석불답게 우람하고 듬직한 모습이다. 다른 하나는 거대한 가마솥이다. 무쇠로 만든 이 가마솥은 승려들의 식사를 위해 국을 끓였던 것으로 추정되는데 지름이 3m, 높이가 1m, 둘레가 9.4m에 이르는 초대형이다. 군데군데 깨진 모습을 하고 있는데, 이는 일제시대 때 일본군이 징발하려다 실패했던 아픈 상처이다. 문의: 041-734-8730.

계룡산

계룡산이라는 이름은 신도안을 도읍으로 정하기 위해 이태조와 무학대사가 현장답사를 나왔을 때, 무학대사가 이태조에게 산의 형국이 금계포란형(金鷄抱卵形), 비룡승천형(飛龍昇天形)이라 일컬은 데에서 닭과 용을 따와 붙인 이름이다. 지리산에 이어 두 번째로 국립공원에 지정된 명산으로 동학사와 갑사 등의 고찰이 있으며 등산로도 갑사 코스, 동학사 코스, 수통골 코스, 신원사 코스 등 다양하다. 문의: 계룡산국립공원 관리공단 042-825-3002.

🌸 추천일정

계룡 진입 → 계룡산레포츠체험마을(마을에서 점심식사) → 개태사 관광

한 가족만 되어도 체험이 가능하지만 역시 레포츠는 많은 사람이 함께 해야 제맛이다. 현지에서 다른 신청자와 함께 팀을 이루는 것도 요령이다. 문의: 042-840-9944, www.krnt.kr

찾아가는 길

자가용
- 호남고속도로 계룡 나들목 – 논산, 연산 방면 4번 국도 – 도곡리 방향으로 우회전 – 계룡산 레포츠 체험마을
- 내비게이션 찾기: 충남 계룡시 엄사면 도곡리 389번지 계룡산레포츠체험마을

대중교통
마을이 계룡역과 개태사역의 중간지점에 있으므로 기차를 이용한 뒤 택시를 타는 것이 편하다. 계룡역에서 마을까지 택시 요금은 6,000원 남짓(10분 소요)

추천업소

- 마을 체험관 바로 뒤에 고향맛집(042-840-9955)이라는 깔끔한 식당이 있다. 푸짐한 쌈채소와 맛있는 우렁된장이 함께 나오는 우렁쌈밥은 누구나 좋아한다. 주민들이 많이 찾는 동태탕도 대표 메뉴다. 향한리에 있는 향적산묵집(042-841-5557)도 괜찮다. 한당오리와 묵무침, 파전, 두부김치, 막걸리 등의 향토음식들이 등산 마니아들로부터 사랑을 받는 곳이다.
- 마을에서는 숙박시설(042-840-9944)을 직접 운영한다. 이곳 외에는 마을에 숙소가 없으며 인근 계룡시내에는 모텔이 많다. 두마면 입암리의 토담골(042-841-6040)은 통나무집과 황토방 등으로 멋을 낸 숙박시설로, 식사도 가능하다.

4장
이색 마을을 찾아서

대한민국의 끝 그리고 시작, **한반도 최남단 마을**
바다로 가는 차, 땅 위로 가는 배, **서천 월하성마을**
전 주민의 17%가 천문지도사, **하늘별마을**
푸른 학이 사는 무릉도원, **지리산 청학동**
두루두루 복을 나누어 주는 솜씨마을, **복조리마을**
육지 속에 감춰진 섬마을, **회룡포마을**
귀농귀촌 미리 연습으로 살아볼까, **가막마을**

대한민국의 끝 그리고 시작,
한반도 최남단 마을

제주도 서귀포시 대정읍 마라리

"마라도 갈 수 있나요?"

매표소 안에 앉은 아가씨의 눈치를 보면서 조심스레 질문을 던졌는데 다행히 원했던 답이 돌아왔다. 국토 최남단의 섬답게 마라도는 늘 기고만장하다. 컨디션이 좋지 않으면 누구의 접근도 허락하지 않는다. 작년에도 매표소 앞에서 발길을 돌린 적이 있었다.

궂은 날씨 속에 간신히 열린 뱃길이건만 파도가 심상치 않다. 출렁출렁 왼쪽 오른쪽으로 번갈아 요동을 치며 승객들을 위협한다. 배까지 넘쳐 들어온 파도가 1층 객실 창문을 세차게 두드릴 때마다 관광객들의 웅성거림은 더 커진다. 함께 동행한 지인은 애써 태연한 척 썰렁한 유머를 던진다.

"와! 바이킹 탄 것 같네. 하늘 보이고, 바다 보이고, 다시 하늘 보이고 끝내준다!"

출발한 지 25분 만에 배는 마라도 북단의 자리덕 선착장에 도착했다. 앞 다퉈 객선을 빠져나온 관광객들은 긴 한숨부터 내쉬었다. 그때서야 여기저기서 웃음보가 터졌다.

작은 섬나라, 없는 것 빼곤 다 있다!

마라도. 면적 0.3㎢, 해안선 길이 4.2㎞, 최고점 39m. 모슬포항에서 11㎞ 거리. 거기에다 북위 33° 6′ 33″ 동경 126° 11′ 3″에 위치한 우리나라 최남단의 섬. 면적으로 보면 서울 여의도에 딸린 작은 무인도 밤섬보다 약간 큰 크기의 작은 섬, 마라도의 신상명세다.

하늘에서 찍은 사진을 보면 마치 푸른 바다를 항해하는 항공모함 같기도 하고, 거대한 전복이 떠 있는 것처럼 보이기도 한다. 사람들이 마라도를 이야기할 때 빼놓지 않는 수식어가 '국토의 막내', '국토의 끝', '국토의 최남단' 같은 말이다. 이들 수식어에는 한결같이 마라도를 '끝'으로 표현하고 있다. 끝은 또 다른 의미에선 '시작'이 될 수도 있건만. 그래, 마라도는 우리 땅의 들머리, 시작점이다!

선착장에 발을 내딛으니 세찬 바람이 먼저 달려들어 반갑게 두 볼을 쓰다듬는다. 바람 맛을 음미하고 있는데, 마라도 비바리들이 바짝 달라붙어 카트를 타라고 권한다. 카트는 마라도의 유일한 교통수단이다. 카트가 없어도 섬을 둘러보는 데에는 지장이 없다. 마라도의 순환도로는 4.2㎞로, 카트를 타고 다니는 시간이나 걸어서 다니는 시간이나 큰 차이가 없다.

커피나 라면, 어묵 따위를 파는 포장마차를 지나자 카트들이 한 줄로 늘어서 있다. 고심 끝에 예쁘장한 색깔의 카트를 골라 탔다. 선착장을 벗어나 들판을 가로질러 마을로 들어섰다.

'최남단'도 감투라고 한다면 마라도에 적을 둔 모든 것들은 제각기 감투 하나씩은 쓴 꼴이다. 마라도에 있는 교회는 최남단 교회요, 절도 우리나라 최남단 절이다. 성당도 등대도 학교도 마찬가지로 우리나라 최남단이라는 감투를 썼다. 그러고 보니 편의시설들이 제법 많이 들어섰다. 없는 것 빼곤 다 있다는 말은 이런 때 쓰는 것인가. 패밀리레스토랑은 없어도 그 유명하다는 해물자장면 집은 여럿이다. 백화점이나 대형 마트는 없어도 24시간 문을 여는 편의점이 있다. 영화관이나 문화센터 등은 없지만 도시에도 흔치 않은 초콜릿박물관이 있다. 유일한 교육기관인 마라도 분교는 이제 선생님 한 명에 학생 3명만 남았다. 그나마 신입생이 있어 한 명이 느는 것이란다.

그대로 멈췄으면 하는 그림책 속 풍경

마라도에는 나무가 많지 않다. 대신 잔디와 억새 같은 풀들이 섬 전체를 뒤덮고 있다. 전해오는 이야기로는 200년 전에 가라도에 처음 들어온 사람들이 경작지를 마련하기 위해 빼곡했던 원시림에 불을 놓았기 때문이라고 한다. 달밤에 퉁소를 불었더니 사방에서 뱀들이 몰려들어 이를 물리치기 위해 불을 지른 것이 나무와 뱀을 사라지게 만든 원인이라는 이야기도 전해진다. 어쨌든 그 덕분에 마라도는 이국적인 경치를 물려받았다.

마라도의 유일한 교통 수단인 전기카트

1. 마라도 잠수함   2. 국토최남단을 알리는 비

억새 무성한 마라도의 전경은 이국적이다 못해 마치 그림책 속 풍경처럼 아름답다. 억새 무리 사이에 둥지를 튼 성당과 등대, 팔각정은 자연과 절묘하게 어우러져 조화로운 풍경을 연출하고 있다. 이곳에 서면 누구나 모델이 되고 배우가 된다. 특히 마라도 성당과 푸른 바다가 내려다보이는 억새밭이나 산방산과 한라산을 배경으로 한 풍경은 기념사진 포인트이기도 하다.

여러 경로를 통해 마라도로 들어온 여행자들이 모두 모이는 곳이 있다. 바로 국토최남단 비석 앞. 형형색색 카트도 모두 이곳에 모이고 걸어서 섬을 돌던 여행자들도 걸음을 멈추고 비석 앞으로 모여든다. 국토최남단에 왔다는 증거사진을 찍기 위해서다. 국토최남단 비석을 등지고 남녘 바다를 바라보았다. 눈에 보이는 것은 망망대해뿐, 눈앞에 거칠 것이 전혀 없으니 비로소 국토최남단의 여행자가 되는 순간이다. 바람을 이기고 서서 남녘 바다 어딘가에 있을 전설 속 이어도를 생각했다.

해안가로는 자리돔이 잘 잡힌다고 하여 이름 붙여진 자리덕선착장과 그 옆 남대문바위, 천신이 지신을 만나기 위해 내려온다는 장군바위, 아기를 업어주는 여자아이의 전설이 내려오는 애기업개당 등이 있어 눈길을 끈다. 해안선을 따라 걷다 보면 가파도의 특산물, 백년초 자생지도 만날 수 있다. 초콜릿으로나 먹던 백년초를 직접 마주하니 참 대견하다는 생각이 든다. '넌 이토록 거친 파도와 바람을 먹고 사는구나. 장하다.'

마라도의 명물로 자장면을 빼놓을 수 없다. 처음에는 CF로 유명해졌는데 이젠 소라, 오징어나 문어, 새우 등 마라도 해산물을 듬뿍 넣어 어엿한 향토음식 대접을 받고 있다. 원조로 통하는 자장면 집 주인은 뜻밖에도 외지 사람이다. 마라도교회의 목사님인 남편을 따라 25년 전 부산에서 이곳 마라도로 이사와 정착한 양금연 씨가 관광객들을 위해 간단한 먹을거리를 팔기 시작한 것이 유래다. 마라도 생활의 에피소드를 묻자 대뜸 바람 이야기를 꺼낸다. 마라도의 거친 바람이 얼마나 싫었던지 살기가 싫을 정도였는데 하루는 마음을 고쳐먹고 바람과 친구가 되게 해 달라고 간절히 기도를 했단다. 그 뒤부터는 바람이 친숙하고 자연스럽게 느껴지고 나중엔 황홀할 정도로 좋아졌다고 한다.

백년초

□ 자장면 집 벽 가득 관광객들의 흔적이 남아 있다. □ 마라도의 별미 해물 자장면

 마라도로 가는 방법은 마라도 유람선과 마라도 여객선, 2가지 방법이 있다. 마라도 유람선은 1시간 30분으로 체류시간이 정해져 있다. 물론 유람선이 계속 들어오기 때문에 다음 배로 나가도 문제는 없다.
 서둘러 자장면 한 그릇을 비우고 선착장으로 달려나갔다. 아쉽게도 그림책 밖 세상으로 나가야 될 시각이다. 여행을 끝내고 현실로 돌아가야만 하는 판타지 동화 속 주인공의 심정이 이랬을까. 여객선에서 내리는 여행객들의 들뜬 얼굴을 보니 짧은 여정에서 오는 아쉬움이 이내 가라앉았다. 가슴 한켠에 마라도의 바람을 품고 다음을 기약하며 배에 올랐다.

□ 산방산과 한라산이 손에 잡힐 듯 다가오는 마라도 해안 산책로

놓치면 아까운 주변 여행지

마라도 잠수함

마라도 잠수함은 송악산 앞 해저를 운항한다. 바다 속으로 들어가 온갖 물고기들과 산호초들을 감상하는 게 주요 프로그램. 특히 다이버가 물 속에서 물고기들을 부리며 잠수함 주위를 돌 땐 탄성과 카메라 플래시가 동시에 터진다. 노란 잠수함은 마치 비틀즈 노래에서 튀어나온 듯 정감 있다. 문의: 제주잠수함관광 064-794-0200.

제주 올레길

'놀멍쉬멍' 걸으면서 제주도의 자연과 문화를 호흡하는 게 올레길의 취지다. 마라도 선착장과 연계해서 둘러볼 수 있는 올레 코스로는 10코스와 11코스가 추천할 만하다. 10코스는 모슬포항과 알뜨르비행장, 산방산과 용머리해안, 마라도잠수함 선착장이 있는 사계 해안 등 바닷가 비경을 따라 걷는 인기 코스다. 곶자왈의 비경이 포함된 11코스도 훌륭하다. 문의: 사단법인제주올레 064-739-0815.

산방산·용머리해안

산방산은 높이 395m에 중절모처럼 우뚝 솟은 바위산이다. 산 중턱에는 산방굴사가 있는데 천연 바위굴에 불상을 안치한 곳이다. 산방산 바로 앞 사계리에는 용머리해안으로 부르는 곳이 있다. 산방산과 하멜상선 중간지점엔

갈옷 염색 전문점 갈중이(064-794-1686)가 있는데 천연염색 기념품을 믿고 살 수 있는 곳이다. 문의: 사계리 관리사무소 064-794-2611.

가파도

마라도 가기 전에 있는 나지막한 섬이 가파도다. 가파도는 마라도보다 3배 가까이 큰 섬으로 마라도와는 여러 가지로 비교된다. 우선 관광지라는 생각이 들지 않을 정도로 순수함을 가지고 있다. 사람 사는 냄새를 진하게 맡을 수 있다는 점도 가파도의 특징이다. 특히, 70여 명에 달하는 해녀들의 물질을 가까이서 살펴볼 수 있어 인상적이다. 최근에는 걷기 코스도 개발되었는데 올레길 '10-1 코스'로 이름이 붙었다. 약 5km에 달하고 2시간 가까이 걸린다. 봄에는 청보리밭 축제도 연다.

제주농업생태원(서귀포농업기술센터)

정부기관이다 보니 대중적으로 잘 알려져 있진 않지만 볼거리와 즐길거리가 다양하다. 특히 가을에는 감귤 수확이나 천연염색 체험을 할 수 있다. 감귤을 비롯한 제주의 농·특산물도 믿고 구입할 수 있다. 미로공원도 훌륭하다. 문의: 064-760-7835.

제주만의 특별한 체험, 잠수함 관광

제주농업생태원의 감귤잼 만들기 체험

🌸 추천일정
송악산 대장금 촬영지 → 가파도유람선 승선 → 마라도 → 점심식사 → 마라드 출발 → 마라도잠수함 체험 → 알뜨르 비행장

마라도 정기여객선과 직항유람선은 출발지가 다르기 때문에 동선을 고려해서 교통편을 정하는 게 좋다. 직항유람선이 출발하는 송악산에는 일제 강점기에 일본군이 해안 참호로 쓰던 굴이 있어서 함께 둘러보기 좋다. 드라마〈대장금〉을 찍은 곳이기도 하다.

찾아가는 길

자가용
제주공항 → 95번 도로(서귀포관광도로) → 송악산 → 마라도 정기 여객선 선착장(모슬포항), 마라도직항 유람선(송악산)

대중교통
제주시 버스터미널에서 약 20분 간격으로 운행되는 버스를 타고 모슬포로 이동한다. 약 1시간에서 1시간 20분 소요. 마라도 정기여객선 선착장은 모슬포에서 걸어서 10분 거리이며, 마라도 직항 유람선이 출발하는 송악산 선착장은 택시로 약 10분 거리이다.

여객선
삼영해운(마라도여객선, 064-794-5490, 왕복 15,500원), 유양해상관광(마라도유람선, 064-794-6661, 왕복 15,000원). 마라도까지 뱃길로 30분쯤 걸린다.
각각 기본 1일 4~5회 운행하지만 성수기에는 증편되므로 미리 전화 문의를 해야 한다.

 추천업소
마라도 자장면 집은 현재 다섯 곳이 성업 중이다. 양금연 씨가 마라도에 들어와 최초로 개업했던 '마라도 원조해물자장면(064-792-8506)'은 현재 아들 내외가 대를 이어 꾸려가고 있다. 송악산 선착장과 가까운 곳에는 사계리 마라도잠수함 선착장 앞의 해변정(064-794-4170)이 추천할 만하다. 지역 주민들이 즐겨 찾는 맛집으로 소박한 분위기에 푸짐하고 맛있는 해물뚝배기가 좋다. 해변정에서 모퉁이를 돌면 다금바리회로 유명한 진미식당(064-794-3639)이 있다. 모슬포선착장과 가까운 곳으로는 동성수산횟집(064-794-7034)이 추천할 만하다. 숙박을 겸하고 있어 저렴하게 식사와 잠자리를 해결할 수 있다.

바다로 가는 차, 땅 위로 가는 배
서천
월하성 마을
충청남도 서천군 서면 월호리

여행은 애인 같다. 배낭을 꾸리고 신발 끈을 맬 때의 설렘과 기대는 애인을 만나러 가는 마음과 닮았다. 보고 또 봐도 보고 싶은 애인처럼 여행도 중독성이 있다.

어떤 이는 여행을 통해 삶의 자극을 얻는다고도 한다. 새로운 세상과의 만남, 그 속에 감춰진 흥미로운 이야깃거리는 삭막한 도시에서 온 여행자에게 충분히 삶의 자극, 활력이 되어 준다.

새로운 풍경, 흥미로운 이야깃거리가 꼭 멀리 있는 것만은 아니다. 국내여행보다 해외여행을 선호하는 여행자들을 가끔 보는데, 혹시 그 이유가 국내 여행지는 새로울 게 없기 때문이라면 동의하기 어렵다. 이 땅에도 여행자들을 충분하게 감동시킬 매력들이 숨어 있다. 그런 매력을 찾는 과정 또한 여행의 즐거움이기도 하다. 마치 운명의 연인을 찾는 것처럼 말이다.

월하성마을의 새벽 풍경

서천군은 서해안을 따라 펼쳐진 충남에서 제일 아래 지방에 자리한 고을이다. 서쪽은 바다와 마주하고 있고 남쪽은 금강과 마주하고 있다. 사람들에게는 서천이라는 이름보다 서천군의 일개 면에 불과한 '한산'이 더 낯익다. 한산 세모시와 한산 소곡주가 워낙 유명하기 때문이다.

월하성마을의 원래 이름은 월호리인데 이는 '월아'라는 마을과, 여우가 많은 곳이란 뜻의 '호동'이 합쳐진 것이다. 월아(月鵝)란 마을이 기러기 날개처럼 생겼고, 겨울 달밤이면 기러기 울음소리를 많이 들을 수 있다고 해서 붙여진 이름으로 월하(月下), 월하성(月下城)이라고도 불렀다. '달빛 아래 성'이라니 참으로 운치 있고 멋스런 이름이다.

바다로 가는 경운기

월하성마을에는 아주 진기한 풍경이 있는데, 바로 이 마을 주민들이 새벽 조업 나가는 모습이다. 어둠이 막 물러날 무렵, 탈탈탈 경운기를 끌고 바다로 들어가는 그 모습을 처음 봤을 땐 가슴이 벌렁벌렁 뛰면서 흥분되었다. 어선을 트레일러에 싣고 바다로 200여 미터를 들어가 물 위에 배를 띄우는 것이 아닌가. 경운기가 바다로 들어간다는 것이 무엇보다 놀라웠고, 한두 대가 아닌 여러 대의 경운기들이 계속해서 그런 장면을 만들어내는 것을 보고 벌어진 입을 다물지 못했다.

지금은 고인이 된, 가인 김광석이 노래했다. '두 바퀴로 가는 자동차, 네 바퀴로 가는 자전거, 물 속으로 나는 비행기, 하늘로 나는 돛단배…….' 그저 노래 속에서나 만날 수 있는 말장난인 줄 알았는데 그런 풍경을 직접 만나게 될 줄이야. 그것도 내 나라, 내 땅에서.

한창 주꾸미가 제철을 맞이한 2010년의 어느 봄날, 다시 월하성마을을 찾았다. 꼭 다시 보리라 가슴에 담아 둔 새벽 풍경을 놓치지 않으려고 시각에 맞춰 월하성마을 해변에 도착했다. 남녘에는 매화와 산수유가 만개했다는데 서해안의 새벽 공기는 아직도 옷깃을 여미게 만들 정도로 매서웠다. 차 안에서 때를 기다리는데 아니나 다를까, 6시를 넘기니 새벽 정적을 깨는 경운기 소리로 주위가 요란해진다. 찬 공기를 밀치며 차 문을 열고 나와 새벽 조업에 나가는 주민들의 모습을 바라보았다. 하나같이 경운기 뒤에 작은 선외기를 매달았다.

2인 1조. 1톤의 작은 고깃배로 하는 영세한 어업이라 대개 두부가 같이 움직인다. 비스듬히 바다 속으로 가라앉은 길 끝에 이르렀지만 경운기는 방향을 돌릴 생각도 않고 그대로 돌진한다. 새벽 겨울 바다를 가르며 경운기는 한참을 더 지나 200~300m까지 나아갔다. 적재함이 완전히 잠길 무렵이 되어서야 비로소 뒤에 매달고 왔던 고깃배를 바다에 띄운다. 황당한 것은 그 다음이다. 부부는 경운기는 나몰라라 물속에 그대로 버려 두고 배를 타고 바다로 나가버리는 것이다. 경운기 다 버리겠다는 생각에 안타까워하던 것도 잠시, 의문은 금세 풀렸다. 썰물 때가 된 것이다. 물이 빠지면 잠겼던 경운기가 자연스럽게 땅 위로 드러나기 때문에 굳이 육지로 올려놓을 필요가 없는 것이다.

　그렇게 조업을 나간 배들이 다시 돌아오는 시각은 12시 무렵. 마을 앞바다로 돌아온 고깃배가 잠시 멈추고 남자가 배에서 내려 바닷길을 걸어 나온다. 마을 앞 해안은 경사가 완만하여 수심이 그리 깊지 않기 때문에 가능한 일이다. 그리곤 내버려두었던 경운기를 끌고 다시 바다로 들어간다. 배를 육지로 끌고 나와야 하기 때문이다. 그렇게 끌고 나온 배를 집 앞이나 선착장에 세워 놓은 다음, 잡아 온 고기나 그물을 손질한다.

어촌체험마을로 거듭나는 월하성

　농촌에 귀농이 있다면 어촌에는 귀어(歸漁)가 있다. 15년 객지생활을 정리하고 고향으로 돌아와 살고 있는 귀어인 김상덕(43) 씨를 만났다. 그는 서천에서 '색소폰 부는 도예가'로 알려져 있다. 마을에서 도예공방을 운영하는데 군 행사나 경로잔치, 불우이웃돕기 같은 행사가 있으면 색소폰을 들고 달려간다. 그는 물속으로 달리는 경운기에 담긴 비밀을 다음과 같이 설명한다.

　"조수간만의 차가 커서 그래요. 물이 빠지면 배가 갯벌에 걸려서 움직이지 못하잖아요. 일은 나가야 하는데. 그래서 배를 끌어 댕기죠. 안 그러면 저 바다 앞에까지 선착장을 만들어야 하는데, 그것도 쉽지 않은 일이고······."

　경운기가 금방 상하지 않겠냐고 했더니, 관리만 잘하면 5년 넘게 쓴다고 한다. 마을의 경운기들은 멀쩡한 것이 하나도 없다. 피해를 최소화하려고 엔진을 40~50㎝ 정도 높게 달았지만 모두 부식이 진행 중이다.

주민들은 도다리, 대하, 꽃게, 소라 등의 물고기를 잡는다. 서해안의 명물인 주꾸미는 소라껍질을 이용하여 잡는다. 그런데 올봄에는 이상하리만큼 주꾸미가 잡히지 않아 값도 많이 올랐다고 한다.

"지금부터 4월말, 5월초까진 주꾸미나 도다리를 잡죠. 그러다가 5월에서 6월말에는 꽃게, 소라를 잡고, 7~8월은 금어기라 쉬어요. 이때는 민박이나 갯벌체험 같은 일도 하고, 가을 조업 준비도 합니다. 9월에서 10월 말에는 가을 꽃게하고 대하, 전어 등을 잡죠. 11월이 되면 김 양식 준비를 합니다. 김 양식은 이듬해 3월 갈까지 해요. 12월에서 다음 2월까지는 숭어를 잡습니다. 숭어는 서천 숭어가 제일 맛있습니다. 여기가 공장도 없고 깨끗한 청정 지역이잖아요."

일 년 열두 달, 쉴 틈 없이 바쁜 어촌의 일상이다. 김 씨는 관광객들을 상대로 한 도예체험과 갯벌체험에 집중하고 있다. 화도가 강한 산청토에 고향의 갯벌을 섞은 흙으로 도예체험 프로그램을 개발했다고 한다.

"갯벌을 섞은 도예체험이라는 게 도예 자체의 의미보다도 상징적인 의미

갯벌도예 체험장의 도예 작품

가 크죠. 어촌체험마을이고, 갯벌이 유명한 마을이니까. 나중에 횃불축제할 때 오세요. 8월초에서 9월쯤, 바닷물이 최고 많이 빠지는 백중사리 때 마을에서 축제를 합니다!"

마을의 갯벌체험 프로그램이 유명하지만 맛조개만 잡고 돌아가면 수박 껍질만 핥는 꼴이다. 물 속 경운기 이야기도, 색소폰 도예작가 이야기도 들을 수 없다. 빨간 수박 속살 같은 여행지의 속내를 제대로 맛보려면 하룻밤 묵어가는 것이 좋다. 여행에서 가장 아름다운 풍경은 해 지고 나서부터 해 뜨기 전까지이다.

놓치면 아까운 주변 여행지

마량포구 · 동백정

특이한 지형 탓에 마량포구에선 일출과 일몰을 모두 볼 수 있다. 또 우리나라에서 처음으로 성경이 들어온 곳이기도 하다.

마량포구 가는 길의 발전소 뒤편 언덕에는 동백정이라는 정자가 있다. 이곳에는 천연기념물로 지정된 동백나무 80여 그루가 자라고 있다. 이곳 동백꽃들의 화려한 자태에 취하면 동백정 너머로 떨어지는 태양도 붉은 동백꽃으로 보인다.

홍원항 · 서천 해양박물관

어촌 특유의 비릿한 풍경을 만끽할 수 있는 아름다운 항구이자 활력 넘

치는 수산물의 집산지이다. 위
판장을 구경하고 갓 잡은 싱싱
한 해산물도 살 수 있다. 가을
엔 전어축제가 열리기도 한다.

　홍원항과 마량포구 사이 갈
림길의 언덕에는 서천 해양박
물관이 있다. 세계적인 희귀 패
류와 아름다운 산호, 진귀한 화
석 등이 전시되어 있고, 철갑상어 같은 살아 있는 물고기들도 일부 있다. 문
의: 서천 해양박물관 041-952-0020.

금강 하구 · 서천 조류생태전시관

　금강 하구는 우리나라의 대표적인 철새도래지이다. 겨울에는 수십만 마리
의 가창오리들이 날아오-머무르는데 특히 서천 쪽 해안가가 관찰하기 좋다.

　최근에는 서천 조류생태전시관이 새로 문을 열었다. 특히, 어린이들이
좋아할 만한 깜찍한 시설물들이 눈길을 끈다. 문의: 서천 조류생태전시관 041-
956-4002.

춘장대 해수욕장

　완만한 경사와 넓은 고래사장, 아카시나무와 어우러진 솔숲으로 유명하
다. 물이 빠지면 단단한 모래갯벌이 펼쳐져 갯벌체험을 즐길 수 있다. 지역
주민들도 이곳에서 백합을 채취한다.

금강 하구에서 비상하는 가창오리떼

신성리 갈대밭

영화 〈JSA 공동경비구역〉의 촬영무대로 알려진 명소다. 금강변을 따라 펼쳐진 198,000㎡ 규모의 갈대숲인데, 구불구불 오솔길이 다듬어져 있고 군데군데 쉼터도 조성되어 있어 구경하기 편하다. 가는 길에는 한산모시관과 한산소곡주 양조장이 있어서 함께 둘러보면 좋다.

1. 춘장대 해수욕장, 그랭이로 백합을 잡는 주민들 모습   2. 서천 특화시장   3. 동백정의 동백나무숲

🌼 추천일정

첫째날 서천 진입 → 동반정, 마량포구, 서천 해양박물관 → 점심식사 → 금강 하구(조류생태전시관) → 한산 모시관 → 신성리 갈대밭 → 저녁식사 → 장항 카페촌 → 숙박

둘째날 월호리 조업 풍경 감상 → 홍원항 아침 위판장 → 춘장대 해수욕장 → 점심식사 → 서천읍내 특화시장

주민들이 조업을 나가는 시각은 아침 6시 전후지만 그때그때 물때에 따라 조금씩 다르다. 어촌 체험 프로그램에 참여하려면 어촌계와 미리 상의를 해야 한다. 문의: 어촌 계장 박용수 010-5427-9292, 김상덕 도예가 010-6401-4895.

 찾아가는 길

자가용
서해안고속도로 춘장대 나들목 — 우회전 — 비인 방면 — 월호리(월하성 어촌체험마을)

대중교통
서천터미널(서천 삼거리)에서 마을까지 하루 5회 농어촌버스가 운행된다. 동백(춘장대) 방면은 30분 간격으로 운행된다. 읍내에서 월호리까지 택시를 이용할 경우 15,000원 정도 나온다.

 추천업소

▶ 마을 안 식당으로는 민박을 겸하고 있는 바다소리(041-952-3473), 월하성해물탕(041-951-4745)이 있다.

▶ 민박집으로는 덤장집(041-952-3566), 시몬수산(010-5427-9292)이 있다. 월호리 새벽 풍경이나 마량포구 일출을 보려면 서면에다 숙소를 잡는 것이 좋다. 마을에서 5분 거리의 마량포구 입구에는 버섯 모양을 한 도깨비펜션(041-952-7123)이 있는데 주인장 내외가 친절하고 시설도 깨끗하다. 홍원항과 동백정 춘장대 해수욕장도 가까워 여행 동선 짜기에 좋다. 그 외 금강 하구 장항 카페촌과 춘장대 해수욕장에는 모텔이 몇 곳 있다.

전 주민의 17%가 천문지도사,
하늘별 마을

전라북도 남원시 | 산동면 대상리

고속도로를 벗어나 지방도로로 접어들었다. 하늘은 충분히 어두워졌지만 별을 볼 수 있을지 걱정이 들었다. 오락가락하는 빗방울 때문이다.

별은 지구인들에게 특별한 의미가 있다. 꿈과 희망을 상징하는 아이콘이요, 동경의 대상이다. 아주 오랜 옛날부터 별에게 지혜를 구했고 인간의 운명을 점쳤다. 신성한 마음으로 숭배도 했다.

도시에서는 별을 보기가 쉽지 않다. 바쁜 도시 생활이 밤하늘을 쳐다볼 여유를 주지 않을 뿐만 아니라, 거대하고 강렬한 불빛들이 별빛을 삼켜버리기 때문이다. 어디 빛뿐이겠는가. 별이 지닌 이야기도 같이 삼켜버리고 말았다.

어둠에 잠긴 우울한 하늘을 원망하며 컴컴한 마을길로 접어들었다. 더 들어가야 하나, 잘못 들어온 건 아닌가, 운전대를 잡고 망설이는 사이에 마을 안내표지와 함께 반가운 건물이 모습을 드러냈다.

4장 이색 마을을 찾아서 | 281

별 보는 사람들, 별이 된 마을

건물에는 '만행산 천문체험관'이라는 간판이 달려 있다. 주민들의 손으로 직접 운영한다는 천문대다. '하늘별마을'이라고 이름 붙여진 마을 홈페이지를 보고 찾아왔는데 제대로 찾은 것이다.

마침 고등학생으로 보이는 학생들이 십여 명 나와서 쉬고 있었다. 경기도 고양에서 온 영재스쿨 학생들이란다. 이들이 경기도에서 전라북도 남원의 산골짜기까지 찾아온 이유는 무엇일까? 한적한 시골 마을에 천문체험관이 들어선 이유와 무관하지 않으리라.

마을에 천문체험관이 들어선 배경은 이렇다. 마을이 산림청에서 추진하는 '산촌생태마을'로 선정되면서 그 사업비의 대부분을 천문관 짓는 데 투자한 것이다. 두메산골 마을 주민들이 엉뚱하게도 천문관을 짓기로 결정하기까지에는 천문학회에서 일을 하는 한 교사의 힘이 컸다. 이 교사도 마을 주민인 것은 물론이다.

이 사업을 유치한 다른 마을들은 보통 산촌문화를 체험할 수 있는 체험관을 짓고 산나물 뜯기, 두부 만들기, 인절미 만들기, 밤 줍기 같은 프로그램을 운영하기 마련이다. 그런데 이 마을에선 천문체험 외에 다른 마을에서 흔히 진행하는 보통의 산촌 체험 프로그램들에는 아예 관심을 두지 않는다.

"우리 마을은 산이 94%나 됩니다. 농사지을 땅이라고 해봐야 6% 정도입니다. 농산물이라고 해봐야 주민들이 먹을 정도밖에 안 됩니다."

천문체험관 고호현 관장은 마을의 열악한 농업 환경을 강조한다. 특산물이라고 해봐야 조금씩 기르고 있는 산채, 복분자, 토종꿀 같은 것이 전부란

1. 종이로 만든 해시계   2. 탁본체험을 통해 역사를 공부한다.
3. 체험객을 대상으로 한 교육 장면   4. 천문체험관 전경

다. 듣고 보니 고개가 끄덕여진다. 그러나 아무리 농사지을 여건이 열악하고, 마을에 천문 전문가가 한 명 있다한들 농사밖에 모르는 주민들을 설득하여 뜬금 없는 천문대를 짓는 것이 절대 쉬운 일이 아니었을 것이다.

천문체험을 온 학생들의 교재를 살짝 들춰봤다. 2박 3일 일정으로 마을을 찾았다는 그 학생들의 교재를 보고 깜짝 놀라고 말았다.

'동양 천문의 기초와 음양오행'

'고서 속 천문기록을 통한 한민족의 고대사 배우기'

'《논어》, 《맹자》 등 고전을 통한 리더십 함양 교육'

'탁본체험으로 만나는 역사의 숨결'

'지구 어울림 속의 자연과 사람 생태고리'

산촌마을에서 진행되는 체험 프로그램인지 대학의 강의인지 분간이 안 갈 지경이다.

"우리 마을은 전라북도 과학교육의 메카, 영재교육의 요람입니다."

오늘의 대상리가 있기까지 결정적 역할을 한 주인공 장현근 교사의 말에는 자부심이 가득하다.

"제도권의 수학, 과학 등 교과과정 위주의 영재교육 문제점을 극복하기 위해 인성, 국가관 정립과 같은 철학교육 위주의 학습 프로그램을 운영하고 있는 것도 우리 마을의 특징입니다."

갑자기 궁금해졌다. 프로그램의 수준이 매우 높은데 진행은 누가 할까? 산나물 뜯고 호미질하고 별을 치던 주민들이 할 수 있을까? 장현근 교사 말에 따르면 주민들이 할 수 있는 부분들은 주민들이 직접 강의를 하고 필요할 경우 외부강사를 초청한다고 한다. 그러면서 더욱 놀라운 사실을 알려준다.

60여 명이 사는 작은 마을에 천문지도사 자격증을 가진 사람이 10명이나 된다고 한다. 60명 중 10명이면 초고령화 사회인 농촌의 특성을 감안할 때 글 읽을 수 있는 사람들은 모두 자격증을 땄다는 이야기다.

이쯤 되면 이 마을에선 함부로 '별 이야기', '별 자랑' 하지 말아야 한다. 별자리 한두 개 간신히 알아보는 실력으로는 주민들 앞에서 고개를 숙일 수밖에 없다. 별 수 없이.

명창 안숙선의 고향

옛날 시골집을 개조한 정감 있는 흙집에서 하룻밤을 묵고 본격적으로 마을을 둘러봤다. 마을은 만행산 천황봉(909m) 자락에 위치한 막다른 산촌마을

고즈넉한 절, 귀정사

로 반딧불이가 살 만큼 공기가 깨끗하다. 마을 안길엔 옛 돌담이 정겨운 모습으로 남아 있어 따스하게 나그네를 보듬어 준다. 어떤 마을은 돌담을 복원한답시고 곱게 늙은 옛 돌담에 으리번쩍한 새 돌담을 반듯하게 쌓아올려 자연스러운 아름다움을 망쳐 버리곤 하는데, 여긴 100% 자연산 돌담이다.

미술관 겸 카페, 푸른옷소매

대상리는 스타 국악인 안숙선(인간문화재, 중요무형문화재 제23호 가야금 산조 및 병창)이 태어난 곳이기도 하다. 체험관 바로 옆에 말끔하게 정돈된 안숙선 명창의 생가가 있다. 문득 그녀의 판소리 '춘향가' 한 대목을 머릿속에 떠올려본다.

'하늘의 직녀성은 은하수가 막혔어도 일년일도(一年一到)하련만은 우리 님 계신 곳은 무슨 물이 막혔는지 이다지도 못 보는고······.'

마을에는 시선을 끄는 명소가 두 곳 더 있다. 하나는 '푸른옷소매'라는 특이한 이름을 내건 찻집 겸 작은 미술관이다. 서양화가 이정희 선생이 작품 활동을 하고 있는 공간이다. 그녀는 떡판, 도마, 문짝 같은 거친 질감의 나무에다 그림을 그린다. 몸이 불편하여 요양을 하러 내려오면서 이 마을과의 인연을 맺었는데 다행히 지금은 몸이 많이 좋아졌다고 한다. 역시 별의 기운 때문 아닐까. 예술가의 집답게 감각이 물씬 풍겨나는 곳이라 발길이 쉽사리 떨어지지 않는다. 차 한 잔만 앞에 놓으면 아무리 무던한 나그네일지라도 예술가의 시심으로 돌아가 취흥이 일 것이다.

또 다른 볼거리는 '귀정사'라는 절이다. 작은 절이지만 백제시대에 창건된 고찰이다. 워낙 되진 곳에 자리한 까닭에 풍경마저 구벅꾸벅 졸 것처럼 한가롭게 느껴지지만 의외로 찾는 사람이 많다.

놓치면 아까운 주변 여행지

광한루원 춘향테마파크

남원은 춘향의 고장이다. 광한루원의 광한루와 완월정, 오작교가 어우러져 만들어내는 풍경은 선남선녀들의 춘심을 유혹하고도 남음이 있다. 요천 건너편의 춘향테마파크도 많이 찾는 명소다. 매주 토요일과 일요일 오후 3시에는 이곳에서 출발하여 광한루원까지 행진하는 신관사또 부임행

차가 볼 만하다. 문의: 광한루원 063—620—6831, 춘향테마파크 063—620—6836.

지리산 둘레길

지리산에 기대어 살고 있는 전라남도, 전라북도, 경상남도 3도의 산 둘레를 잇는 걷기여행 길이다. 300km가 넘는 장거리 코스지만 구간구간 나누어서 걸을 수 있다. 문의: 지리산숲길 안내센터 063—635—0850.

국악의 성지

운봉의 송흥록, 박초월 명창 생가 옆에 위치한 '국악의 성지'에서는 국악과 관련된 전시물을 살펴볼 수 있을 뿐 아니라 직접 체험해 보고 공연도 감상할 수 있다. 특히 미니어처 국악기 만들기 체험이 인기가 높다. 독공을 위한 토굴도 있어서 마음껏 소리 지르며 판소리 수련도 할 수 있다. 문의: 063—620—6905.

매주 토요일과 일요일에 열리는 '신관사또부임행차'

🌼 추천일정

첫째날 마을 입촌 → 천문체험 프로그램(강의 및 천문체험) → 숙박

둘째날 마을 산책(푸른옷소매, 안숙선 생가 등) → 광한루원, 국악의 성지 등 남원 관광

마을에서 운영하는 체험 프로그램은 천문대 체험과 생태 체험으로 차별화되어 있다. 당일은 20,000원, 1박2일은 40,000원의 체험비를 받는데 숙박비가 포함되어 있으며 식사는 별도다. 숙박은 천문체험관에서 단체로 하며 부녀회에서 준비해주는 식사는 한 끼 5,000원이다. 교육은 체험과 강의가 섞여 있는데 1박2일의 경우 오후 2시에 시작하여 다음날 12시까지 진행된다.

문의: 천문체험관 고호현 관장 063-626-9009, 011-9647-6308

찾아가는 길

자가용
88고속도로 남장수 나들목에서 진출하여 남원 방향으로 좌회전한다. 약 3㎞ 진행한 뒤 대상마을, 상신마을 방향으로 우회전하여 약 4.5㎞ 들어가면 만행산 천문체험관이 나온다.

대중교통
남원 시내에서 150번 버스를 타면 마을에 들어갈 수 있다. 하루에 8차례 운행하며 30분쯤 걸린다.

 추천업소

마을 인근에는 마땅한 숙소나 식당이 없다. 마을에서 숙박을 하지 않는다면 시내로 들어가거나 콘도, 펜션 등을 이용해야 한다. 흥부골자연휴양림(인월, 063-636-4032), 일성지리산콘도(063-636-7000), 한국관광공사 추천 굿스테이로 선정된 그린피아(주천, 063-636-7200), 지리산과크텔(산내, 063-626-2114) 등이 있다.

광한루원 앞에 추어탕집이 여럿 몰려 있다. 현식당(063-626-5163)과 새집 추어탕(063-625-2443)이 유명하고 한정식집 종가(063-626-9988)도 분위기가 좋다. 남원의 향토음식으로 토종 흑돼지도 있다.

푸른 학이 사는 무릉도원,
지리산 청학동

경상남도 하동군 청암면 묵계리 청학동

한때 인천시 연수구 청학동에 산 적이 있다. 문학산 자락에 자리를 잡고 있어 공기가 맑고 풍경이 좋았다. 새가 지저귀는 소리에 아침을 맞이했고 밤이 되면 하늘에 총총 박힌 별을 헤아리기도 했다. 밥 먹듯이 오르던 문학산도 좋았다. 언제 어디서나 '청학동 사람'임을 자랑스러워했다. 지금 돌이켜봐도 참으로 사람이 살 만한 동네였다.

진짜 유명한 '청학동'은 따로 있다. 흔히 '도인촌'으로 알려진 지리산 자락의 하동 청학동이다.

옛부터 청학동은 이상향으로 알려져 있다. '세상의 3대 명산으로 기산과 곡부, 청학동이 있다', '삼승지지(三勝之地) 중에서도 제일지(第一地)가 청학동이다', '지리산 12동천의 명승지 중에 청학동이 제일이고 그 다음이 화개, 악양이다.' 같은 이야기들은 그 신성함을 뒷받침해주고 있다.

감나무 가지마다 풍요로운 열매가 묵직하게 매달린 가을, 청학동으로 여행을 떠났다. 도통해서 돌아오든가, 여의치 않으면 도통한 가을 단풍만이라도 보고 올 요량이었다.

참사람을 키우는 마을

역시나 청학동을 찾아가는 길은 멀고 험했다. 꾸불꾸불 거친 산길을 오르고, 지리산에서 흘러나오는 물줄기를 따라 하동호를 지나고 묵계댐을 넘어야 했다. 말 그대로 첩첩산중이다.

따로 이정표가 없어도 청학동을 알아보기란 어렵지 않다. 서당이 즐비하기 때문이다. 다른 곳에서는 제도권 교육기관이 발달하면서 자취를 감추었지만 청학동엔 지금까지 여러 서당이 남아 있다. 서당은 오늘날까지도 청학동의 정체성을 대변할 뿐만 아니라 청학동의 주된 수입원이자 마을의 미래 발전 모델이 되고 있다.

비탈길을 올라가니 갈래길이 나온다. 왼쪽으로는 삼성궁, 오른쪽으로는 도인촌이다. 삼성궁은 옛날에는 이색적인 종교시설로만 여겨졌는데, 요즘 돌탑 풍경이 널리 입소문 나면서 관광명소가 됐다.

해발 1284m 삼신봉 자락의 해발 800m 중턱. 솟대 모양을 하고 있는 가로등 사이로, 숨찬 엔진소리를 할딱이며 차가 오를 수 있는 데까지 올라갔다. 도인촌은 널리 알려진 대로 민족종교의 하나인 '유불선합일갱정유도'를 신봉하는 주민들이 모여 사는 마을이다. 유도(儒道)를 중심으로 불과 선, 동서학을 하나로 합하여, 유도의 근본정신을 다시 빛내자는 종교다. 흔히 '갱정유도'라고 부르기도 하는데 원래 이름은 더 길다. '시운기화유불선동서학합일 대도대명다경대길 유도갱정교화일심(時運氣化儒佛仙東西學合一 大道大明多慶大吉 儒道更定敎化一心)'으로 무려 28자나 된다. 창시자는 전라도 순창의 강대성(姜大成)이란 사람이다. 그때가 일제시대이니 역사가 그리 긴 것은 아

1. 청학동에는 크고 작은 서당들이 20여 곳도 넘는다.　2. 청학동 주민이 살고있는 민가의 풍경
3. 천제당에 걸려있는 두루마기들

니다. 본래 청학동의 역사는 300년이 넘지만 지리산 무장공비 사건 때 텅 비어버린 마을에 도인들이 들어와 살게 된 것이 오늘날 도인촌의 출발이다.

마을 촌장으로 통하는 김덕준 어르신을 만났다. 그는 오막살이라 표현하면 맞을 만한 작은 초가에 살고 있었는데 방문 사방이 갱정유도의 가르침인 듯한 글씨로 가득 채워져 있었다. 게다가 사극에서나 볼 수 있는 옷차림과 머리 모양에 수염까지 길러서 마치 신선 같은 분위기를 풍겼다.

현재 청학동에는 크고 작은 서당이 20여 곳이 넘는다. 전통적 서당도 있고 현대화된 수련원도 있다. 흔히 알려진 방학 예절캠프처럼 단기 프로그램을 전문으로 하는 곳도 있고, 1년 이상의 장기 프로그램만 운영하는 곳도 있다. 청학동 사람들은 서당 사업을 통해서 자신들의 뜻을 실현하며 살고 있다.

하늘의 뜻에 따라 사는 사람들

청학동 주민들을 대표하는 양인석(40) 이장을 만났다. 그 역시 '청림서당'이라는 규모가 제법 큰 서당을 운영하고 있었다. 그는 관련 법규에 대한 아쉬움을 털어놨다.

"서당은 관련 법규가 없어요. 우리 전통 교육기관인데도 불구하고 관련 법이 없어서 지원은커녕 오히려 규제만 받고 있습니다. 학교에서 학생들을 단체로 예절교육 보내려고 해도 수련원이 아니라고 못 보내는 실정이에요."

마을에는 외지 사람들을 위한 서당 뿐 아니라, 마을 주민들의 자녀들을 위한 마을공동서당도 있다. 물론 외부인들은 다닐 수 없고 주민 자녀만 다닐

수 있는 곳으로 매일 학교 수업을 마친 어린이 30여 명이 모인다. 초등학교 들어갈 때가 되면 바깥 학교로 통학을 시키고 방과 후에 서당 공부를 시키지만 중학교부터는 오직 서당 공부만 시키는 것이 이곳의 교육 방식이다.

청학동은 삼성궁이 있는 터골을 제외하고도 가장 도인촌다운 분위기를 느낄 수 있는 진주암을 비롯하여 미륵골, 관음굴, 상불지, 밝단골 등 여러 자연부락으로 이루어져 있다. 총 60여 가구에 100여 명의 주민이 산다. 예전에는 진주암이라 불렀다는 도인촌의 마을 안길을 둘러보았다. 키 작은 돌담이 정겹게 이어진 마을 안길에는 오밀조밀 오막살이 초가집들이 모여 있다. 약초나 꿀, 감식초 따위를 내놓고 파는 매점도 있다. 마을 끝까지 올라가니 도인들의 정신적 구심점 역할을 하는 천제당이 있다. 천제당은 하늘에 제를 지내는 곳이다. 문을 열어보니 내부 중앙에는 하늘의 도판(천문지도)이 걸려 있고 옆에는 제의 때 입는 옷인지, 잘 갖추어진 두루마기와 갓이 가지런히 걸려 있었다. 조심스럽게 문을 닫고 뒤돌아서니 지리산 자락의 호방한 산세가 시원하면서도 아늑하게 펼쳐져 있다.

'참으로 느리게 사는 사람들', '느린 삶을 즐기며 정신세계를 올바로 세우고자 노력하는 사람들' 이런 생각들이 내려오는 길 내내 머릿속에서 빙글빙글 돌고 있었다. 하동읍내까지 내려온 뒤에야 비로소 '청학동에 다녀왔구나!' 하는 생각이 들었다. 그래, 여기는 속세다.

놓치면 아까운 주변 여행지

삼성궁

청학동 도인촌 바로 옆에 있는 삼성궁은 혼인과 환웅, 단군을 모시는 민족종교 도량이다. 한풀선사가 고조선의 소도를 복원하겠다는 뜻을 담아 1983년부터 조성하기 시작했는데 1,000여기에 이르는 솟대와 다양한 석재들, 연못 등이 조화롭게 어우러져 이국적인 풍경을 만들었다. 입구에서 징을 세 번 치면 안내자가 나와 인솔한다. 종교적 시설이라기보다는 전통문화공간으로 접근하면 부담이 없다. 문의: 055-884-1279.

평사리 최참판댁

악양 평사리는 박경리의 대하소설 《토지》의 배경이 되는 곳이다. 형제봉 고소성 아래에 재현한 소설 속 최참판댁은 한옥 14동으로 되어 있으며 곳곳에 내걸린 아기자기한 소품들로 마치 민속마을을 연상시킨다. 고소산성, 평사리문학관과 함께 둘러보면 좋다. 문의: 055-880-2955.

화개장터 · 쌍계사

화개장터에서 쌍계사에 이르는 길은 흔히 '십리 벚꽃길'로 알려진 길이다. 매년 4월 초면 화사한 벚꽃이 만개해 관광객들의 춘심을 설레게 한다. 또한, 우리나라에서 처음으로 차나무를 재배한 시배지가 있는 곳이며, 지금도 하동 야생차의 주된 산지이다.

쌍계사는 신라 때 창건된 천년 고찰이며 경내에는 진감국사대공탑비, 대

평사리 최참판댁

웅전, 마애불 등의 볼거리가 있으며 3㎞ 가량 떨어진 불일폭포와 차밭이 있는 풍경도 가슴에 담아둘 만하다. 문의: 쌍계사 055-883-1901. 화개장터 관광안내소 055-883-5722.

악양대봉감 정보화마을

악양은 비옥한 토지에서 나오는 쌀과 매실 등의 농산물로도 유명하다. 특히 축지리는 대봉감의 주산지로 유명하다. 예로부터 임금님께 진상할 정도로 품질 좋은 감을 생산했다고 한다. 10월에서 11월이면 가지가 부러질 정도로 큼지막한 대봉감이 열려 마을을 온통 노랗게 만든다. 문의: 055-880-6109.

하동송림

섬진강변에 조성된 울창한 솔숲으로, 가벼운 산책을 즐기는 사람들은 물론이고 여름철 피서객들에게도 인기다. 조선시대 영조 21년(1745)에 강바람과 모래 바람을 막기 위해 심은 소나무들이 지금의 울창한 숲을 이루었다. 천연기념물 제445호로 지정되었다.

섬진강의 노량 포구

🌼 추천일정

첫째날 하동 진입 → 청학동 → 점심식사 → 삼성궁 → 하동송림 → 저녁식사 → 숙박

둘째날 평사리 최참판댁, 고소산성 → 점심식사 → 십리벚꽃길, 쌍계사

청학동을 둘러보는 데이는 1시간 남짓이면 충분하다. 삼성궁과 함께 동선을 잡을 경우 반나절은 걸린다. 청학동 입구에 관광안내소가 있어 도움을 받을 수 있다. 문의 : 055-882-5379.

🚗 찾아가는 길

자가용
경부고속도로 − 대전 − 대전통영 고속도로 − 단성 나들목 진출 − 삼신봉 터널 − 청학동
하동 읍내로 바로 갈 경우엔 대전 통영고속도로를 이용하여 진주까지 내려간 후, 남해고속도로 하동 나들목으로 진출.

대중교통
서울남부터미널(02-521-8550)에서 하동터미널까지 1일 7회 운행한다. 약 4시간 30분 소요. 하동터미널(055-883-2663)에서 청학동까지는 1일 5회 버스 운행. 1시간 소요.

🏨 추천업소

▶ 마을 주차장에 향토음식을 취급하는 대형식당들이 있다. 그중 성남식당(055-882-3757)은 대통밥이 유명하다. 도인촌답게 주인장의 옷차림이 눈에 띈다. 마을을 벗어나면 쌍계사 입구의 단야식당(055-883-1667)이 천연조미료를 이용한 산채정식으로 유명하고 여여식당(055-884-0080)의 섬진강 재첩요리와 하동팔팔민물장어구이(055-884-6724)도 추천할 만하다.

▶ 청학동 이장이 운영하는 황토민박인 청토(055-882-7186)와 성남식당(055-882-8757), 오케이빌리지(055-884-6760) 등을 비롯하여 청학동과 그 진입로에 민박을 비롯한 숙소가 여럿 있다. 읍내의 미리내호텔(055-884-7292), 고궁모텔(055-884-5100) 등을 비롯하여 전체적으로 숙소가 넉넉한 편이다.

▶ 청림서당(055-883-8077), 고목당(055-884-1020), 명륜학당(055-882-1892) 등이 예절교육 프로그램을 운영하고 있으며 풍교헌(055-883-5970)은 1년 이상의 장기 프로그램만 운영한다.

두루두루 복을 나누어 주는 솜씨마을,
복조리 마을

경기도 안성시 죽산면 칠장리 신대마을

불과 얼마 전까지도 없어서는 안 될 중요한 살림이었지만, 지금은 쓰지 않는 것들이 있다. 조리도 그 가운데 하나다. '조리'라고 하면 고개를 갸우뚱할지 몰라도 '복조리'라고 하면 젊은 사람들도 다 '아하!' 할 것이다. 새해가 되면 집에 하나쯤 걸어 두었던 것 장식품 아닌가.

온래 조리는 쌀을 일 때 쓰는 주방도구이다. 바가지에 쌀을 담고 물로 씻을 때 조리를 살살 흔들면서 쌀을 일면 돌 같은 이물질이 쉽게 걸러진다.

조리 중에서도 정월 초하룻날 산 조리는 복을 가져다준다고 믿었다. 쌀을 일듯이 복을 걸러 들어오게 한다는 뜻일게다. 그래서 정월 초하루 새벽이면 거리마다 복조리 장사꾼이 돌아다녔다. 집집마다 복조리를 사서 마루나 안방에 또는 드나드는 문 앞에 걸어 두고 복을 기원했다.

주민들이 모두 복조리를 만드는 마을이 있다고 하여 찾아가보았다. 주민들이 손수 복을 만들어 주위에 널리 퍼뜨리니, 복 짓는 마을, 복스런 마을이다.

농한기가 따로 없는 복조리마을

　경기도 안성시 죽산면 칠장리 신대마을, 칠현산 자락 칠장사 입구. 마을을 찾는 건 어렵지 않았다. 거대한 복조리가 마을 입구에 세워져 있기 때문이다.

　산자락 특유의 고즈넉한 분위기가 풍기는 복조리마을은 '구메농사마을'로 알려진 농촌체험마을이기도 하다. '구메'란 구멍을 뜻하는 옛말이다. '구메농사'라고 하면 작은 지역의 조그마한 농사를 뜻한다고 하니 참으로 소박하고 정감 있는 이름이다.

하지만 이 마을은 행정명인 칠장리나 전통적으로 불러왔던 부락이름인 신대마을, 그리고 농촌체험마을 사업을 하면서 새로 얻게 된 '구메농사마을'보다 '복조리마을'로 더 유명하다.

복조리마을답게 이 마을에는 어디에나 복조리가 걸려 있다. 처마 밑에는 큰 복조리가 달려 있고 기둥에도 작은 복조리가 걸려 있다. 장식장 한쪽에도 복조리가 놓여 있고 주민들 자동차에는 미니 복조리가 매달려 있다.

마을 전창진(53) 위원장의 안내로 마을회관을 둘러봤다. 역시 예상했던 대로 마을 어른들이 모여서 복조리 만드는 일에 열중이다. 작업장을 방불케 하는 열띤 분위기, 분주히 움직이는 손길, 수북하게 쌓여 있는 조릿대가 복

조리마을의 모습을 단적으로 보여준다.

복조리는 '신우대'로 불리는 조릿대를 쪼개서 만든다. 신우대는 마을 산자락에 많이 자라고 있는데, 보통 10월에서 4월 사이에 베어낸다. 그렇게 베어낸 신우대를 4~5일쯤 말린 다음, 3시간 정도 물에 불려 부드럽게 한다. 작업은 집에서도 하지만 지루함을 덜기 위해 마을회관에 모여서 함께 작업을 할 때도 많다. 주문이 많을 땐 밤 11시까지도 한다고 하니 여느 농촌마을과 달리 농한기가 없는 셈이다.

10분이면 복조리 하나가 뚝딱!

"주민들이 아주 열심입니다. 복조리 만드는 게 생각보다 수입이 괜찮거든요. 남들 쉬는 겨울 한철에 복조리 만들어 천만 원까지 소득을 올리는 사람이 있을 정도입니다."

전창진 위원장의 설명을 들으니 농한기에 재미삼아 손놀림이나 하고 손자들 줄 용돈이나 버는 것이려니 생각할 일이 아니다. 보통 복조리 하나 만드는 데 15분쯤 걸리고 능숙한 사람은 10분이면 만든다고 한다. 그렇게 만든 복조리가 하루에 40~50개 되고 수입으로 환산하면 10만 원 꼴이다.

하지만 아무리 복조리를 많이 만들어도 판로가 없으면 헛고생이다. 마을 복조리를 판매하는 책임자는 '경기 으뜸이'로 선정된 마을 청년회 박성수 회장이다. 그는 복조리 판매만 17년 경력이다. 그러다 보니 전국의 수요처를 줄줄 꿰고 있어 주민들이 정성껏 만든 복조리를 판매하는 데 큰 어려움이 없

1. 신우대를 물에 불리고 있다. 2. 밤 늦도록 마을 회관에서 조업하는 주민들
3. 마을에서 가장 큰 복조리. 길이가 2m에 달한다.

다. 게다가 마을에서 복조리축제를 연 이후로는 재고가 없어서 못 팔 만큼 인기가 높다.

주로 많이 판매되는 건 일반적으로 알려진 두 뼘 크기의 복조리. 그러나 마을에서는 여러 가지 크기의 다양한 복조리를 만든다. 장식품으로 인기가 높은 미니어처부터 특별주문이 들어오면 만든다는 대형 복조리도 있다. 마을 노인회장이 사흘에 걸쳐 만들었다는 2m 크기의 초대형 복조리도 있다.

"우리 마을 복조리는 전통을 이어오고 있다는 게 특징입니다. 전자상거래도 활성화되어 있고 지금은 공급이 딸리는 상태입니다. 작년 한 해 동안 복조리만 3억 가까이 판 것 같아요. 작년 연말에는 '전국 마을 만들기 경진대회'에서 우리가 2등을 했습니다. 포상금으로 6천만 원을 받았는데 그 돈으로 1월에 주민들과 함께 일본 여행을 다녀왔습니다."

전창진 위원장은 복조리를 만들면서 복을 짓다보니 마을도 복을 받은 것 같다고 싱글벙글이다.

복조리가 마을 특산품 역할만 하는 건 아니다. 마을을 방문한 관광객들을 대상으로 체험 프로그램으로도 운영된다. 대표적인 것이 복조리 만들기와 효도 죽봉 만들기. 사실 도시 관광객들이 처음부터 끝까지 자기 손으로 복조리를 만들기는 어렵다. 그렇기 때문에 어린이들도 어렵지 않게 완성할 수 있도록 마을 주민들이 옆에서 도움을 준다. 죽봉은 일종의 안마봉으로, 조릿대를 묶어서 만드는 것이다. 간단하게 만든 것이지만 죽봉으로 어깨를 두들겨 보니 시원하게 피로가 풀리는 느낌이다.

마을을 모두 둘러보고 나오면서 작은 미니어처 복조리 두 개를 샀다. 하나보다는 두 개가 더 잘 어울리는 법이다. 어디에 걸어야 예쁠까 행복한 고민을 하다 보니 어느새 복이 성큼 다가온 듯 발걸음이 가볍다.

놓치면 아까운 주변 여행지

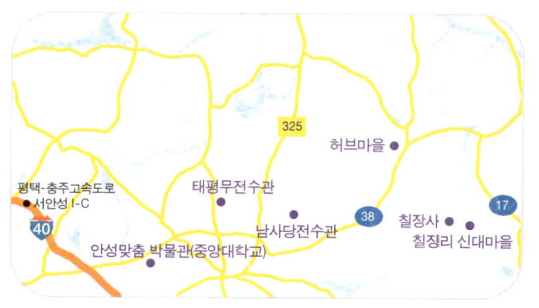

칠장사

10세기경에 창건된 고찰답게 혜소국사비를 비롯한 많은 문화재와 재미있는 이야깃거리가 전해진다.

칠장사를 품은 칠현산은 안성 출신인 혜소국사가 일곱 명의 악인을 교화시켜 현인을 만들었다고 하여 유래된 이름이다. 또한 어린 궁예는 이곳에서 활쏘기 연습을 하며 미륵세상을 꿈꾸었고, 어사 박문수는 과겟길에 이곳에서 하루 묵으며 나한전에서 정성어린 기도를 올린 끝에 꿈에서 과거 시제를 받아 장원급제를 했다. 임꺽정을 제자로 받아들인 갓바치 스님의 이야기도 전해진다. 문의: 031-673-0776.

남사당전수관

보개면 복평리의 남사당전수관에서는 남사당 바우덕이풍물단이 출연하는 상설공연이 매주 토요일 저녁마다 열린다.

주요 프로그램은 가장 인기가 많은 어름(줄타기)을 비롯하여 살판(땅재주놀이), 덧뵈기(탈놀이), 버나놀이(접시 돌리기), 어린이들을 2층, 3층으로 태우고 노는 무동놀이, 상모놀이 등이다. 공연이 어찌나 흥겹고 재밌는지 밤 깊도록 관객들은 자리를 뜰 줄 모른다. 저녁 7시에 종합공연이 시작된다. 동절기에는 공연이 없다. 문의: 남사당전수관 031-678-2518.

태평무전수관

왕과 왕비가 태평성대를 기원하며 추었다는 태평무를 비롯하여 부채춤, 북춤, 무당춤 등 여러 가지 전통무용 공연을 볼 수 있는 곳이다. 토요일 오후 4시에 열리므로 남사당 상설공연을 보기 전에 들르는 것이 좋다. 문의: 031-676-0141.

신명나는 남사당 공연

🌼 추천일정

첫째날(토요일 기준) 안성맞춤박물관 → 허브마을 → 점심식사 → 청룡사 → 태평무전수관 → 저녁식사 → 남사당 → 상설공연 → 숙박

둘째날 아침식사 → 칠장리 진입 → 농촌체험(복조리 만들기 외) → 점심식사 → 칠장사

마을에는 복조리 만들기, 죽봉 만들기 외에 미꾸라지 잡기, 야생차 만들기 등 다양한 체험거리가 준비되어 있다. 단체 방문객 위주로 운영되는 것이 아쉬움이다. 문의: 전창진 010-4313-0583, 070-7098-3096, 홈페이지 http://gume.invil.org

🚗 찾아가는 길

자가용
중부고속도로 — 일죽 나들목(안성 방향 우회전) — 칠장사, 진천 방향으로 우회전 — 검문소를 지나 바로 우회전 — 칠장사 방향 — 신대마을

대중교통
남부터미널이나 강남터미널에서 안성행 직행버스 이용 — 안성 죽산 하차 — 칠장리행 시내버스(1일 4회 운행) — 칠장리 하차
죽산터미널에서 택시를 이용할 경우 마을까지 10,000원을 받는다.

🏪 추천업소

▶ 마을에서 운영하는 독립된 형태의 펜션형 스틸하우스가 있고 숙박을 목적으로 지은 황토방 민박도 있어서 숙박은 편리하다. 또한 마을 체험관에는 마을에서 직영하는 식당이 있어 단체손님에 한해 시골밥상이 제공된다.

▶ 시내에 있는 숙박시설로는 금광호수에 있는 안성비치호텔(031-671-0147)이 추천할 만하다. 식당으로는 안성비치호텔 1층의 안성마춤쌀밥집(쌀밥 정식, 031-671-1009), 모박사부대찌게(본점, 031-676-1508), 서일농원(장류, 슬로푸드, 031-673-3171) 등이 맛도 좋고 시설도 깨끗하다. 내강리의 안성허브마을(031-678-6700)에서 허브 감상과 허브 가공품을 구입할 수도 있고 레스토랑에서 식사도 할 수 있다.

육지 속에 감추어진 섬마을,

회룡포 마을

경상북도 예천군 용궁면 대은2리 회룡포마을

빗줄기가 굵어진다. 낮과 밤이 교대하는 시각, 낮을 지배하던 빛은 힘을 잃고 빗소리는 더 목청을 높인다. 어둠을 재촉하는 듯한 빗소리에, 거친 바다에서 쉴 곳을 찾는 바닷새마냥 초조해진다.

낙동강 지류 어느 강가에 이르니 빗줄기 사이로 어스름 희망이 보인다. 삼강주막의 불빛이다. 삼강주막은 이 땅에 남은 마지막 주막이다. 몇 해 전 마지막 주모를 잃은 주막이 주민들에 의해 새롭게 태어났다고 하더니 창호를 밝히는 불빛에 생기가 감돈다.

휴우! 안도의 숨을 내쉬며 주막 앞 쉼터에 무거운 엉덩이를 내려놓는다. 어둠은 여행자에게 안식과 평화를 주기도 하고 두려움을 주기도 한다. 머릿속으로 내일의 여로를 정리하는 사이, 밤비의 울음소리에 구슬픔이 더해진다. 모든 걸 의연히 지켜보던 늙은 회화나무도 이내 어둠 속으로 물러난다.

물돌이 마을, 회룡포

간밤에 내린 비가 대기의 이물을 모두 씻어냈다. 쾌청한 하늘이다. 이런 날에는 섬 여행이 제격이다. 오늘의 여정지인 회룡포. 사람들은 이곳을 '섬'이라 한다. 물길이 'S자'로 휘감아 돌아나가면서 끄트머리만 간신히 육지와 달라붙고 모두 강물로 둘러싸여 있다. '육지 속의 섬'이란 말이 과언이 아니다.

넓은 모래사장이 차를 막아섰다. 바닷가에 온 듯한 착각이 드는 경치다. 푹푹 빠지는 모래사장을 지나니 낙동강 지류인 내성천이 길을 막는다. 깊지도 않은 물이 참으로 넓게 누워 흐르면서도 당당함과 도도함을 잃지 않았다. 이 강물 건너편에 보이는 마을이 바로 회룡포마을이다. 영락없는 섬이다. 흔히 '물돌이 마을'이라고 하면 안동의 하회(河回)마을을 먼저 떠올리지만 사실 '물돌이' 모양으로 본다면 회룡포마을을 따라올 순 없다. 지도책을 펼치면

더 확실하게 보인다. 말 그대로 한 삽만 뜨면 그대로 섬이 되어버릴 것 같다.

입도(入島)를 하려면 임시 다리를 건너야 한다. 공사현장에서 볼 수 있는 구멍이 숭숭 뚫린 철판 다리이다. 공사판에서는 무어라 부르는지 알 수 없지만 이곳 사람들은 '뽕뽕다리'라고 한다. 구멍이 뽕뽕 뚫려 있기 때문에, 또 걸을 때마다 소리가 난다고 하여 뽕뽕다리이다. 옛날에는 줄배가 있었다는데 물살이 느려지고 수심이 얕아지면서 나룻배 대신 다리가 놓이게 된 것이다. 말이 다리이지, 둘이 조금이라도 불면 그대로 잠길 것 같다.

뽕뽕다리는 섬마을 주민들이 세상과 소통하는 창구이다. 주민도 건너고 관광객들도 건넌다. 마침 오토바이를 탄 주민이 지나갈 태세다. 얼른 카메라를 들이대고 지켜봤다. 오토바이를 타고 뽕뽕다리 위를 질주할 것이라는 기대와 달리 주민은 오토바이에서 내려 조심스럽게 끌고 지나갔다.

오토바이의 주인공 김덕진(64) 씨에게 마을 주민이 얼마나 되는지 물었다. "모르시더! 한 여덟 집이렁께로. 두 집 사는 데도 있고, 혼자도 살

고…….." 손가락을 꼽아가며 사는 사람들을 헤아려보더니 서울 나가 사는 한 집을 빼니 8가구에 12명이 살고 있다 답한다. 주민들은 모두 '경주 김씨'이며 주로 논농사와 고추, 감자 같은 밭 농사를 한단다. 김덕진 씨는 고추, 감자, '소시마리'를 한다고 했는데 '소 세 마리'를 뜻하는 '소시마리'를 못 알아들을 정도로 특이한 경북 내륙 지역 사투리가 인상적이었다.

워낙 주민이 적다보니 상주 인구보다 관광객들이 더 많은 경우가 다반사다. 관광객들을 위한 식당을 겸한 민박집이 하나 보이는데 '1박 2일'이라는 TV 인기 프로그램 촬영팀이 다녀갔다는 홍보용 현수막이 내걸려 있다.

안동의 하회마을이나 영주의 무섬마을처럼 오래된 집들이나 문화재건물이 있는 건 아니지만 사람 냄새 물씬 풍기는 살림집과 집집마다 심어 놓은 감나무, 새롭게 단장한 듯 깔끔한 모습의 돌담길이 서로 어우러져 고즈넉함을 빚어내는 정감 있는 작은 마을이다.

이야깃거리 많은 장안사와 회룡포마을 전망대

회룡포마을의 주소는 예천군 용궁면 대은 2리이다. 대은 2리에서도 4반에 해당되는 곳이 바로 회룡포마을이다. 안동 하회마을의 전경을 한눈에 내려다보려면 부용대에 올라야 하듯이 회룡포마을을 제대로 보려면 장안사가 있는 비룡산에 올라야 한다. 이른 봄철 야생 생강나무꽃이 군락을 이루는 장안사 주차장에 차를 세우고 100m 남짓 올라가면 전망대가 나온다.

전망대에서 바라본 회룡포마을의 전경은 마치 박물관의 디오라마 모형을 연상케 한다. 둥그런 섬 안에 오밀조밀한 논과 밭, 비닐하우스 그리고 살림집들이 보인다.

시원스레 섬을 토듬은 내성천과 병풍처럼 강을 둘러싼 사림봉, 적성봉 등의 산세가 한국화 한폭을 보는 듯싶다. 실경산수를 즐긴다는 겸재가 이를 봤다면 얼마나 흥분했을까! 비룡산(飛龍山)은 어이하여 비룡산이며 회룡포(回龍浦)는 또 어이하여 회룡포이어야만 하는지, 던 이름인 용궁(龍宮)은 또 어이 나온 이름인지! 그 해답이 절로 나오는, 무릎을 치게 만드는 절경이다.

장안사는 아담한 절이다. 'ㄷ'자 형의 전각 배치에 훤칠한 키의 잘생긴 석탑 한 기가 경내 여백을 메우고 있다. 신라 경덕왕(759년) 때 운명대사가 처음 창건한 역사가 깊은 고찰이다.

고려 때에는 동방의 대문호로 추앙받는 이규보가 머무르며 창작활동을 했다고 전해진다. 그가 전하는 시 〈장안사에서〉는 장안사의 풍광과 함께 세월에 내몰린 시인의 허상한 마음이 담겨 있다.

동쪽에 대들보 걸치니 학가산에 광명이 비추고 몸은 푸른 흘을 타고 구름 속 허공을 유영하도다. 서쪽에 대들보 걸치니 높고 뾰족한 산봉우리에 구름이 감돌아 중봉산은 서로서로 읍을 하고 봉황이 와서 해를 타고 앉는구나. 남쪽에 대들보 걸치니 비단 같은 아홉 봉우리는 병풍을 이루고 삼강은 사이좋게 서로 안고 흐르네. 북쪽에 대들보 걸치니 좌청룡 우백호가 푸른 색을 켜하고 동네마다 사람들이 불사를 받드니 부처님의 가피가 충만하리라.

1759년에 쓰인 극락전 상량문에도 장안사를 둘러 싼 아름다운 절경이 담겨 있다. 구름을 달아 놓은 듯, 비룡이 꿈틀거리는 산마루 천상의 정기 서린 곳에 세워진 곳이 장안사요, 그 꿈틀대는 비룡이 정성껏 품은 연화세계가 회룡포마을이다.

놓치면 아까운 주변 여행지

삼강주막

흔히 '이 땅의 마지막 남은 주막'이라고 한다. 풍양면 삼강리에 있는데 '삼강'은 낙동강과 내성천, 금천이 한데 모인다고 하여 붙여진 이름이다. 이곳엔 삼강나루가 있었고 또 나루엔 주막이 있었으니 문경새재를 넘어 서울로 가려는 나그네와 내륙으로 들어가려는 뱃사람들의 휴식처로 오랜 사랑을 받아왔다. 2005년 마지막 주모가 세상을 뜨자 예천군에 의해 관광명소로 다시 태어났다. 초가로 반듯하게 리모델링했지만 옛 주모가 지키던 양철지붕의 허름한 건물이 더 그리운 건 왜일까. 문의: 삼강주막마을 054-655-3132.

용문사

신라시대 창건된 천년고찰이다. 맞배지붕의 대장전을 비롯한 귀한 문화재가 많이 있지만 특히 눈길이 가는 것은 윤장대와 목각탱이다. 윤장대는 불경을 보관한 일종의 척장인데 축을 달아 회전시키도록 되어 있다. 이를 밀어 돌리면 업을 씻고 공덕을 쌓는다고 한다. 목각탱은 후불 탱화의 하나인데 그림이 아니고 조각으로 만든 것이다. 문의: 054-655-8695.

초간정·금당실마을

초간정은 우리나라 최초의 백과사전이라 할 수 있는 《대동운부군옥》을 집필한 권문해 선생이 지은 정자이다. 계류를 앞에, 소나무를 옆에 두고 선선한 바람과 함께하니 절로 시심이 돌게 하는 풍광이다. 특히 900그루가 넘는 소나무가 울창한 솔숲도 아름다운데 2006년에 천연기념물로 지정되었다.

금당실마을은 우리나라 십승지지(十勝之地, 천재나 싸움이 일어나도 안심하고 살 수 있다는 열 군데의 땅)의 하나로 손꼽히는 전통마을이다. 금곡서원과 추원재 및 사당을 비롯하여 조선시대 고택이 여럿 있고 돌담도 잘 정비되었다. 문의: 금당실 정보화마을 054-654-2222.

진호국제양궁장

양궁으로 세계를 재패한 김진호는 예천 사람이다. 이를 기념하기 위해 건립한 것이 진호국제양궁장이다. 대회가 없는 날이면 일반인들에게 개방이 되는데, 초등학생 이상이면 누구나 전문강사의 지도에 따라 무료로 양궁체험을 즐길 수 있다. 문의: 예천군 문화체육시설 관리사업소 054-650-6411.

삼강나루 삼강주막

추천일정

첫째날 예천 진입 → 삼강주막 → 용궁양조장 → 점심식사 → 회룡포마을 → 장안사, 비룡전망대 → 저녁식사 → 예천 천문과학문화센터 → 숙박

둘째날 진호국제양궁장 양궁체험 → 점심식사 → 용문사 → 금당실마을 · 초간정

회룡포마을의 진면목을 보려면 장안사가 있는 마을 건너편 비룡전망대에 올라가서 내려다 봐야 한다. 회룡포마을은 녹색농촌체험마을로 지정 되었지만 주민 수가 많지 않다보니 체험 프로그램이 썩 활성화 되진 않았다. 회룡포 밖으로 나오면 농촌마을종합개발사업으로 조성한 회룡포여울마을 체험관이 있다. 숙박과 체험이 가능하다. 문의: 회룡포마을 박재후 위원장 017-802-0339, 회룡포여울마을 054-655-7120.

찾아가는 길

자가용
서울 - 영동고속도로 - 여주 분기점에서 중부내륙고속도로 이용 - 중부내륙고속도로 점촌함창 나들목 진출 - 문경 - 예천 용궁면 - 회룡포마을

대중교통
동서울터미널에서는 30~40분 간격으로, 강남터미널(서울경부)에서는 1일 9회 문경의 점촌행 고속버스가 운행된다. 문경 점촌터미널(054-1688-7710)에서는 수시로 출발하는 용궁 방향 시외버스로 환승한 후 용궁에서 내려 농어촌버스를 타거나 택시(약 8,000원 정도)로 이동한다.

추천업소

▶ 예천의 맛집으로는 청포묵 전문점인 청포집(054-655-0264)과 한우인 '예천참우'를 취급하는 백수식당(054-652-7777), 복어요리 전문점 전통복어(054-654-6622) 등이 추천할 만하다. 용궁면의 흥부네토종한방순대(054-653-6220)도 모범음식점으로 선정된 맛집이다. 돼지막창에 속을 채워 만든 전통 방식의 토종순대가 유명하고 재래식 석쇠어 구워 내놓는 오징어석쇠 불고기도 맛있다.

▶ 숙박으로는 회룡포마을에 황토민박식당(054-655-3973)이 있다. 마을 들어오기 전에 있는 용궁면의 회룡포여울마을 체험관(054-655-7120)은 폐교를 리모델링한 곳으로, 숙박이 가능하다.

귀농귀촌 미리 연습으로 살아볼까,
가막마을
전라북도 진안군 진안읍 가막리

귀농에 관심을 갖는 이들이 부쩍 늘었다. 귀농 인구도 많이 늘었을 뿐 아니라, 귀농의 목적이나 대상자들의 연령과 특성도 옛날과 달리 많이 다양해졌다. 이주를 해서 농업 활동을 하는 사람들은 귀농, 농업 활동을 하지 않는 사람들은 귀촌으로 따로 구분해서 부를 정도다.

하지만 대다수 도시 사람들에게 귀농이나 귀촌은 여전히 쉽지 않은 문제다. 어쩌다 여행 가서 보는 농촌체험여행 속의 농촌과는 전혀 다르다. 막연한 동경과 낭만적인 환상만으로 농촌 이주를 결정했다면 실패하기 십상이다.

그런데 뭘 모르는 '도시 촌사람'에게 농촌에서 살아가는 법을 가르쳐주는 곳이라도 있다면? 농촌에 적응할 수 있도록 연습할 시간을 주는 곳이 있다면? 짧은 농산물 수확 체험 정도가 아닌 귀농귀촌의 냉정한 삶을 체험해 볼 수 있는 곳이 있다면 귀농귀촌을 결심하기가 수월해지진 않을까? 귀농 1번지로 통하는 전라북도 진안에서라면 어떨까!

모반의 땅에서 동경의 땅으로

진안군은 어떤 곳인가. 전라북도에서도 동쪽 산악지대에 자리한 진안은 산의 비중이 82.4%나 되는 전형적인 고원지대이다. 소백산맥과 노령산맥이 만들어낸 해발 200~400m의 진안고원은 지역에 빛과 그림자를 동시에 안겨 주었다. 이 지역은 이웃한 무주, 장수 등과 함께 예로부터 '깡촌'으로 이름났던 곳이다. 오죽하면 '무진장(無盡藏) 촌'이라는 말까지 만들어 냈을까. 첫 글자를 차례로 딴 '무진장(茂鎭長)'과 뜻은 다르지만 이곳에선 익숙한 말이 된 지 오래다.

진안에서도 가막마을은 오지 중의 오지다. 고라니, 오소리, 너구리가 겁 없이 뛰어다니고 밤이면 반딧불이가 손에 잡힐 듯 날아다닌다. 가막마을이라는 마을 이름도 '가도 가도 까마득한 첩첩산중', '깜깜한 곳에 있는 마을'이라고 해서 붙은 것이란다.

오랫동안 사람들의 발길이 뜸한 오지였던 탓에 생태계가 살아 있는 청정 환경을 자랑한다. 주민들은 이런 환경적인 이점을 백분 살려 천반산(647m) 자락에서 산양산삼과 홍삼, 율무 같은 농작물을 친환경농법으로 재배해 높은 소득을 올리고 있다. 그리고 사방으로 고속도로가 뚫리면서 그 어느 곳보다 교통도 편해졌다. '무진장 오지'도 이젠 옛말이 되었다. 이제 도시 부럽지 않은 산촌이다.

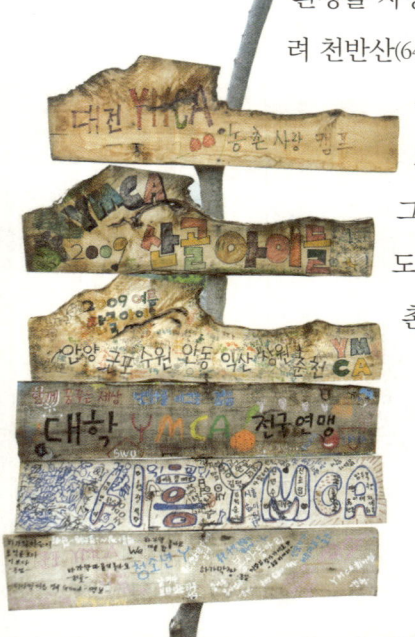

1. 마을 이정표   2. 귀농인의 집. 두세 달 머무르면서 귀농을 체험할 수 있는 빈집이다.

밤 문화가 아름다운 곳?

이제 체험 프로그램을 운영하지 않는 시골 마을이 없을 정도로 농촌 관광이 일반화되었지만 가막리에는 다른 농촌체험마을과는 확실하게 구별되는 특별한 매력이 있다. 바로 세 채나 운영 중인 '귀농인의 집'이다. 귀농인의 집에서는 단순히 일회성 농촌체험이 아니라 두세 달 정도의 장기적인 귀농, 귀촌 체험이 가능하다. 물론 귀농인의 집이 가막마을에만 있는 건 아니지만 어느 마을의 어느 집보다도 '살고 싶다'는 욕심이 든다.

"뭐 얼마랄 꺼 있나. 전기세만 내면 되지."

마음이 앞서 조건을 물으니, 홍삼농사를 하는 마을 주민 전동현 씨가 그냥 편하게 쓰면 된다고 답한다. 주민들 인심이 좋아 김치도 가져다주고, 농사짓는 법도 가르쳐준다는 말까지 덧붙인다. 귀농인의 집은 전형적인 시골집 모습 그대로이다. 양철지붕을 얹은 옛날 흙집을 말끔하게 정비한 것이라 농심(農心)을 배우기엔 제격이다. 흙집이니 몸에는 또 얼마나 좋을 것인가!

마을의 특산물은 깊은 산이 키운 산양산삼이 대표적이다. 산양산삼은 밭에다 키운 인삼을 나중에 산으로 옮겨 심는 장뇌삼과 달리 직접 산에 산삼 종자를 뿌려서 키운다. 야생에서 자라기 때문에 크기는 장뇌삼보다 작다. 6년근이라고 해봐야 손가락보다 작다. 하지만 효능은 산삼과 다를 바 없다는 것이 전동현 씨의 주장이다. 마을에서 운영하는 농촌체험 프로그램도 산양산삼을 중심으로 진행된다. 산양산삼 채취하기, 산양산삼 술 담그기가 대표적이다. 특히 산양산삼으로 담근 술은 얼마나 향이 진한지 한 잔만 마셔도 몸속에 산삼이 통째로 들어오는 듯하다.

봄과 가을에는 오디 따기, 산나물 채취, 감자와 복숭아, 옥수수, 고구마 같은 농산물 수확체험과 율무인절미 만들기, 쑥두부 만들기, 한과 만들기 체험을 할 수 있다. 마을 앞을 흐르는 가막천에서 물고기를 잡는 체험은 어린이보다도 어른들이 더 좋아한다.

"여기가 금강 상류라 쏘가리와 꺽지, 퉁가리, 돌중이, 빠가사리, 다슬기 같은 게 많아요. 감돌고기는 여기서만 살아요."

진안의 가막마을이니깐 이렇게 빼어난 생태계를 유지하고 있는 것이 아니겠냐며, 반경 50㎞ 안에 대도시가 없고 활엽수가 많아 공기가 강원도보다도 맑고 깨끗하고, 지대가 높고 기온이 낮아 도기가 없는 것도 마을의 자랑거리라고 한다.

가막마을은 상가막과 하가막으로 나뉘어져 있다. 두 곳 모두 합해봐야 35가구에 90명 정도밖에 안 되는 인구다. 하가각은 가막천 유원지로 알려져 있어서 여름철이면 피서객들이 제법 찾아오는 곳이다.

마을을 안내한 전동현 씨가 느닷없이 "우리 마을은 밤(夜) 문화가 좋다"고 자랑이다. 까마득한 산촌에 웬 밤 문화인가 했더니만, 전 씨가 자랑한 '밤 문화'는 쏟아질 듯한 밤하늘의 별, 손에 잡힐 듯 날아다니는 반딧불이, 그리고 밤이면 들려오는 새와 벌레들 울음소리를 말하는 것이었다.

마을쉼터

1. 어느 농가의 가을 걷이   2. 마을 특산물인 산양산삼   3. 산양산삼주 만들기 체험

어둑어둑한 저녁. 저녁식사를 마치고 마을을 나서려 하는데 어디선가 낯선 새 울음소리가 고요한 어둠을 깨뜨리며 울려 퍼졌다. 소쩍새란다. 소쩍새 소리를 듣고 있자니 가막마을의 밤과 헤어짐이 싫어졌다. 이대로 눌러앉아 버릴까.

놓치면 아까운 주변 여행지

마이산

말의 귀처럼 생긴 두 개의 암봉으로 된 진안의 명산이다. 계절에 따라 부르는 이름이 다른데 봄에는 안개 속의 봉우리가 돛대같다고 하여 '돛대봉', 여름에는 수목 사이에서 솟아난 봉우리가 용의 뿔 같다고 하여 '용각봉', 가을에는 '마이봉', 겨울에는 눈이 쌓이지 않아 먹물 묻힌 붓끝처럼 보인다고 하여 '문필봉'이라 부르기도 한다. 마이산은 탑사가 유명한데 돌탑 80여 기가 관광객들의 카메라 세례를 받고 있다. 벚꽃도 유명하다. 문의: 마이산 관리사무소 063-433-3313

운일암·반일암

운장산 자락 명덕봉(845.5m)과 명도봉(863m) 사이에 펼쳐진 계곡. 청정 자연환경을 간직한 오지였던 터에 오가는 건 구름뿐이라 하여 '운일암(雲日

巖)', 햇빛을 반나절 밖에 볼 수 없을 정도로 울창하다고 하여 '반일암(半日 巖)'이라 불렀다. 맑고 시원한 계류가 흘러들어 소를 이룬 곳에는 여름철마다 많은 피서객들이 몰려들어 여름을 잊고 지낸다.

용담호 · 용담댐 물문화관

용담호는 용담댐을 건설하면서 진안군 용담면 외 1읍 5개 면을 수몰시킨 자리에 생긴 인공호수다. 담수 면적은 30㎢, 총저수량 8억 1,500만톤에 이르며 전주권의 생활용수로 쓰이고 있다. 댐이 생기면서 더불어 개발된 도로와 작은 공원은 관광객들에게 훌륭한 쉼터가 되고 있다. 용담댐 물문화관에서는 여러 가지 물에 대한 상식과 용담호의 생태계를 살펴볼 수 있도록 구성되어 있다. 문의: 용담댐 물문화관 063-430-4262.

🌼 추천일정

첫째날 진안 진입 → 마이산 관광 → 가막마을로 이동 → 숙박

둘째날 가막천 물놀이 → 가막마을 산양산삼 체험 → 점심식사 → 가막천 놀이

농촌체험 문의는 전흥철 위원장에게 하면 된다. 010-9899-9988.
마을 안내를 해준 전동훈 씨는 가막골홍삼단지 대표를 맡고 있다. 063-433-9085.

 찾아가는 길

자가용
대전, 통영고속도로 - 진안 나들목 진출, 우회전 → 진안 로터리에서 무주 방향 → 거칠, 장계 방향 (26번국도) → 동향, 가막리 방향 → 상가막 마을

대중교통
▶ 서울 센트럴터미널에서 진안까지 2회 운행.
▶ 진안터미널(063-433-2508)에서 가막리 가는 버스가 하루에 6회 운행(약 25분 소요).
  시내버스 문의: 063-433-5282.
▶ 택시를 탈 경우에는 12,000원 나옴.

🧺 추천업소

▶ 주민들이 운영하는 펜션은 주로 하가막에 몰려 있다. 마을에서 직접 운영하는 펜션도 있는데 상가막마을의 펜션은 경관이 좋아 일대 풍경이 한눈에 들어온다. 가막천 옆에 강내음산내음펜션(063-433-3879)이 있고 장수군 장계면 소재지 바로 옆 호덕리의 승마모텔(063-352-8585)은 일대에서 가장 깨끗하다.

▶ 민물매운탕 전문점인 승금가든(삼락리, 063-432-2776)은 쏘가리탕과 매운탕을 잘한다. 주인장이 용담댐 어업권을 가지고 있어 직접 잡아 조리한다. 붕어찜은 진안의 깨끗한 바람기 말린 시래기와 두툼한 육질의 붕어가 조화를 이루어 느끼하지 않고 흙냄새가 전혀 없으며 맛이 깔끔하다. 마이산의 초가정담(063-432-2469)은 더덕정식과 흑돼지숯불구이가 금복회관(063-432-0651)은 애저요리가 유명하다.

5장
향기가 있는
전통문화마을

이천년 맥을 이어받은 삼베길쌈 솜씨, **안동포마을**
개도 짖을 땐 진도아리랑으로 짖는다네, **소포마을**
뱃기 들고 달리는 붕기풍어제의 신명, **황도**
항아리에 숨결을 불어넣다, **외고산 옹기마을**
옛 파시를 그리는 흥겨운 띠뱃놀이, **위도 대리마을**
300년 된 요리책 속으로 떠나는 식도락 여행, **두들마을**

이천년 맥을 이어받은 삼베 길쌈 솜씨,
안동포마을
경상북도 안동시 임하면 금소리

안동포마을로 통하는 금소리를 다시 찾은 건 12월의 어느 날이었다. 세밑 추위를 앞둔 시점이라 들녘은 을씨년스러웠고 논밭은 황량했다.

차창 밖의 서릿발 내린 들녘 풍경에 한기가 느껴진다. 마을에 들어서자마자 경로당부터 찾았다. 시골 마을에서 쉬기 좋기른 마을회관이나 경로당만 한 곳도 없다. 마을 어른들이 삼삼오오 모여 앉아 놀이도 하고 이야기꽃도 피우는 곳이라 늘 따끈하게 데워져 있기 때문이다.

대개 할아버지 방과 할머니 방이 따로 있는데 두 곳의 놀이 문화가 조금 다른 것도 재미있다. 할아버지 방에서는 소주를 드시거나 화투놀이하는 모습을, 할머니 방에서는 인기 드라마에 푹 빠져 이야기꽃을 피우는 모습을 자주 볼 수 있다.

할머니 방 미닫이문을 살며시 열고 고개를 들이밀었다. 예상과 달리 드라마를 보고 있지도, 윷놀이를 즐기지도 않았다. 할머니들은 삼을 삼고 있었다.

동창문 반만 열고 어허 이 베 다 짰구나

　다섯 분의 할머니들이 저마다 방 한 구석을 차지하고 삼 삼기에 열중이었다. 카메라를 들이대는 낯선 나그네에게 "오늘은 건강검진 받느라 읍내 병원에 나간 사람이 많아 몇 명 안 나왔다."며 할머니 한 분이 인사를 건넨다.

　'안동포마을'로 통하는 금소 1리와 금소 2리는 전 주민이 220명쯤 된다. 삼베길쌈을 하는 아낙들은 대략 60명. 각자 집에서 일을 할 때도 있지만 10명 정도는 늘 경로당에 모여서 작업을 한단다. 이야기꽃을 피우며 일을 하다 보면 고된 길쌈으로 인한 피로나 아픔도 잊기 마련이다. 도시로 나간 누구네 자식이 어떻게 되었느니, 읍내에 새로 문을 연 가게가 있는데 친절하다느니 등의 '카더라' 통신의 진원지이기도 하다.

　할머니들이 열중하고 있는 삼 삼기는 안동포를 만드는 중간 과정으로, 삼을 가늘게 째서 한 올 한 올 일일이 손으로 이어 긴 올로 만드는 중요한 일이다. 대마를 거두면 먼저 삼굿(삼 찌는 가마)에 넣고 쪄낸다. 쪄낸 삼은 맑은 날을 골라 넓게 펴서 말려야 한다. 햇볕에 말린 삼을 물에 담가서 불린 후에 껍질을 벗기고 다시 겉껍질을 훑어낸다. 겉껍질을 훑어내고 남은 것을 계추리라고 하는데 햇볕에 일주일쯤 말려 색이 적당히 날아가도록 한다. 볕에 바랜 삼 껍질을 물에 적셔 마른 수건으로 다독이면서 손톱으로 가늘게 째는 것이 삼 째기이고 그 다음이 길게 이어 올을 만드는 삼 삼기다. 삼 삼기는 올을 빼내 이로 두 갈래로 가르고 다른 올의 끝을 사이에 끼워 비벼서 이은 뒤 무릎에 대고 손바닥으로 비벼서 삼는 과정이다. 이렇게 날마다 삼을 비벼대니 백옥같이 곱던 무릎에 피멍이 든다. 무릎에 새겨진 삼의 흔적은 안동 아낙들

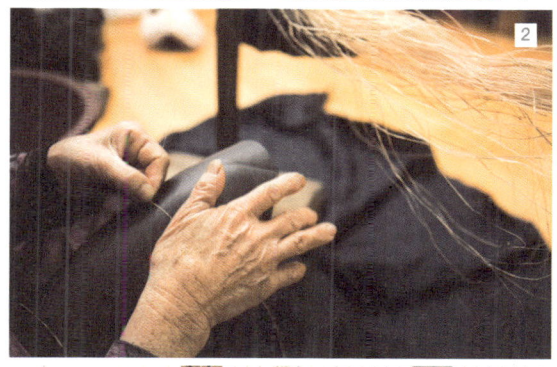

1. 삼 삼기 작업   2. 무릎에 고무를 대고 비빈다.   3. 말려 놓은 삼

의 고된 시집살이를 말해주는 삶의 흔적이기도 하다. 물론 이제 맨 무릎에 삼을 비벼대는 아낙들은 없다. 두꺼운 검정 고무판을 무릎에 대고 그 위에서 삼을 삼는다.

  삼을 다 삼은 뒤에는 정해진 길이를 맞추고 새수에 따라 올 수를 정해 날올을 갖추는 '베 날기'와 날실에 풀을 먹여서 도투마리에 감는 '베 매기' 과정을 거친다. 그 도투마리를 베틀 위에 올려놓고 베를 짜는 것이 베 짜기이다. 이러니 베 한 필이 나오기까지 들이는 품과 정성이 보통이 아니다.

  하지만 이렇게 힘들게 베를 짠다고 해서, 또 안동포가 수입산에 견주어 값이 비싸다고 해서 금소리 아낙들이 큰돈을 만지는 건 아니다. 보급형인 6새(높을수록 부드럽고 고급)가 한 필에 60만 원 정도에 팔리는데 한 필 짜는 데 한 달이 걸린다고 한다. 삼 구입비 등 원가를 제외하면 한 달에 실질적인 수입은 40만 원 정도란다. 물론 이것도 팔린다는 보장 아래서인데 팔지 못해 재고로 떠안는 경우도 많다. 물론 대마농사까지 직접 하면 1마지기(약 200평)에 이백만 원 정도의 추가 수입이 생기기도 한다.

  길쌈이 큰돈이 되지 않았던 건 옛날에도 마찬가지였다. 하지만 바느질이 그랬듯이 어디까지나 아녀자들의 필수덕목의 하나로 여겨졌기 때문에 여인들이라면 누구나 길쌈을 배워 익혀야 했다. 돌아가신 시어머니 배분령 씨에 이어 경북 무형문화재 제1호 안동포 보유자로 지정된 우복인 할머니는 삼베를 못 짜면 '아(아이) 못 쓴다!'고 하여 중매도 안 들어왔다며 옛날을 회상한다. 그런 탓에 부모들은 딸을 낳으면 상당한 공을 들여 길쌈을 가르쳤는데 보통은 13세에, 늦어도 17세면 길쌈을 시작했다고 한다. 낮에는 농사 일 돕고 새참 준비하느라 바빴고 저녁이 되면 호롱불이나 촛불 아래에서 베를 짰다고 한다.

마을 곳곳을 안내해준 안동포타운의 조풍저 소장은 안동포의 우수함을 다음과 같이 말한다.

"저급한 수입산 베에는 화학 섬유가 일부 섞여 있기도 합니다. 하지만 우리 베는 다릅니다. 잡벌레, 잡균의 침입을 막아주는 항균성이 뛰어나죠. 특히 수의로 쓰면 좋은데 국산 중에서도 우리 안동포는 황골 효과를 냅니다."

신라 유리왕(?~ 57) 때부터 길쌈 대회를 열고 즐길 정도로 오랜 역사를 자랑하고 있는 우리의 삼베문화. 옛 신라 땅인 안동의 금소리 아낙들은 그 2000년 역사의 바통을 이어받아 오늘도 주름진 손으로 '덜그덕 철그덕' 힘겹게 안동포를 짜고 있다. 오늘날 침대커버, 양말 같은 다양한 생활소품으로 변신을 꾀하는 안동포가 훗날 어떤 모습으로 우리 곁에 남아 있을까.

평화로운 전통문화마을

금소리는 낙동강 지류인 길안천이 마을 앞을 흐르고 나지막한 약산 줄기가 마을을 받쳐주어 한눈에도 평화롭고 복스러워 보인다. 길안천(吉安川)이라는 하천 이름이나 금소리(琴韶里)라는 마을 이름이 괜히 붙은 건 아니리라. 금수리(錦水里)라는 속명 또한 마을 특성이 잘 반영된 이름이다. 마을은 울진 임씨와 예천 임씨의 집성촌이기도 한데, 두 임씨가 차지하는 비율이 70%에 달한다. 집성촌답게 곳곳에 문화유산과 고택이 많아서 전통문화마을로서도 가치가 높은 곳이다.

　마을 안내를 해준 조풍제 소장은 금소리 '안동포타운'의 초대 대표로서 오늘날 안동포마을이 관광명소로 이름을 널리 알리는 데 많은 역할을 한 공무원이다. 안동포타운은 안동포 전시관을 겸한 체험관으로 마을의 방문자센터 역할까지 겸하고 있다. 이곳에는 안동포에 대한 여러 가지 전시물이 있어서 안동포에 대한 이해를 넓힐 수 있고 실제 체험도 해 볼 수 있다.

　금소리에서 하루 묵고 싶다면 '금포고택'을 찾아가보자. 350년이 넘는 역사를 가진 한옥으로 아기자기한 옛 살림집의 멋을 느낄 수 있다. 오랜 세월 비바람을 겪은 늙은 나무와 보수하면서 새로 덧댄 새 나무 자재가 묘한 대조를 이룬다. 곳곳에 숨겨진 민화는 주인장의 예술적 끼를 살짝 엿볼 수 있어 흥미롭다.

금포고택

갈암금양강도지(葛庵錦陽講道址)와 금곡재는 마을이 자랑하는 문화재다. '갈암금양강도지'는 퇴계 선생의 학풍을 이어받은 성리학자 갈암 이현일(1627~1704)이 말년에 후학들을 가르쳤던 곳으로 사후 그의 제자들에 의해서 세워졌다. '금곡재'는 조선 순조 10년(1810)에 예천 임씨에 의해 세워진 서당이었는데 지금은 시제를 올리는 재사(齋舍)로 그 기능이 바뀌었다. 마을 입구에는 예천 임씨에서 건립한 모하정과 화악정이 있어 눈길을 끈다. 아름다운 연못을 품은 분위기 있는 정자로 마을이 전통 깊은 문화마을임을 알려줄 뿐 아니라, 마을 솔밭과도 조화를 이루어 나그네의 발길을 오래도록 붙잡는 곳이다.

놓치면 아까운 주변 여행지

하회마을

안동의 대표적 전통마을인 하회마을은 낙동강 지류가 S자 형태로 마을을 감싸고 돌아나간다고 하여 이름 붙여진 곳으로, 전국의 '물돌이마을' 중에서도 가장 유명하다. 마을 맞은편 절벽인 부용대에 올라가면 마을이 한눈에 들어온다. 풍산 류씨가 600여 년간 살아온 집성촌으로, 서애 류성룡(1542~1607)은 마을이 배출한 대표적 인물이다.

마을 앞 상설공연장에서 하회별신굿탈놀이를 무료로 볼 수 있다. 매주 3

회(수, 토, 일요일 오후 2시) 공연. 문의: 관리사무소 054-852-3588. 마을관광안내 054-852-3588.

봉정사

우리나라에서 가장 오래된 목조 건축물인 극락전(국보 제15호)이 있는 곳이다. 신라 문무왕 12년(672)에 의상대사의 제자인 능인스님에 의해서 창건된 고찰이다. '봉황이 머문 곳'이란 뜻의 절 이름은 능인스님이 종이로 봉황을 접어 날리자 이곳에 앉았다고 하여 붙여졌다. 관광객들을 위하여 템플스테이 프로그램도 운영하고 있다. 문의: 054-853-4181.

병산서원 · 도산서원

병산서원은 서애 류성룡과 그의 아들 류진을 배향한 곳으로, 건물과 주

변 경치가 어우러진 풍경은 안동에서도 손꼽힐 정도다. 특히 200명이 동시에 앉을 정도로 규모가 큰 만대루가 유명한데 시원한 누각에 앉아 있으면 누구라도 시심이 절로 일 것이다. 서원 앞을 흐르는 낙동강 지류와 고운 백사장도 훌륭하다. 병산서원에서 약 47㎞ 가량 떨어진 도산면 토계리의 도산서원은 퇴계 이황을 기리는 곳이다. 한석봉의 글씨도 만날 수 있다. 문의: 도산서원 관리사무소 054-856-1073.

이천동석불

안동 시내 입구 5번 국도변에 위치한 이천동석불은 커다란 자연석을 활용한 마애불 느낌이 드는 불상이다. 제비원석불이라고도 부르는데 이는 옛날에 지방 출장간 관원들을 위한 숙박시설인 원(院)이 있었기 때문이다. 지금은 연미사라는 작은 절이 들어서 있다. 문의: 연미사 054-852-3413.

부용대에서 바라본 안동 하회마을

1. 안동 하회별신굿 탈놀이   2. 병산서원   3. 이천동석불

🌼 추천일정

첫째날 안동 진입 → 박물관 여행(전통 문화콘텐츠박물관, 민속박물관, 안동소주박물관 등) → 점심식사 → 금소리(안동포마을 둘러보기 및 체험) → 숙박

둘째날 안동 관광(하회마을, 봉정사, 병산서원 등)

금소리에는 금포고택이 유일한 숙박시설이다. 방 갯수가 넉넉하지 않으므로 시내 모텔을 이용하거나 다른 관광지와 연계하여 일정을 짜면서 그 주위의 숙박시설을 활용해야 한다.

🚗 찾아가는 길

자가용
서울 — 영동고속도로 — 중앙고속도로 서안동 나들목 진출 — 안동 시청 방향 우회전(34번 국도, 35번 국도 영덕 방향) — 건동다 학교 — 임하면소재지 — 금소리(안동포마을)

대중교통
안동행 버스는 동서울터미널과 강남터미널에서 운행되며 기차는 청량리역에서 출발한다.
안동역 앞 시내버스 정류장에서 28번 시내버스 이용. 40~50분 간격으로 운행된다. 금소리 하차.

🏠 추천업소

▶ 마을의 식당으로는 웃 하목화식당(054-823-7788)이 유일하다. 백반부터 민물매운탕까지 가능하다. 안동은 향토음식이 많기로도 유명한데 헛제사밥, 안동소주, 간고등어, 안동찜닭 등이 대표적이다. 까치구멍집(헛제사밥, 054-821-0056), 안동양반밥상(간고등어, 054-855-9300), 구구안동찜닭(054-854-9999). 안동구시장에는 안동찜닭 전문점들이 몰려 있다.

▶ 지례예술촌(054-822-2590)과 수애당(054-822-6661)은 전통한옥 체험을 할 수 있는 곳이다.

개도 짖을 떤 진도아리랑으로 짖는다네,
소포마을
전라남도 진도군 지산면 소포리

　진도대교가 위용을 드러낸다. 하늘로 치솟은 주탑이 영락없는 초병의 창날이다. 두 눈 부릅뜨고 바다를 지키는 우리 수군들을 만난 듯 믿음직스럽다. 울돌목은 그 이름만큼이나 거친 바다다. 500년 전, 충무공은 이 바다에서 불과 열 세 척의 배로 133척의 왜적을 대파했다.

　수군들의 뜨거운 함성을 뒤로 하고 진도 땅으로 깊숙하게 들어간다. 왕온의 묘와 용장산성 터에서 한 맺힌 절규가 들리는 듯하다. 끝까지 몽고에 저항하며 자주 정부를 세웠던 삼별초의 왕, 왕온. 울돌목이나 용장사지는 이들의 충혼이 서린 곳이다. 진도 섬에 나라를 지키고 싶었던 병사들의 울부짖음만 있었던 건 아니다. 나라로부터 버림받은 이들의 한도 서려 있다. 한양에서 멀리 떨어진 오지라는 이유로 대대로 중죄인들을 내쳤던 유배지가 바로 진도였다. 한(恨)의 땅 진도는 그렇게 오랜 세월 진도관의 독특한 문화를 만들어왔다. 오늘날, 사람들은 그런 진도를 두고 '전통문화의 원형을 간직한 섬'이라며 새롭게 바라보기 시작했다.

소리로 녹여진 진도의 한

순천에서 인물 자랑 말고, 여수에선 돈 자랑 말고, 벌교에선 주먹 자랑 말 것이며 진도에선 소리 자랑 말라는 말이 있다. 진도 땅에선 길을 막고 아무한테나 노래를 시켜 봐도 진도아리랑과 육자배기 한 자락쯤은 거나하게 뽑아낸다고 한다.

이쯤 되면 궁금해지기 마련이다. 특별한 사람이 아닌 보통 진도 주민들 모두 다 소리를 잘할까? 꼭 그렇지는 않을 것이다. 하지만 이 마을에서만큼은 맞는 이야기다. 주민이라면 누구나 구수한 남도민요 한 가락쯤 기차게 뽑아낼 줄 아는, 모두가 소리꾼인 마을, 바로 진도군 지산면에 있는 소포리다.

소포리는 소포걸군농악(전남 무형문화재 제39호) 보유지로 지정되어 있는 마을이다. 그러나 걸군농악뿐 아니라 육자배기, 강강술래, 흥타령, 만가, 다시래기 등등 거의 모든 남도소리가 온전하게 전해지고 있다. 마을에 우리 전통문화를 보존하려는 목적으로 설립된 전통민속보존회만도 일곱 개나 된다. 소포걸군농악보존회, 소포강강술래보존회, 소포닻배노래보존회, 소포베틀노래보존회……

처음 소포리를 찾았을 때의 문화적 충격은 정말 대단했다. 저녁식사를 마친 방문객들이 마을회관에 모두 모이자 주민들이 무대에 올랐다. 30~40명의 주민들은 손수 꾸민 무대에서 흥타령, 육자배기, 진도 북춤, 그리고 여럿이 호흡을 맞춰야 하는 강강술래까지 공연을 이어갔다. 그 감동을 잊지 못해 소포리를 들락날락한 것이 벌써 예닐곱 번이나 된다.

얼마 전 소포리를 찾았을 때 그 공연을 다시 볼 수 있었다. 공연은 김병

철 소포리전수관 관장의 인사말로 시작되었다. 그는 소포리 주민들이 가지고 있는 문화적 콘텐츠를 다듬어서 세상에 알린 공로자다. '진도' 하면 진도아리랑을 제일 먼저 떠올리기 마련인데 이 대목에서 김 관장의 자부심 가득한 한마디가 던져졌다.

"우리 마을에선 진도아리랑을 개가 물고 댕깁니다. 개도 짖을 땐 진도아리랑으로 짖어부러요."

진도아리랑이나 흥타령 정도쯤은 개가 물고 다닌다니, 소리 좀 한다는 관광객들조차 고개를 꾸뻑 숙이게 한다. 공연 프로그램은 그때그때 조금씩 다르다. 이날은 20~30명의 부녀자들이 펼친 강강술래도 훌륭했지만 할아버지, 할머니들이 한데 섞여 질펀하게 놀았던 상여놀이가 인상적이었다. 진도의 장례문화에는 흥과 한이 공존한다. 노래와 춤, 연극으로 밤새 신명나게

놀이판을 벌여 고인을 기리고 유족들을 위로한다. 세상 어디에서도 찾아보기 힘든 축제의 장이다. 이날도 관광객 중의 한 명을 무대로 불러들여 죽인(?) 후에 입관의식을 치른 이벤트와 다시래기 공연, 상여를 메고 나가는 행렬 등이 재현되어 달밤의 진도 땅을 흥겹게 달구었다.

주민들의 끼가 모여드는 어머니 노래방

소포리에는 '어머니 노래방'이 있다. 주민들이 저녁마다 '어머니 노래방'에 모여 노래를 부르며 스트레스도 풀고 친목을 도모한다. 이 '어머니 노래방'을 조직한 주인공은 한남례(78) 씨다. 소포리 주민들의 끼를 세상에 알린 사람이 김병철 관장이라면 그 끼를 발굴하고 키워낸 사람이 바로 한남례 씨다. 그녀의 살림집 대문에는 어머니 노래방이라는 현판이 달려 있다.

"시아버지가 북, 장구를 참 잘 쳤쏘. 그랑께 그 북장단을 배우고 싶어서 잘 이야기해갖고 안방에서 배우기 시작했지라. 그렇게 배운께 그걸 보고 동네 사람들이 하나둘 모여들기 시작 안하요."

그게 1975년 무렵이다. 어쩌면 도회지 번화가에서 성업 중인 노래방의 진짜 원조가 일본의 가라오케가 아닌 소포리의 어머니 노래방이 아닐까 하는 생각도 해 본다. 지금도 30여 명의 주민들이 하루 일과를 다 끝내 놓고 날마다 노래방에 모인다.

"희한하게 말이요, 오륙십에 배운 노래는 잘 잊어버리는데 열 살 때 배운 노래는 잊어지지가 않더란 말이요."

툇마루에 걸터앉은 그녀에게 흥타령 소리 한 자락을 청했다.

꽃 폈을 때 만난 사람 꽃이 지자 이별이라
만날 날은 뜬 구름 기약 없이 헤어지니
너를 원망하고 돌아를 간다.

꿈속에서 보이는 님은 꿈이 아니면 어이 보리
저 멀리 그리든 님아 꿈이 아니면 어이 보리
자주자주 보여주면 너와 일생을 맺으리라.

긴 비개 한 몸 되어 웃음 웃고 잠잘 때는
천년이나 만년이나 이별 없이 살자더니
일시에 이별이 웬 일이냐.

*비개(베개)

2009. 8. 9, 소포리, 한남례 자택에서

우리 소리는 마치 장맛과도 같다. 장이 오래도록 장독에서 삭고 익어야 제맛이 나듯, 소리도 굴곡진 세월 속에 그 맛이 깊어진다. 힘든 밭일을 마치고 저녁상 물려놓고 모인 이 아낙들의 끼가 바로 우리 문화, 우리 소리의 저력이리라.

1. 어머니 노래방의 리더 한남례 할머니
2. 관광객들 앞에서 시연한 진도의 상여놀이
3. 소포리 주민들의 강강술래 공연

명량대첩을 재현하는 **명량대첩축제**

10월에는 울돌목을 사이에 둔 해남과 진도에서 동시에 명량대첩축제가 펼쳐진다. 이충무공의 명량대첩을 기리고 남도의 문화자원을 널리 알리기 위해 만든 축제다. 해남 쪽에는 우수영국민관광지가 축제의 주 무대가 되고 진도 쪽에서는 녹진의 수변무대와 진도대교 옆이 주 행사장이 된다.

축제의 관전 포인트는 크게 두 가지다. 그 중 첫 번째는 물살이 세기로 유명한 울돌목에서 펼쳐지는 명량대첩 재현 행사다. 백 척이 넘는 어선들이 13:133의 대전을 재현하는 모습이 참으로 볼 만하다. 참가자들은 각자 역할에 따라 수군 복장을 하기도 하고 왜군 복장을 하기도 한다. 왜선에선 도연과 불길이 일기도 하고 접전을 치르다 물에 빠지는 수군과 왜적도 속출한다. 이 장엄한 해전을 관전하기 위해 해마다 진도대교 위에 수많은 사람들이 몰려든다.

또 다른 포인트는 강강술래다.  이충무공이 작전을 펴는 데 강강술래가 큰 도움이 되었다는 건 이미 널리 알려진 사실. 그래서일까, 해남과 진도 양쪽 무대엔 강강술래 초청 공연, 경연대회가 계속 이어진다. 강강술래는 노래와 춤, 놀이가 한데 어우러진 독특한 장르다. 노래하며 뛰는 것으로 끝나지 않고 중간 중간에 놀이가 들어가 있는데 이 축제에서는 전 과정을 모두 볼 수 있다. 강강술래가 판소리에 이어 세계무형문화유산으로 선정되면서 국내외적으로 관심이 더 높아졌는데, 지역별로 다양한 색깔을 지닌 수준 높은 강강술래를 실컷 구경할 수 있는 곳이 바로 명량대첩축제이다. 문의: 진도군청 문화관광과 061—544—0151

놓치면 아까운 주변 여행지

진도향토문화회관의 토요민속여행

진도에는 관광객들이 놓치면 후회할 만한 전통문화 이벤트가 몇 가지 있다. 그 중 하나가 4월부터 11월까지 매주 토요일 오후 2시에 열리는 진도향토문화회관의 토요민속여행이다. 관광객들을 위하여 진도의 전통 민속문화를 보여주는 공연 프로그램인데 소리의 고장답게 지역 주민들의 호응도 뜨겁다. 소포리 주민들도 가끔 이 무대에 서기도 한다. 무료. 문의: 진도군 향토문화회관 061-540-6253.

신비의 바닷길

고군면 회동리와 의신면 모도리 사이 2.8km 길이의 바다가 갈라지는 장관을 볼 수 있다. 국내 여러 '신비의 바닷길' 중에서도 원조로 통하는데, 1975년 프랑스인에 의해 외국에 소개되면서 유명해졌다. 일 년 중 물길이 열리는 날은 며칠 되지 않으니 반드시 확인을 해봐야 한다. 축제는 보통 3~5월 중에 열린다. 이때는 많은 사람들이 장화를 신고 들어와 미역, 낙지, 조개 등을 잡으면서 바닷길을 걸어간다. 문의: 진도군청 문화관광과 061-544-0151.

관매도

진도 앞바다는 다드해국립공원의 중심이라 할 만큼 아름다운 섬과 바다를 보듬고 있다. 특히 조도면에 가볼 만한 섬들이 많은데, 그 중 관매도는 아름다운 절경과 함께 깨끗한 해수욕장이 있어 인기가 높다. 소포리 바로 옆 쉬미항에는 배를 타고 다도해를 돌아보는 유람선도 있다.

진도의 대표적 부속섬인 관매도의 기암

신비의 바닷길 축제

🌼 추천일정

첫째날 진도대교, 진도 전경 → 운림산방, 토요 경매(11시) → 점심식사 → 향트문화회관, 토요민속여행(2시) → 쉬미항 유람선 관광, 낙조 감상 → 저녁식사 → 소포리, 공연 관람

둘째날 마을 산책 → 아침식사 → 남도석성 → 용장사지, 왕온의 묘 → 점심식사 → 진도대교 (녹진전망대, 거북배 등)

소포리 주민들은 매주 토요일 저녁에 상설공연을 연다. 읍내 향토문화회관(061-540-3536)을 들른 후에 소포리로 들어가는 것이 좋다. 운림산방 내 진도역사관에선 남도예술은행(061-287-5206) 토요 경매 행사가 열린다. 토요 경매가 오전 11시, 토요민속여행이 오후 2시, 그리고 소포리 상설공연은 저녁에 열리므로 하루 일정으로 모두 참여할 수 있다. 임회면의 국립남도국악원(061-540-4033)에서도 다주 금요일에 상설공연을 연다. 공연 문의: 김병철 관장 061-543-0505, 010-4626-4556.

🚗 찾아가는 길

자가용
서울 → 서해안고속도로 이용, 종점까지 진행 → 목포 → 진도 → 소포리(호남고속도로를 이용할 경우 서광주 나들목으로 나간다.)

대중교통
서울강남터미널은 4차례, 동서울터미널은 2차례 진도까지 직행. 진도터미널행이 없을 경우, 목포나 광주까지 접근한 후 진도행 시외버스로 갈아탄다. 목포나 광주에서 진도행 버스가 수시로 다닌다. 진도터미널(061-544-2141)에서 소포리 들어가는 버스(061-544-2062)는 1일 7회 운행.

🏪 추천업소

▶ 소포리 체험관에는 숙박시설이 있다. 단체는 식사도 가능하다.
▶ 읍내 맛집으로는 다도해관광회센터(세방리, 061-543-7227), 통나무집(녹진, 061-542-6464), 우정가든(연산리, 061-542-4710) 등이 추천할 만하다. 궁전식당(061-544-1500)은 뜸북(듬북)에다 갈비를 넣고 시원하게 끓은 소갈비뜸북국이 별미다. 듬북은 진도에서도 조도 일부 지역에서만 자생하는 귀한 해조류이다.
▶ 진도에는 호텔이 없고 모텔과 펜션만 있다. 태평모텔(061-542-7000)이 규모가 큰 편이다.

뱃기 들고 달리는 붕기풍어제의 신명,

황도

충청남도 태안군 안면읍 황도리

   정월(正月). 한 해의 시작을 여는 음력 1월을 우리 조상들은 정월이라 불렀다. '바를 정(正)'을 쓴 것은 바른 마음가짐과 몸가짐으로 새해를 맞으라는 뜻을 담은 것이 아닐까. 그런 정월도 이제는 점차 잊혀져가는 말이 되고 있다. '정월대보름' 정도로 명맥을 이어갈 뿐이다.

   올해는 이렇게 잊혀져가는 우리 문화를 찾아 여행을 하고 싶었다. 하여 일찌감치 차례를 지내고 어른들에게 세배를 드린 후, 정월의 전통 축제를 찾아 나섰다.

   정월 민속축제는 대개 음력 1월 2일과 3일 그리고 대보름을 전후해서 열린다. 목적지로 정한 곳은 충남 태안군 안면읍의 황도리라는 작은 마을. 대대로 '붕기풍어제'라는 전통 민속행사가 전해지는 곳이다. 풍어제 역시 잊혀져가는 우리 문화의 하나다. 그런 전통축제를 본다는 생각에 운전대를 잡고 있는 손은 연신 흥겨운 손가락 장단 춤이다.

안면도 그리고 황도

시원스레 뻗은 천수만 방조제를 조금 과하다 싶을 속도로 달렸다. 늘 관광객의 차들로 붐비던 길이 정초라 그런지 한산하기까지 하다. 왼쪽은 천수만의 너른 바다, 오른쪽은 담수호가 펼쳐져 있다.

안면도. 팔자가 여러 번 바뀐 기구한 운명의 섬이다. 원래 안면도는 섬이 아니라 육지에 붙어 삐죽 삐져나온 반도(半島) 모양의 곶이었다. 조선 인조 때 삼남지역에서 올라오는 세곡을 편하게 운송하기 위해 지금의 안면읍 창기리와 남면의 신온리 사이를 파냄으로써 섬이 된 것이다. 그러다가 연육교가 놓이면서 섬이 다시 육지로 팔자가 바뀌게 된 것은 1970년의 일이다. 지금은 다리 하나로도 모자라 안면대교라는 이름의 다리가 하나 더 놓이면서 이름과 달리 섬 느낌이 전혀 나지 않는 육지가 되었다.

다리를 건너자마자 오른쪽으로 빠지는 길이 나오는데 바로 안면도 초입 서편에 있는 황도 가는 길이다. 10분을 더 달리니 황도가 나온다. 황도는 왕복 1차선의 좁은 다리, 황도가설교로 안면도 본섬과 이어져 있는데 낡은 다리 왼쪽으로는 하늘 높이 거대한 다리가 새로 건설되고 있다.

"1977년에 붕기풍어제로 전국민속예술경연대회에 나가 대통령상을 탔시유. 그때 대통령님이 "주민들 소원이 뭣이냐?" 하길래 "차 다니는 게 소원이다." 해서 놓인 다린디, 내가 중학교 대닐 때 생겼지유."

마을회관에서 만난 박현철(50) 이장은 '대통령 박정희' 이름이 선명한 당시의 상장을 보여주면서 황도가설교가 놓인 사연을 풀어놓는다. 마을이 커지면서 지금 다리가 불편해지자 첨단 공법으로 새 다리를 놓고 있는데 그 길이가 400m로, 여수의 돌산대교에 버금가는 크기라며 자랑이다.

황도에는 153세대 372명의 주민이 살고 있다. 농업보다는 어업의 비중이 훨씬 큰 마을로, 바지락과 굴, 낙지 같은 맨손어업과 45척의 작은 고깃배로 소라, 주꾸미, 대하 등을 잡는다. 지금은 어업 수입이 보잘 것 없지만 옛날에는 안면도에서도 부촌으로 이름난 섬이었다고 한다. 이제 관광업도 무시 못할 수입이 되고 있는데 황도에만 펜션이 25채나 있다고 한다.

옛 황도초등학교

마을 한복판에 있는 옛 황도초등학교 건물에 눈길이 간다. 외벽에 여러 가지 그림이 그려져 있는데 그 중 보리밭 그림이 인상적이다. 황도(黃島)라는 마을 이름은 원래 이곳에 보리가 많이 심어져 있어서 누렇게 익어가는 보리밭에서 나온 것이라고 한다.

세월 따라 변해가는 붕기풍어제

황도의 풍어제는 정월 초이튿날과 초사흗날, 이틀 동안 열린다. 당주를 뽑는 게 가장 중요한 일인데 옛날에는 흠 없는 사람만이 당주를 맡을 수 있었다. 당주로 뽑힌 사람은 돼지고기를 금하고 상갓집도 출입하지 않으면서 1년 동안 정결을 지켜야했다. 그러다보니 점점 적임자를 찾기 힘들고 모두 당주 맡기를 꺼리면서 이제는 할 수 없이 마을 이장이 당주를 맡게 되었다.

"4년째 당주유. 여름 지나고부팀은 상갓집도 자제해유."

현 이장은 황도붕기풍어제 보존회장까지 겸하고 있다. 정월 초이튿날 당주의 첫 번째 임무는 찬물로 목욕재개 한 후, 새벽 3시 30분 무렵에 당집에 불을 켜는 일. 본격적으로 제가 시작되는 순간이다. 제를 주관할 굿패인 무당들도 초하루에 모두 마을에 들어와 준비를 한다.

30년 전에는 명맥이 끊기다시피 해서 마을 주민들끼리 조촐하게 치렀던 적도 있었으나 지금은 서해안 풍어제를 주관하는 김금화 만신이 맡아서 진행한다. 작년 한해만 거르고 내리 28년째 진행을 했다.

굿패가 마을을 돌며 축원을 올린다.

"여기 당제 역사가 몇백 년 되었는데 정확히는 몰라. 옛날에는 남자들이 굿을 했어. 여자들은 당을 들어가딜 못했어. 왜놈들이 정치를 할 때도 '통소'를 잡아서 제를 지냈다고. 그럼 일본놈들이 그걸 그냥 두냐고. 일본놈들이 소 잡는 사람은 목을 친다고 해도 칠라면 치라고 하면서 제를 지냈다고. 한 번도 안 빠졌다고. 일본놈들이 안 되니께 나중엔 이걸(당집) 다 때려 부쉈어. 해방되면서 토담으로 다시 해가지고 제를 지내게 된 거여."

28년째 붕기 풍어제를 주관하고 있는 김금화 만신

안면도수협의 조합장을 지내다 퇴임을 한 홍길용(74) 씨는 민족문화가 억압받던 일제시대 때에도 죽음을 각오하며 제를 지내왔다고 강조한다.

오전 7시가 넘으면 제물로 쓰일 소를 잡는다. 황도에서는 예로부터 뱀신을 모셨기 때문에 뱀과 상극인 돼지가 아니라, 마을 축제로는 드물게 소를 잡는다. 당집 앞으로 끌고 온 소를 잡아 제물로도 쓰고 관광객들 접대용으로도 쓴다. 특히 대나무 꼬챙이에 꿰어 구운 소 꼬치구이는 주민들과 관광객들 사이에서 인기 최고다.

"소가 불쌍하네요."
"아니유. 영광이지유!"

소 한 마리가 그 자리에서 산산이 분해되는 과정을 지켜보다가 측은한 마음에 옆에 있던 주민에게 한마디 건넸더니 '영광'이라는 대답이 돌아왔다.

굿은 제의 시작을 알리는 피고사와 마을회관 앞에서 펼쳐지는 세경굿, 마을을 한 바퀴 돈 뒤 당집에 오르는 당 오르기, 선주들이 뱃기를 들고 경쟁적으로 뛰어가 뱃기를 꽂는 뱃기 꽂기를 마친 뒤에야 본굿에 들어간다.

본굿은 밤늦도록 이어지기 마련인데 이날은 새벽 3시가 넘어서야 끝났다. 본굿 사이사이에는 무당들과 주민들이 한데 어울려 흥겹게 춤을 추고 노래를 부르며 시간 가는 줄 모르게 논다. 이튿날인 정월 초사흗날 새벽에는 선주들이 자기 배에서 개별적으로 제를 지내기 위해 당집에서 제물을 나눠받아 경쟁적으로 가져가는 지숙경쟁과 뱃고사, 그리고 바다에 떠도는 원혼을 달래고 풍어를 기원하는 용신굿을 한 뒤, 폐제를 한다.

뱃기 달리기

1. 제물로 쓰일 소   2. 인기가 좋은 소 꼬치구이

　황도가 어촌으로서 성가를 날릴 때에는 큰 배도 많았고 소득도 높아, 지숙경쟁이나 뱃고사가 볼 만했다고 한다. 그러나 지금은 규모가 많이 줄어들어 이튿날 일정은 일부 생략되기도 하고 가볍게 넘어가기도 한다. 살아 움직이는 게 민속이라고 한다지만 너무 빠르게 변해가는 현실을 보고 나니 안타까운 마음이 든다. 문화재로 지정된 이 행사조차 언제까지 이어질지 알 수 없다. 그러다보니 현실에 맞춘 변화도 시도하고 있는데, 풍어제 일정 중에 관광객들을 위한 프로그램인 연날리기, 엿치기, 제기 차기, 소지 적기, 그리고 관광객들을 위한 뱃기 달리기 시합 등을 넣은 것이 좋은 예다.

　관광객들 입장에서 가장 볼 만한 프로그램은 첫날 진행되는 서해안 풍어제 팀의 신명난 굿판과 함께 마을을 한 바퀴 돌며 당에 오르는 당 오르기와 뱃기 달리기이다. 특히 뱃기를 당집 앞에 꽂는 뱃기 경주는 구경하는 이로 하여금 팽팽한 긴장감까지 느끼게 한다. 뱃기를 가장 먼저 꽂는 사람에게 만선과 행운이 온다고 믿기 때문에 선주들은 그야말로 죽기 살기로 뛴다.

붕기풍어제를 열 때면 매년 800~900명의 관광객들이 마을을 방문한다. 관광객들을 위해 마을에선 700명 치의 떡국을 준비하고 소 꼬치구이도 넉넉하게 내놓는다. 굿판에서는 눈요기도 좋지만 역시 먹는 재미가 쏠쏠하다.

꼭 풍어제가 아니어도 갯벌 끝으로 이어진 옥섬과 풍두섬 쪽의 일출이나 팽나무와 홰나무 등 마을 고목과 갯벌에 널브러진 작은 고깃배들이 연출해내는 섬마을의 정취 또한 놓칠 수 없는 섬 여행의 즐거운 볼거리들이다.

놓치면 아까운 주변 여행지

서산 창리 영신제 · 풍어제

천수만 방조제를 끼고 있는 서산시의 창리 포구도 풍어제를 한다. 황도의 붕기풍어제가 끝나는 음력 1월 3일에 시작하는데다 고속도로로 들어가는 길목에 있기 때문에 연이어 두 곳 모두 볼 수도 있다.

천수만 철새 탐조지

A지구와 B지구로 나뉘어져 있는 천수만은 철새도래지로 유명하다. 간척사업으로 생긴 넓은 간척지와 담수호는 철새들이 편히 쉴 수 있는 환경이 되었다. 고니류와 기러기류, 오리류, 다양한 맹금류가 날아들고 특히 매년 희

귀조류인 황새가 십여 마리씩 찾아든다. 문의: 041-669-7744.

안면암과 조기널섬 부교

안면도 정방리에는 '안면암'이라는 이색 사찰이 있다. 바닷가에 우뚝 솟은 절인데 바로 앞 '조기널섬'으로 불리는 쌍둥이 섬까지의 부교가 유명하다. 원래는 양식장을 가기 위한 주민들의 이동수단으로 만든 것인데 알음알음으로 관광객들이 찾아들고 있다. 조기널섬에는 안면암에서 띄운 해상 불탑이 있는데 밀물 때에는 수상탑이 되고 썰물 때에는 갯벌 위의 탑이 된다. 썰물 때의 조기널섬은 신기한 모습의 기암과 다양한 문양의 갯바위가 볼 만하다. 문의: 안면암 041-673-2333.

몽산포 해수욕장

태안군은 30개가 넘는 해수욕장을 가진 해수욕장의 천국이다. 그 중 한 곳인 몽산포해수욕장은 태안 8경의 하나로 꼽히는 명소다. 안면도 들어가기 전에 있는 청포대 해수욕장과 이어져 있는데 넓은 백사장과 백사장에 이어진 단단한 모래갯벌, 맑은 물과 울창한 송림이 아름다운 곳이다. 문의: 태안해안국립공원 몽산포분소 041-674-2608.

1. 조기널섬 부교   2. 서산 천수만은 철새 탐조 명소이다.

🌼 추천일정

첫째날(음력 1월 2일) 황도 도착 → 점심식사 → 붕기풍어제 → 마을에서 1박

둘째날(음력 1월 3일) 황도 달출 감상 → 강변 용신굿 → 점심식사 → 안면암(부교) → 안면도 및 태안 관광(오후 4시부터 서산 창리포구 풍어제 참가)

풍어제는 이틀 동안 열리지만 관광객들이 즐길거리가 많은 것은 첫날 행사다. 마을에서 점심을 대접하니, 점심시간까지 들어가는 것이 좋다. 육지보다 기온이 낮으니 따뜻한 겉옷은 필수 준비물이다.

찾아가는 길

자가용
서울 — 서해안고속도로 홍성 나들목으로 진출 — 천수만 방조제 — 안면도 — 단면대교 건너 왼쪽 안면비치하우스 지나면 오른쪽으로 빠지는 샛길 — 홀도

대중교통
서울에서 태안까지 들어간 다음, 태안터미널이나 안면읍에서 황도행 버스로 갈아탄다. 하루 5회밖에 운행하지 않는다. 안면도 입구에서 택시를 타면 보통 14,000원쯤 나온다.

버스 시각 문의: 태안여객 041—675—6674.

 추천업소

▶ 숙박시설은 넉넉하지만 모두 펜션이다. 블루마린(041—673—1140), 일마레(0˚0—3243—2000)가 마을회관 앞뒤로 있고 바닷가에 마르캐슬(011—9970—6455)이 있다. 마을에서 10분이 처 걸리지 않는 안면도 입구에는 해수탕으로 유명한 안면비치하우스 비치모텔(041—672—1800)이 있어서 상대적으로 저렴하게 묵을 수 있다.

▶ 마을엔 식당이 없지만 첫낱 점심은 마을에서 떡국을 대접한다. 백사장항에는 싱싱한 해산물을 취급하는 큰 식당이 여럿 있다. 안면도 들어오기 바로 직전 오른쪽의 곰섬나르(041—673—5527)는 토속적이고 맛깔난 향토음식이 훌륭하다. 태안의 바다와 육지를 한 밥상에서 체험할 수 있어 추천하고 싶은 곳이다.

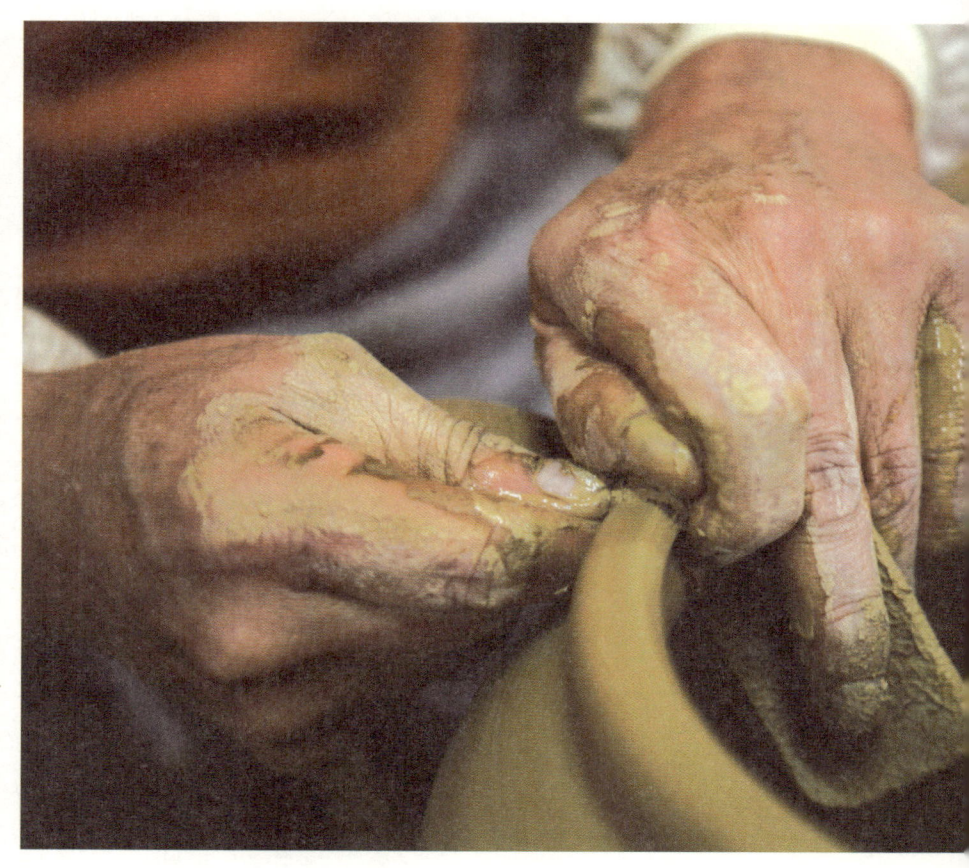

항아리에 숨결을 불어넣다,
외고산 옹기마을

울산시 울주군 온양읍 고산리

오래 전, 울산이라는 낯선 땅에 처음 발을 내디딜 때였다. 흐읍! 심호흡을 크게 해봤지만 어떤 느낌도 없었다. 아마도 우리나라 최대의 공업도시라는 선입관 때문이었을 것이다. 하지만 울산을 샅샅이 뒤져보고 난 요즘, 다른 곳에선 느낄 수 없었던 특유의 향이 몸에 밴 걸 느꼈다. 오래된 비릿함이었을까, 잘 다져진 흙길 냄새였을까. 콕 집어 말할 수 없는 그 무엇에 매료되고 말았다.

울산은 공업도시라는 거대한 그늘 아래 많은 것들이 가려져 있다. 경주 문무대왕수중릉을 압도하는 대왕암이나 고성 공룡호석지를 무안케 만드는 천전리의 각석과 암각화, 담양의 대숲 앞에서도 전혀 꿀리지 않는 태화강의 십리대밭을 본다면 울산이 얼마나 매력적인 여행지인지 알 수 있을 것이다.

울산은 정말 많은 것을 가졌다. 많은 자원 중에서도 요즘 울산에서 특히 힘을 모아 밀고 있는 테마는 항아리와 고래다.

무형문화재 8명, 장인이 사는 마을

고래는 그렇다 치자. 장생포의 포경산업은 역사적으로나 문화적으로 큰 의미가 있는데다가 다른 지역에선 감히 넘볼 수 없는 독보적인 테마다. 그렇다면 항아리는 어떨까. 공업도시와 항아리라는 어색한 조합의 답을 구하기 위해 찾은 곳이 온양읍 고산리의 외고산 옹기마을이다.

부산-울산 고속도로와 나란히 벗하고 있는 14번 국도. 청량톨게이트에서 온양읍 못미처 오른쪽으로 이색 입간판이 보인다. 커다란 항아리를 세워 올리고 '외고산 옹기마을'이라 써 놓았기에 한눈에도 옹기마을임을 알아볼 수 있다.

마을 안길로 접어들면 초입의 항아리 전시장과 매장을 비롯하여 공방과 전통가마가 즐비하다. 200명이 조금 넘는 마을 인구에 공방이 9개나 된다. 주민 중에 울산시 지정 무형문화재로 지정된 이가 8명이다. 공공시설로는 옹기문화관, 옹기아카데미, 옹기회관이 있다. 옹기문화관은 옹기박물관을 겸하고 있고 옹기아카데미는 관광객들이 직접 옹기를 만들 수 있는 상설 체험장이다. 전시장을 겸한 매장에는 항아리와 생활소품을 사려는 이들로 북적거린다. 옛날에는 큰 항아리만 만들었지만 요즘은 쌀독같이 아파트에서도 쓸 수 있는 중간 크기의 항아리와 아기자기한 생활소품들을 많이 만든다.

큰 규모에 견주어 고산마을의 옹기역사는 그리 길지 않다. 1950년대 한국전쟁 이후 영덕의 허덕만이란 사람이 이 마을로 이주하여 항아리를 빚은 것이 시초다. 나라 안 옹기마을 중에서도 역사가 가장 짧은 편인데 이렇게 활성화된 데에는 마을 전체가 그린벨트로 묶였던 탓도 있다. 다른 대안이 없으니 옹기 빚는 데에간 전념할 수 있었기 때문이다. 입지 조건도 좋다. 마을이 20도에서 30도에 이르는 완만한 경사가 있는 땅에 자리를 잡아 가마를 놓기에 좋고, 중리와 병영 뒤쪽, 우정동 등지에서 양질의 흙이 나와 재료를 조달하기 좋은 점도 있다. 해가 길어서 겨울철에 일하기 좋은 것도 장점이다. 무엇보다 주변에 울산과 부산 같은 큰 도시가 있어 판로가 좋다는 점이 옹기마을의 명맥을 잇게 된 큰 힘이 되었다.

'영화요업'이라고 간판이 달린 황토공방에서 쌀독을 빚는 배영화(59) 옹기장을 만났다.

그는 옹기대장 수입이 지방공무원 월급의 석 달 치가 될 정도로 벌이가 좋았던 시절이 있었다고 한다. 그러나 호시절은 다 가고 지금은 10년 20년씩 일한 숙련공의 연봉도 2,500만 원에 불과한 것이 현실이라며 한숨을 내쉰다.

배영화 옹기장이 코일링 기법으로 10kg짜리 쌀독을 빚는 데에는 채 20분이 안 걸렸다. 이렇게 만든 쌀독은 천연유약을 바르고 소성을 거친 뒤 개당 50,000원에 팔려 나간다고 한다.

1. 옹기마을을 알리는 마을입구 조형물
2. 영화요업 배영화 옹기장

항아리에 담긴 전통 과학

일성토기 앞에서 뚝배기 그릇을 고르는 아주머니를 만났다. 열 개가 넘는 뚝배기를 바닥에 골라 놓았기에 어디 식당에서 오셨는가 하고 인사를 건넸더니 집에서 쓸 그릇을 찾는단다. 그 많은 뚝배기 그릇 중에서 맘에 드는 것으로 5개를 고르더니 계산을 치렀다.

"다섯 식구인 모양이네요?"

"예. 설렁탕을 뚝배기에 해 먹으면 정말 맛있어요."

옹기는 아직도 우리 생활 가까이에 남아 있다. 아니 어쩌면 옛날보다 더 가까이 다가온 것인지도 모르겠다. 건강한 삶, 친환경 의식주에 관심이 높아지면서 숨 쉬는 항아리, 옹기에 대한 관심이 높아졌기 때문이다.

옹기뚜껑으로 벽을 장식하는 주민들

흙으로 빚은 항아리를 높은 온도로 구워내면 기벽 안에 있던 결정수가 빠져나가면서 기공이 생긴다. 이 기공이 항아리의 내부와 외부를 통하게 하는 숨구멍 역할을 하는 것이다. 김치, 된장 같은 장류, 술, 젓갈 등을 숙성시

옹기 판매장. 소품을 사려는 이들이 많이 찾는다.

키는 데 항아리만 한 것도 없다.

항아리에서 가장 중요하다고 할 수 있는 것이 유약인데, 70~80년대에는 유약 대신 광명단이라는 화학약품을 많이 써 사회적으로 문제가 되기도 했다. 광명단을 입힌 항아리는 숨을 쉴 수가 없기 때문이다. 다행히 요즘은 자기 브랜드를 가지고 항아리를 만드는 곳들이 많기 때문에 질 나쁜 항아리가 점점 사라지고 있다는 것이 영화요업 배영화 옹기장의 설명이다.

마을을 빠져나오는데 아쉬움이 하나 들었다. 옹기문화관과 옹기아카데미가 새로 들어서면서 오래 전에 마을을 찾았을 때와 마을 모습이 많이 바뀐 것이다. 울산시에서 큰돈을 들여 마을을 새롭게 단장하면서 옹기종기 모여 있던 공방의 풍경, 정감있던 시골 옹기촌의 모습이 사라져버렸다. 그 자리를 네모반듯하게 지은 어색한 황토방들이 대신 메우고 있었다. 예술촌의 장점을 살리지 못하는 획일적인 개발 정책에 가슴이 답답했다. 투박한 매력의 옹기에 번쩍거리는 광명단을 칠한 꼴이라 비유하면 지나친 폄하일까.

행복한 마을사람! 옹기장 신일성 (울산시 무형문화재 제4호)

일성토기의 대표를 같고 있는 신일성(68) 옹기장 역시 영덕 출신이다. 배영화 옹기장이 허덕만 장로를 따라 고산마을에 정착하면서 옹기를 배운 반면, 신일성 옹기장은 영덕에서부터 옹기를 빚었다. 1957년부터 옹기를 빚었는데 1963년 무렵에 울주로 거처를 옮겼다고 한다. 열다섯 살부터 옹기를 빚었으니 올해로 경력 53년째다.

다른 공방과 달리 열성토기는 세 남매가 가업을 이어가고 있었다. 옹기가 큰돈이 안 된다고 하던데 이렇게 식구들이 다 달려들어도 되는 거냐는 우문에 장인은 현답을 내놓았다.

"밥은 먹고 살 수 있어요. 큰 돈 벌라고 하면 힘들고. 세상이 우짜 돌아가든 밥만 먹고 살면 되잖아요? 재산은 부질없고……."

아버지는 큰 독을 짓고 아들은 작은 소품을 짓는다. 작업은 항아리가 훨씬 힘들다. 항아리 하나 완성하는 데 두 달쯤 걸리는데 반해 소품은 열흘이면 된다. 항아리 작업을 오래 하면 직업병이 생긴다. 어정쩡한 자세로 독을 빚기 때문에 허리가 삐딱하게 굽는 것이다. 이제 힘든 작업은 아랫사람들 시키지 그러시냐고 했더니 문제없다는 투다.

"슬슬 몸에 맞춰서 해야지. 늙어서 일할 수 있다는 건 큰 복이라. 일을 할 때는 정신이 맑고 건강해요."

공방 마당 안으로 5톤 트럭이 들어왔다. 서산의 한 된장 공장으로 옹기를 싣고 갈 차다. 충남에도 이름난 옹기 공방이 있는데 울산까지 찾아온 것을 의아해하자 장인은 당신 항아리는 전통 가마로 굽기 때문에 전국에서 찾아온다며 빙긋이 웃어 보인다.

아들과 함께 불 꺼진 가마에서 옹기를 꺼내는 신일성 옹기장. 큰 욕심 없이 일을 즐기며 독을 짓는 모습에서 독과 함께 행복도 짓는구나 하는 부러움이 들었다.

놓치면 아까운 주변 여행지

간절곶

울산의 동해안에서 가장 먼저 해를 볼 수 있는 곳으로 유명하다. 특히 높이 5m의 소망우체통은 이곳의 명물로 우체통 안에서 엽서를 써서 부칠 수 있다.

천전리 각석

유명한 반구대암각화에서 2km쯤 떨어진 곳에 있는 천전리의 각석은 예상외로 여행자를 감동시키곤 한다. 흔치 않은 선사시대 유적으로 고대인들이 새겨 놓은 여러 기하학적인 무늬를 만날 수 있다. 또한 신라 화랑들이 남긴 흔적도 같은 바위에서 찾아볼 수 있다. 바위 위에 화석이 되어 남은 200여 개의 공룡발자국도 보는 이들로 하여금 감탄을 자아낸다. 문의: 암각화전시관 052-229-6678.

대왕암

신라 문무대왕의 비(妃)가 죽어서도 호국룡이 되어 나라를 지키겠다는 전설이 전해지는 곳이니, 문무대왕의 수중릉으로 알려진 '경주 대왕암'과 짝을 이루는 셈이다. 최고의 걷기 여행코스로 멋진 경관을 자랑한다. 문의: 052-230-9224.

추천일정

첫째날 울산 진입 → 반구대암각화, 천전리 각석 → 점심식사 → 장생포고래박물관 → 대왕암 산책 → 저녁식사 → 진하 해수욕장 이동, 숙박

둘째날 일출 감상(진하 해수욕장 또는 간절곶) → 아침식사 → 외고산 옹기마을 관광 및 체험 → 점심식사 → 태화강 십리대밭

옹기문화관이나 공방, 판매장은 자유롭게 볼 수 있지만 체험은 미리 예약을 해야 한다. 옹기체험은 마을 안에 있는 옹기아카데미(052-238-1125)에서 이루어지는데 울주군에서 운영하고 있어 실비(점당 7,000원)에 체험이 가능하다. 매주 월요일은 휴무. 마을 안내나 정보는 옹기문화관(052-237-7894)에서 도움을 받을 수 있다.

찾아가는 길

자가용
경부고속도로 울산 나들목 진출 → 신복로타리 → 남부순환도로 → 부산 방면 14번 국도 → 외고산 옹기마을

대중교통
울산 시내에서 1705, 1715, 225번 등 시내버스 수시 운행. 그산리 하차. 기차역으로는 남창역이 가까운데, 남창역 앞에서 1705, 1715, 225, 405, 517번 등 시내 방향 버스가 수시로 운행된다.

추천업소

▶ 마을엔 숙박시설과 식당이 없다. 마을 입구의 식당 물나들이(황태전문, 052-238-3632)가 유일하다. 마을에서 2㎞쯤 떨어진 온양읍 소재지인 남창리로 가면 사정이 낫다. 남창 장터의 장터국밥(052-238-3470)은 한우를 주재료로 하는데 시원한 맛이 일품이다.

▶ 숙소로는 남창삼거리 근처에 뉴스타모텔(052-238-0077)이 있고, 마을에서 약 5㎞ 떨어진 발리에도 온천을 비롯한 숙소와 편의시설이 많다. 울산온천(052-237-6666) 일성토기(052-238-3521), 영화요업(052-238-3620).

옛 파시를 그리는 흥겨운 띠뱃놀이,

위도 대리마을

전라북도 부안군 위도면 대리

정월 초하루, 설날이다. 일찍부터 부산을 떨어 차례를 지내고 어른들을 찾아뵙고 세배를 드렸다. 이번 설 연휴에는 전라북도 부안군 위도에서 열리는 신명난 굿판을 보러 가기로 일찌감치 작정을 했기 때문이다.

시간은 사람을 기다려주지 않는다. 여행도 마찬가지라서 여행하기 좋은 때가 여행자를 기다리고 있는 건 아니다. 봄꽃이 그렇거니와 가을 단풍도 그렇다. 당제나 풍어제 같은 동제는 하루, 이틀 정도의 짧은 시간밖에 허락하지 않는다.

부안 위도에서 열리는 '위도 띠뱃놀이'는 매년 정월 초사흘, 그러니까 설 연휴의 마지막 날인 음력 1월 3일에 열린다. 그 굿판을 보려면 불규칙한 뱃길을 감안해 1월 2일과 3일, 이틀 정도 시간을 내야 한다. 그렇게 정초부터 무리하여 위도를 가야만 하는 이유, 그것은 위도 띠뱃놀이야말로 내가 본 이 땅에서 가장 재미있고 신명난 전통축제이기 때문이다.

아직도 슬픔이 가시지 않은 위도의 뱃길

위도는 단지 여행거리, 볼거리로만 바라보기엔 참으로 사연이 많은 섬이다. 위도의 내력, 위도 바다의 한을 알고 나면 마음이 무거워지는 건 어쩔 수가 없다.

위도는 전라북도 부안군 격포항에서 약 40분 거리에 있는 섬이다. 사연 없는 섬이 어디 있고 울음 없는 바다가 어디 있으랴만 위도만큼 상처가 큰 섬마을도 없으리라. 1931년, 위도 치도리 앞바다에서 연이은 태풍으로 수백 척이 넘는 배가 침몰하여 600여 명이 몰살당하는 큰 사고가 일어났다. 그 당시 위도는 집집마다 장정 2명씩은 잃었다고 할 만큼 피해가 컸다. 그런데 그뿐이 아니다. 1993년 10월 10일, 위도 파장금항을 출발하여 격포로 돌아가던 페리호가 거센 파도에 휩쓸려 침몰하면서 300명에 가까운 사람들이 죽고 말았다. 성난 바다는 무리한 출항과 초과 승선이라는 과욕을 부린 인간들을 용서하지 않았다. 이때도 많은 위도 사람들이 소중한 가족을 잃었고 많은 주민들이 섬을 등지고 떠났다. 그로부터 10년 뒤에는 방폐장 논란으로 다시 세인들의 입에 오르내렸고 최근엔 태안발 기름유출 사고로 타르 덩어리의 공격을 받기도 하였으니 돌이켜보면 참으로 바람 잘 날 없는 섬이었다.

그렇다고 바다가 늘 공포의 대상이었던 것만은 아니다. 주민들은 바다에 기대어 평생을 살았고 바다와 공생하며 평화와 풍요를 누렸다. 페리호 사건이 있기 전만 해도 위도는 풍요의 섬이었다. 칠산바다의 중심지로서 많은 조깃배들이 위도로 몰려들었다. 칠산바다는 당시 최고의 황금어장이었는데, 칠산바다 물을 먹어야 조기가 알을 밴다는 말이 있을 정도였다. 위도에서 열린 조기파시는 흑산도, 연평도와 함께 우리나라 3대 조기파시로 손꼽힐 만큼 규모가 크고 알찼다. 1914년 이전에는 위도는 영광 땅에 속하였기에 위도에서 잡힌 조기는 영광굴비가 되어 전국 방방곡곡 밥상에 올랐다.

공포의 대상이면서 정복의 대상이기도 했던 바다. 그 바다에 기대어 사는 사람들이 생존을 위한 몸부림의 하나로 그들만의 독특한 문화를 만들었으니 그것이 바로 풍어제다. 많이 없어지긴 했지만 찾아보면 크고 작은 풍어제를 열고 있는 곳이 아직도 많다. 우리나라에서 중요무형문화재로 지정하여 보호하고 있는 풍어제는 네 곳, 동해안별신굿(중요무형문화재 제82-가호), 서해안배연신굿과 대동굿(중요무형문화재 제82-나호), 남해안별신굿(중요무형문화재 제82-라호), 그리고 위도띠뱃놀이(중요무형문화재 제82-다호)다. 서해안에만 두 개의 풍어제가 있으니 위도의 띠뱃놀이에 특별한 관심이 갈만도 하다.

이 땅의 가장 신명난 전통문화축제, 위도 띠뱃놀이

'위도'라는 섬 이름은 고슴도치 모양을 닮았다고 하여 붙여진 이름이다. 띠뱃놀이가 열리는 현장은 면소재지인 진리에서 조금 더 들어가면 만날 수 있는 '대리'라는 마을이다. 마을의 주된 생업은 어업인데 황금어장이던 옛날과 달리 지금은 어자원이 많이 고갈되어 매우 어려운 처지다. 그렇다고 농사를 지을 여건도 안 된다. 위도의 다른 마을들이 다 그렇듯이 산과 해안이 대부분이라 농사지을 땅이 없기 때문이다. 그런 어려운 처지에서도 해마다 풍어제를 연다는 것은 참으로 대단한 일이다.

풍어제가 열리는 주 무대는 당집이 있는 마을 당산 꼭대기와 마을 앞 물량장이다. 제의를 위한 옷으로 갈아입은 주민들과 풍어제를 보러 하루 전날 섬에 들어온 관광객들이 아침 일찍부터 현란한 뱃기가 걸린 마을 물량장 앞으로 모인다. 당산 꼭대기의 당집에는 마을을 보살펴주는 여러 신들이 모셔져 있다. 예전에는 12선왕을 모셨다고 하는데 지금은 7선왕이 모셔져 있다. 당집은 원하는 것들을 다 들어준다고 하여 원당이라고도 한다.

아침 8시 30분, 화주를 앞세우고 무녀, 원화장, 부화장, 풍물패, 뱃기 등이 차례로 열을 지어 원당에 오르기 시작한다. 9시쯤 되니 아침 첫 배로 들어온 관광객들도 허겁지겁 카메라를 꺼내들고 그 뒤를 따른다.

원당에 오른 무녀가 여러 신위 앞에 예를 갖춤으로써 본격적인 판이 벌어진다. 화주의 축문을 시작으로 본격적인 당굿이 시작되는데 성주굿, 산신굿, 손님굿, 지신굿, 서낭굿, 깃굿, 문지기신굿 등이 차례로 펼쳐진다. 한 석 한 석이 끝날 때마다 소지를 올리고 풍물을 치니 호주머니에 손을 찔러넣고 멀뚱멀뚱 구경만 하던 관광객들도 덩달아 어깨가 들썩들썩거린다. 술과 제물로 올린 수돼지 안주가 관광객 사이를 돌고 주민들은 흥에 취해 배치기소리를 비롯해 가래질 소리, 술비소리 등을 부른다.

> 닻 캐라! 예에~. 노 저어라! 예에~. 돛 달아라! 예에~.
> 어기여차 닻 들러매고 칠산바다로 돈 실러가자. 예~ 어야~
> 예~ 어어 야아. 예~ 어어 야아.
> 칠산바다 들어오는 조기 우리 배 마장에 다 떠 실었다.
> 예~ 어어 야아. 예~ 어어 야아. 예~ 어어 야아.

띠배를 띄워보내고 마을로 돌아오는 배

우리 배 선장 신수 좋아 오만 칠천 냥 벌어서 왔단다.
예~ 어어 야아. 예~ 어어 야아. 예~ 어어 야아.

- 배치기소리, 부안 위도

    원당에서 굿판이 벌어지는 동안 당산에 오르지 않은 사람들은 마을 물량장 앞에서 띠배를 만든다. 12명이 4시간 동안 달라붙어 만들어야 크기 3m의 띠배를 완성한다. 띠배는 칠산 앞바다의 조기잡이 배인 중선배를 본떠 만드는데, 노나 돛뿐 아니라 제웅(어부)도 만들어 배에 태운다. 옛날에는 초이튿날 띠풀을 베어다 배를 만들었다는데 지금은 띠풀이 없어서 억새풀로 만든다. 또 집집마다 돌면서 새끼줄이나 가마니(돛으로 쓰임) 등의 띠배 재료를 모으는데 이는 정성을 한데 모은다는 의미가 담겨 있다. 제웅은 모두 7개를 만들어 태우는데 상투와 함께 과장된 성기가 인상적이다.

    원당굿은 마을의 물때에 맞추어 끝을 낸다. 만조가 되어야 띠배를 띄울 수 있기 때문이다. 눈보라를 헤치면서 하산을 한 굿패는 마을을 두루 돌면서 산신령들을 위하여 밥을 묻어두는 주산돌기 의식을 치룬 후, 마을 물량장에 도착하여 용왕제를 지낸다.

    어낭창 가래야. 이 가래가 누 가랜가. 어기낭창 가래야.
    우리 마을의 큰 가래라네. 어기낭창 가래야.
    황금같은 이내 조기. 어기낭창 가래야.
    어디 갔다가 이제 왔나. 어기낭창 가래야.
    칠산바다 놀다가 이제 왔나. 어기낭창 가래야~.

- 가래질소리, 부안 위도

1. 용왕제를 지내는 무녀 2. 원당에서 제를 지내고 내려오는 굿패
3. 사방 잡신들을 위한 제수 4. 화장을 짙게 한 원화장

가래질소리는 조기를 잡아 퍼 담을 때 부르는 노래다. 흥겨운 가래질소리와 풍물소리로 흥을 돋을 때쯤이면 바닷물은 서서히 만조가 된다. 용왕제를 마치고 물량장을 돌며 바다에 줄밥을 준다. 줄밥은 용왕과 바다에 빠져 죽은 불쌍한 넋들을 위해 바치는 음식이다.

바닷물이 마을과 가장 가까워지는 최고 만조가 되면 드디어 축제의 하이라이트인 띠배를 띄울 차례다. 어선 한 척이 띠배를 매달고 위도 앞바다로 나간다. 배 위에서도 신명이 끊이질 않으니 풍물가락 장단 따라 칠산바다도 너울너울 춤을 춘다. '올 한 해 걱정 근심 모두 걷어가고 마을 주민들 건강하고 배가 묵직하도록 고기 많이 잡도록 해주십시오.' 배에 매단 줄을 끊어 띠배를 먼 바다로 내보내는데 흥겨운 풍물소리, 노랫소리가 더해져 가슴 뭉클한 장관을 연출해 낸다. 띠배를 보내고 나서도 마을 주민들의 신명은 그치질 않는다. 뒤풀이가 밤늦도록 이어지기 때문이다.

놓치면 아까운 주변 여행지

격포항 · 채석강

격포항은 조선시대 전라우수영의 수군 진지인 격포진이 있었던 곳으로, 부안 섬 여행의 기점이 될 뿐만 아니라 채석강, 적벽강, 격포해수욕장 등 일대 관광지 여행의 배후 기반시설 단지 역할을 하고 있다.

채석강은 중국의 강 이름으로, 이태백이 뱃놀이를 하다가 강물에 비친 달그림자를 잡으려다 그만 물에 빠져 죽었다는 일화가 있다. 부안 채석강은 해안 경승지이지만 중국의 채석강에 견줄 만큼 아름답다하여 같은 이름을 가져다 붙였다. 퇴적층에 의해 형성된 해안 절벽은 마치 여러 권의 책을 쌓아놓은 듯한 이색적인 모습을 하고 있다. 문의: 변산반도 국립공원사무소 063-582-7808.

모항 해수욕장

변산면 도청리에 있는 모항 해수욕장은 아름다운 해안풍경으로 유명하다. 크지 않은 아담한 백사장과 솔숲, 멋지게 휘어진 해안선은 부안에서도 가장 아름다운 해수욕장으로 손꼽힌다. 도청리에는 천연기념물인 호랑가시나무가 자생하고 있으며 체험이 가능한 갯벌도 있다. 문의: 부안군청 문화관광과 063-580-4739.

내소사

능가산 자락에 위치한 내소사는 백제 무왕 34년인 633년에 혜구두타가 창건한 절로 알려져 있다. 원래 이름은 소래사로, 창건 당시에는 대소래사와 소소래사가 있었는데 그 중 소소래사가 남아 지금의 내소사가 되었다고 한다.

내소사의 명물로는 일주문에서 천왕문까지의 전나무 숲길이 있다. 길이 약 600m 정도의 진입로에 키 30~40m, 수령 150년의 전나무들이 양쪽으로 빼곡하게 심어져 독특한 운치를 느낄 수 있다. 사계절 모두 좋지만 위도 띠뱃놀이가 열리는 겨울철의 설경은 더욱 아름답다. 템플스테이 프로그램도 운영한다. 문의: 063-583-3035.

부안영상테마파크

부안에서는 〈불멸의 이순신〉, 〈왕의 남자〉, 〈전우치〉, 최근에 인기를 끌었던 TV드라마 〈추노〉까지 많은 영화와 드라마가 제작되었다. 격포리에 있는 영상테마파크는 영화와 드라마가 촬영된 세트장을 민속촌처럼 꾸민 곳이다. 경복궁과 창덕궁, 양반가, 평민촌 등을 재현해 놓아 진짜 민속마을을 연상하게 만든다. 사진 촬영 뿐 아니라 활쏘기 체험, 전통의상 입어보기 등의 체험도 즐길 수 있다. 문의: 063-583-0975.

원숭이학교

원숭이 쇼를 볼 수 있는 이색 명소다. 마치 유치원을 연상시키는 듯 여러 마리의 원숭이들이 출연하여 펼치는 귀여운 묘기가 볼 만하다. 원숭이 공연 외에 중국 기예단 공연과 악어박물관, 자연사박물관의 시설도 관람이 가능하다. 문의: 063-584-0708.

모항 해수욕장

🌼 추천일정

첫째날 부안 진입 → 내소사 → 영상테마파크 등 관광 → 격포항(전날 또는 아침 첫배 이용)

둘째날 격포항 → 위도(띠뱃놀이) → 막배로 격포 이동

약 12㎞에 이르는 해안도로가 잘 닦여져 있어서 쉽게 섬 일주를 할 수 있다. 해안도로 옆으로는 모래사장이 좋은 위도해수욕장과 자갈밭으로 된 깊은금해수욕장, 미영금해수욕장, 논금해수욕장 그리고 페리호 위튼탑 등이 있다. 위도해수욕장과 논금해수욕장은 낙조가 좋고 딴치도 방향으로의 일출도 아름답다. 위도 띠뱃놀이는 음력 1월 3일 아침부터 열리기 때문에 이를 보려면 그 전날 들어가거나 아침 첫배로 들어가야 한다. 띠뱃놀이 행사 문의: 위도띠뱃놀이 보존회 총무 김안수 010-3766-0556.

🚗 찾아가는 길

자가용

서울 - 서해안고속도로 - 부안 나들목 진출 - 변산 - 격포 - 여객선터미널 - 위도

대중교통

센트럴터미널에서 부안까지 약 1시간 간격으로 시외버스 운행

부안에서 격포터미널(063-581-0023)까지는 약 30분 간격으로 시내버스가 운행한다.

🌴 추천업소

▶ 대리에는 '바다모텔'이 있는데 횟집을 겸하고 있으며 바다낚시 도움을 받을 수도 있다. '밤하늘에 별똥별(063-582-7423)'은 위도띠뱃놀이보존회 총무가 운영하는 예쁜 카페이다. 위도의 숙소는 대부분 해수욕장 주위와 진리에 있다.

▶ 위도 띠뱃놀이에 대한 안내나 현지 숙소 알선은 위도띠뱃놀이보존회 총두에게 부탁하면 된다. 띠뱃놀이전수관에서 숙박도 가능하다.

300년 된 요리책 속으로 떠나는 식도락 여행,

두들마을

경상북도 영양군 석보면 원리 2리

   항공지도가 일반화되고 GPS(위성항법장치)를 활용하는 오늘날에도 이중환의 《택리지》는 훌륭한 지리서로 평가를 받고 있다. 《자산어보》 또는 《현산어보》로 불리는 정약전의 저술은 우리나라 최고(最古)의 어류학서로, 지금까지도 활용되고 있다. 어디 그뿐인가. 동방의학을 집대성한 허준의 《동의보감》은 세계기록유산으로까지 선정된 빼어난 의학서이다.

   물론 선비들만 위대한 유산을 남긴 것은 아니었다. 문화민족의 '끼'는 규방이라고 예외가 없었으니, 《음식디미방》*이라는 최초의 한글 요리책이 여인의 손에서 탄생했다. 주인공은 장계향(1598~1680)으로 사람들은 흔히 '정부인(貞夫人) 안동 장(張)씨'라 부른다. 우연의 일치일까. 조선시대 뛰어난 여류 문인으로 평가받는 그는 이 시대 최고 문호 중 한 사람인 이문열과 같은 동네에 살았다. 단지 시간만 뛰어넘었을 뿐이다.

* 음식디미방: '디'는 '알 지(知)'의 옛말로 '음식 맛을 아는 방법'이라는 뜻을 담고있다.

5장 향기가 있는 전통문화마을 | 393

진정한 노블리스 오블리제

요리연구가이자 문인인 장계향은 원래 안동이 고향이지만 영양군 석보면 원리 2리인 지금의 두들마을로 시집을 와서 평생을 살았다. 두들마을은 작은 언덕 위에 있는 마을인데, 둔덕을 뜻하는 방언 '두들'이 마을 이름으로 굳어진 경우다.

전통한옥체험관이라는 건물을 지나 움푹 들어간 골을 내려와 한옥마을 초입에 들어서니 '석계고택'이 제일 먼저 반긴다. 석계 이시명(1590~1674)은 장계향의 부군으로 마을에 제일 먼저 터를 잡은 주인공이다. 고택은 대학자의 집답지 않게 소박한 모습이다. 특히 지붕의 기와 끝이 조금 옹색해 보일 만큼 수수한데 이는 망와라고 불리는 마감용 앙와가 없기 때문이다. 재령 이씨 고택들은 하나같이 망와가 없는데, 이는 수백 년 내려오는 전통이다. 망와를 달지 않은 이유는 아직 이 집이 부족한 것이 있음을, 집 주인 스스로 부족함이 있음을 깨닫게 하기 위함이고 또 하나는 사치스럽게 짓지 않기 위해서라고 한다. 지붕의 기왓장 하나에도 가문의 철학과 전통이 담겨 있다고 하니 절로 고개가 숙여진다.

석계고택을 지나니 《음식디미방》을 지은 장계향을 기리는 '정부인 장씨 유적비'가 보인다. 이시명과 장계향 사이엔 아들이 일곱, 딸이 셋 있었다. 셋째 아들 갈암 이현일은 이조판서까지 지냈는데, 그 덕분에 장계향은 정부인(貞夫人)의 품계를 받게 되었다. '정부인 장씨'라는 호칭은 이로부터 유래가 되었다. 유적비를 지나니 앞이 탁 트인 전망을 가진 '석천서당'이 나온다. 석계 이시명이 초당을 짓고 유생과 아들들을 가르쳤던 곳이다.

마을에서 제일 화려한 집은 이문열 작가의 '광산문학연구소'다. 원래 이문열 작가의 출생지는 서울이지만 조상 대대로 살아온 고향인 이곳 두들마을에 내려와 정착하였으니 진정한 의미의 고향은 영양이라고 해야 할 것이다.

마을엔 항일시인 이병각의 생가인 유우당, 정부인 장 씨의 삶을 엿볼 수 있는 정부인장씨예절관, 주곡고택과 만석꾼의 집 등도 있어서 지도를 들고 일일이 체크하며 찾아보는 재미가 쏠쏠하다. 마을 지도에는 나오지 않지만 정부인 장 씨 유적비 아래 절벽에 새겨진 낙기대(樂飢臺)도 빼놓아선 안 될 볼거리다. 낙기대를 해석하면 '굶주림을 즐기는 대'란 뜻이 되는데, 옛날 보릿고개를 넘기 힘들었던 시절에 재령 이씨들이 어려운 이웃들에게 구휼식량을 배급하던 곳이었다. 꿀밤나무의 열매(도토리)를 모아서 죽을 끓여 나누어 주었는데 하루 200명 정도가 모여 이 죽을 맛있게 먹고 돌아갔다는 일화가 전해진다. 희미한 암각 글씨와 함께 커다란 참나무들이 모여 있어 명문가의 노블레스 오블리주 정신을 증언하고 있다.

300년 전 양반가 음식의 레시피를 만나다

장계향은 나이 일흔이 넘어서 《음식디미방》이라는 요리책을 지었다. 《음식디미방》을 통해 경상도 지방의 양반가에서 실제 만들어 먹던 음식들의 조리법을 자세히 소개하고 있는데 재료는 물론이고 사용해야 할 그릇, 향료까지 구체적으로 언급했다. 《음식디미방》이 지닌 가치는 여러 가지가 있지만 가장 중요한 것은 현존 한글 조리서 중 가장 오래되었다는 점이다. 여성이

1. 정부인 장씨 초상화　2. 《음식디미방》에 소개된 '대구껍질누르미' 재료　3. 《음식디미방》 요리 체험

쓴 조리서로서는 동양 최초이며, 세계적으로도 흔치 않은 사례다. 게다가 조선 중후기 사대부가의 146가지 음식을 300년도 넘은 지금에 와서도 똑같이 재현할 수 있을 정도로 자세하게 기록했다는 점도 의미가 크다.

요리는 크게 면병(麵餠)류, 어육류, 소과(蔬果)류, 술과 초(醋)류 등 네 가지로 나뉘어져 있는데 술 담그는 방법이 51가지나 된다는 것도 특징이다. 집필 당시에는 고추가 아직 전래되기 전이었는지 고추 사용 기록이 없는데 지금의 영양은 고추 특산지로 이름을 날리고 있다. 고기는 꿩고기를 주로 사용하였으며 개고기 요리법도 많이 나와 당시 개고기의 식용문화가 일반적이었음을 보여주고 있다.

"문헌에는 146가지라고 되어 있지만 사실은 150가지 정도 됩니다. 돌아가신 황혜성 선생님이 46가지를 복원하였고 지금은 곰발바닥 요리라든가 누렁개와 황계(黃鷄)같이 복원하기 어려운 요리를 제외하곤 다 복원하였습니다. 여기에 나온 요리야말로 정통 사대부가의 요리라고 할 수 있습니다."

전통한옥체험관에서 만난 황분선 음식디미방 보존회장은 《음식디미방》이 지닌 뛰어난 가치를 강조했다. 또한 《음식디미방》에 나온 조리법과 달리 와전되어 전하는 요리도 몇 가지 지적을 해주었는데, 화전이나 잡채 같은 것이 대표적인 사례라고 한다. 진달래 꽃잎을 얹어서 만드는 요즘의 화전과 달리 원래는 꽃과 쌀가루를 같이 섞어서 버무리라고 되어 있다. 그렇게 만들어야 씹을수록 향기가 나고 꽃맛이 난단다. 잡채 역시 당면이 들어가지 않고 여러 가지 채소를 넣어서 만드는 것으로 되어 있는데, 지금은 당면이 주인이 되어 족보에도 없는 요리가 되어버렸다고 안타까워 했다.

작년에 기회가 닿아 이곳에서 음식 체험을 한 적이 있었다. 그때 만들었던 요리 중에서 '대구껍질누르미'가 인상적이었다. 석이버섯과 표고버섯, 꿩고기 같은 재료를 잘게 다져 소를 만들고 대구껍질로 만두를 빚어 꿩 육수에 익혀 먹는 요리였다. 손이 많이 가고 대단한 정성이 들어가는 요리였지만, 생전 처음 접해본 요리에 그날 함께 참석한 관광객들은 모두 신기해하며 흥미로워했다.

체험이 끝나고 정통 반가의 음식을 맛볼 기회가 있었는데 반주로 나오는 술의 인기가 높았다. 《음식디미방》에 술 담그는 법이 많이 나오는 것을 볼 때, 당시 양반가의 음식에서 술이 차지하는 비중이 매우 컸음을 알 수 있다. 이에 착안하여 영양군에서는 두들마을에 술박물관을 새로 열 계획이다. 지금 한창 공사 중인데 개관을 하면 전통한옥체험관과 더불어 《음식디미방》을 제대로 체험하는 데 큰 도움이 될 듯하다.

장계향은 《음식디미방》 표지 안쪽에 후손들에게 당부하는 글을 써 놓았다. 깐깐하고 기품있는 귀부인의 고집스런 면모를 엿본 듯하여 슬며시 웃음이 나온다.

"이 책을 이리 눈이 어두운데 간신히 썼으니 이 뜻 잘 알아 그대로 시행하라. 딸자식들은 이 책을 베껴 가되 가져갈 생각을 말며, 부디 상치 말게 간수하여 쉬이 떨어 버리지 말라."

놓치면 아까운 주변 여행지

주실마을

주실마을은 조지훈(본명 조동탁, 1920~1968) 시인이 태어난 곳이다. 주실마을에는 생가와 함께 조지훈 시비와 시인이 어렸을 적에 공부를 했던 월록서당이 있으며 방문객들을 위해 만든 지훈문학관과 시비로 꾸며진 작은 시공원이 들어서 있다. 문의: 지훈문학관 054-682-7763.

봉감모전오층석탑

입암면 산해리 봉감마을 반변천 옆 평야에 서 있는 높이 11.3m의 5층짜리 석탑. 얼핏 보면 벽돌로 쌓아올린 전탑 같지만 돌을 깎아 벽돌처럼 쌓아올린 통일신라시대의 모전석탑이다. 원형이 잘 보존된 데다가 웅장한 아름다움이 느껴져 국보 제187호로 지정되었다.

웅장함이 느껴지는 봉감모전오층석탑

서석지

조선시대, 광해군 5년(1613)에 정영방이란 사람이 조성한 연못이다. 연못 안에 상서로운 돌이 많다 하여 '서석지(瑞石池)'라 하였다. 연못 끝에는 수령 400년에 달하는 거대한 은행나무가 자라고 있어 가을이면 장관을 이룬다. 우리나라 3대 정원의 하나로 손꼽힌다. 입암면 연당마을에 있다.

상서로운 돌이 많은 서석지

🌼 추천일정

영양 진입 → 두들마을 → 봉감모전오층석탑 → 점심식사 → 선바위 관광지 → 서석지 → 주실마을 → 저녁식사

단체인 경우 영양군청에 협조를 요청하면 해설사를 지원해 준다. 문의: 영양군청 문화관광과 054-680-6067. 전통음식 체험 관련 문의는 054-683-0028. 1인당 7,000원 정도면 《음식디미방》에 나오는 레시피에 따라 전통음식체험을 즐길 수 있다. 대구껍질누르미, 수교의, 석류탕 등이 인기가 많으며 어린이들도 가능하다. 보통은 음식 만들기 체험과 식사를 연계해서 진행하는 경우가 많다. 사전 예약 필수.

🚗 찾아가는 길

자가용
영동고속도로 – 중앙고속도로 – 서안동 나들목 진출 – 영덕 방향 34번 국도 – 진보 – 영양 – 석보면 – 두들마을

대중교통
동서울터미널에서 청송의 진보정류장(054-874-2555)까지 1일 13회 운행. 진보까지 간 후, 진보에서 영양의 석보행 시내버스(1일 14회 운행, 약 15분 소요)로 환승, 석보 하차. 영양터미널에서는 석보행이 1일 2회 밖에 없어 불편하다.

🏠 추천업소

▶ 미리 예약하면 한옥체험관에서 《음식디미방》에 나온 전통음식을 맛볼 수 있다. 대구껍질누르미, 가제육, 연근채, 잡채 등의 정통요리가 코스로 나오며 소부상(30,000원)과 정부인상(50,000원) 두 가지가 있다. 영양읍내에는 맘포식당(숯불고기, 054-683-2339), 장원가든(쌈밥, 054-683-1114) 등이 있으며 입암면에는 선바위가든(산채정식, 054-682-7429), 낙동식당(민물매운탕, 054-682-4070) 등의 향토음식점이 있다.

▶ 두들마을 문중에서는 한옥숙박 프로그램을 운영한다. 30,000~50,000원 선으로 한옥체험관에 문의하면 된다. 읍내 숙소로는 아이엠모텔(054-682-0024), 참청정펜션(054-683-8700)이 권할 만하다.

우 편 엽 서

보내는 사람

이름 _____

주소 _____

연락처 _____

팜파스

121-840
서울시 마포구 서교동 404-26 팜파스빌딩 2층
전화 02-335-3681 | 팩스 02-335-3743

홈페이지 | www.pampasbook.com
이 메 일 | pampas@pampasbook.com
블 로 그 | blog.naver.com/pampasbook

우편요금
수취인 후납
발송유효기간
2009.5.10~2011.6.9
서울마포우체국
승인 제40634호

※ 자르는 선

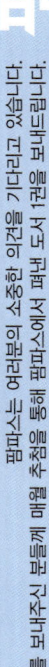

팜파스

팜파스는 여러분의 소중한 의견을 기다리고 있습니다.
이 엽서를 보내주신 분들께 매월 추첨을 통해 팜파스에서 펴낸 도서 1권을 보내드립니다.

• 구입하신 책의 제목은? _____

• 이 책을 어떻게 알게 되었습니까?
① 서점에서 ② 온라인 서점에서 ③ 주변 사람들의 추천으로 ④ 광고 또는 기사를 통해
⑤ 인터넷을 통해(사이트명:) ⑥ 기타 (   )

• 왜 이 책을 구입하셨습니까?
① 내용이 흥미로워서 ② 제목이 마음에 들어서 ③ 디자인이 좋아서 ④ 가격이 적당해서
⑤ 전에 팜파스 책을 읽고 만족해서 ⑥ 기타 (   )

• 관심분야 (성별 남 · 여 │ 나이   세)
☐ 경제경영   ☐ 자기계발   ☐ 재테크
☐ 육아   ☐ 자녀교육   ☐ 요리
☐ 여행   ☐ 실용   ☐ 비소설

• 팜파스에서 발송하는 뉴스레터나 도서목록을 이메일로 받아보시겠습니까? 예 ☐ 아니오 ☐
e-mail 주소:

좋은 의견 보내주셔서 감사합니다.